儒生文丛

第三辑

余东海/著

仁本主义论集

知识产权出版社

全国百佳图书出版单位

图书在版编目（CIP）数据

仁本主义论集 / 余东海著 . —北京：知识产权出版社 , 2018.7

（儒生文丛 / 任重主编 . 第三辑）

ISBN 978-7-5130-5649-6

Ⅰ. ①仁⋯ Ⅱ. ①余⋯ Ⅲ. ①仁—文集 Ⅳ. ①B222.05-53

中国版本图书馆 CIP 数据核字（2018）第 139333 号

内容简介

在儒家义理中，仁为人之本，是人格的支柱、人性的核心和人的本质。本书以仁为本，将四书五经和历代圣贤言论融会贯通，形成了仁本主义观念集群，并以此为基础深入论述了各种儒学义理以及仁本主义的古代实践。

责任编辑：江宜玲   责任校对：谷　洋

封面设计：张　冀   责任印制：刘译文

儒生文丛（第三辑）

仁本主义论集

余东海◎著

出版发行：知识产权出版社 有限责任公司   网　　址：http ://www.ipph.cn

社　　址：北京市海淀区气象路 50 号院   邮　　编：100081

责编电话：010–82000860 转 8339   责编邮箱：jiangyiling@cnipr.com

发行电话：010–82000860 转 8101/8102   发行传真：010–82000893/82005070/82000270

印　　刷：三河市国英印务有限公司   经　　销：各大网上书店、新华书店及相关专业书店

开　　本：787mm×1092mm　1/16   印　　张：20

版　　次：2018 年 7 月第 1 版   印　　次：2018 年 7 月第 1 次印刷

字　　数：260 千字   定　　价：68.00 元

ISBN 978-7-5130-5649-6

"儒生文丛"总序

　　儒生者，信奉儒家价值之读书人也。"儒生文丛"者，儒家读书人之心声见于言说者也。近世以降，儒家斯文扫地，儒学几近中绝。国人等儒学于土苴，士夫视孔道为寇仇，遂使五千年尧舜故国儒家读书人渐稀，亿万万中华神胄儒生难觅！然则，所谓儒生者，儒家价值之担当者也；儒家价值者，神州中国之传承也；中国不复有儒生，是儒家价值无担当，中国之价值有所欠缺也。悲乎，痛矣！寅恪翁之言也！

　　今日中国，儒道再兴。儒生之见于神州大地，数十载于兹矣。今日中国文化之复兴，亦需今日儒生之努力，而儒家价值之传承，亦端赖今日儒生之兴起也。

　　"儒生文丛"主编任重君，儒生也。倾一己之力，编辑"儒生文丛"，欲使国人知晓数十年来儒家回归、儒教研究与儒学复兴之历程，进而欲使今日之中国知晓当今儒生之心声。故"儒生文丛"之刊出，不特有助于中国文化之复兴，于当今中国之世道人心，亦大有裨益也。

　　壬辰夏，余山居，任重君索序于余，余乐为之序云。

盘山叟蒋庆序于龙场阳明精舍俟圣园之无闷居
（吹剑修订于 2015 年）

《仁本主义论集》序

　　仁也者，儒学之核心也。孔子之前，已有"仁"之观念。然彼时"仁"乃与"敬""孝""慈""惠""勇""武""谊""哲"等并列之诸德之一，并非为根荄、居核心而首出者。盖彼时诸德目仅被理解为平列的、零散的人之气质、习性之种种表现，而未将诸零散之德植根于人之内在本性而整合统一之。或者知此诸德发自人性，而未透及人性之内在性、绝对性、先验性。因而"仁"与其他诸德，仍为外在的、相对的经验属性，即孟子批评告子时所谓"义外"也。

　　至孔子出，将外在之诸德目统一于、植根于内在之人性，即孔子心目中之"仁"。如此，"仁"便成为诸德之内在本源而首出其上。唐君毅先生称孔子"发现一人之纯'内心的德性世界'"，徐复观先生谓孔子"开辟了内在的人格世界"，即指"仁"而言。此一发现与开辟，不啻中华乃至世界文明史上"开天辟地"之举，故雅斯贝将孔子与释迦牟尼、苏格拉底等一并视为轴心文明之开创者，谓自此"吾人当今所知之人诞生矣"（"Man, as we know him today, came into being", The Origin and Goal of History, Michael Bullock 英译本）。

　　孔子默而识之，鲜言性命。至孟子，则人性之善，揭之昭然。象山所谓"夫子以仁发明斯道，其言浑无罅缝，孟子十字打开，更

无隐遁"者是也。顾孔孟所论多就仁之内在性言之，其超绝无对之
存有义、"生物不测"之创化义，则引而未发。《易传》《中庸》虽有
指陈，而犹简质浑沦。泊乎宋明诸儒出，往复思辨，长言深论，若
晦庵朱子"未有天地之先，毕竟是先有理"、象山陆子"宇宙便是吾
心，吾心即是宇宙"、阳明王子"（良知）生天生地，成鬼成帝"、蕺
山刘子"意根最微，诚体本天"云云，仁之万物本体义、内外贯通义、
天人合一义发之深切而著明矣。

孔孟之后，生命之安顿、政教之休明、风俗之淳厚，大抵资乎
仁学教化浸润之功也。

余子东海，奇士也。早岁任气不羁，纵意诗酒。后归宗儒学，
坚信不疑，岿然不动，毅然担荷斯道之重，雅有狂者之度。以卓跞
之识、博洽之学、英发之才、奋迅之笔，发为文章，辄洒洒不能休。
或阐儒理，或判物情，或伐异端，或辨谬说，无不酣畅淋漓，豁人
耳目心胸，其锋莫之或撄也。见仁见智，读之者恐不免是非参差。
以浅见观之，所发诸论或者不无小疵，然其宣扬仁之内在而超绝诸义，
大纯而正，殆无可疑也。

予宿闻余子仁声而恨无一日之雅。去岁秋初，余子旅次燕市，
乃得一接风仪。相与从容搜书于厂甸、览胜于天坛，怡如也。今余
子裒集弘扬仁学之作成《仁本主义论集》，列任重先生主编之《儒生
文丛》嘉惠世人。付梓之际，二子问序于予。予学行庸陋，非其选也。
既不获辞，乃略引其绪，以为拥彗云。

米　湾

甲午腊月二十八日序于淡甘书屋

目录

义理阐述篇

仁本主义人性论

一、性善论的两层含义

儒家的性善论有两层含义，两重义略别而相通。第一层含义是：人类习性有善、恶、无记之别，善习具有根本性，是本性的作用。恶习无论怎样根深蒂固，可相对于善习而言，恶习都是后起的，或者说是派生的。恶习仿佛乌云，纵然遮天蔽日，终属无根之物。善习为根本，借句俗话来形容，即使失了权势受到蒙蔽的主子，也毕竟还是主子。

孟子曰："乃若其情，则可以为善矣，乃所谓善也。若夫为不善，非才之罪也。"（《孟子·告子上》）意谓从天生的性情来说，人都是善良的，这就是人性本善之意。至于说有些人不善良，那不能归罪于天生的资质。孟子的"四端"论，说的就是善的根本性。关于"四端"，这早已脍炙人口，兹不详论。

朱熹说："恶不可谓从善中直下来，只是不能善，则偏于一边，为恶。"又说："人性本善而已，才堕入气质中，便熏染得不好了。虽熏染得不好，然本性却依旧在此，全在学者着力。"

朱熹的《杂著·明道论性说》引程明道观点说："善恶皆天理。谓之恶者，本非恶，但或过或不及便如此。盖天下无性外之物，本皆善而流于恶耳。"其《孟子集注》引程伊川之言说："性即理也。

天下之理，原其所自，未有不善。喜怒哀乐未发，何尝不善。发而中节，即无往而不善；发不中节，然后为不善。故凡言善恶，皆先善而后恶；言吉凶，皆先吉而后凶；言是非，皆先是而后非。"

孟子、朱熹、二程都认为，在善恶关系中，善更根本，为矛盾的主要方面。

性善论的第二层含义是：本性至善、超善。这是性善论的根本义。人之本性即是天性，是万德之本、众善之长、价值之源，是一种绝对的价值、绝对的道德和绝对的善，故可以称之为至善，这就是广义的善。王阳明说："至善者，心之本体也。心之本体哪有不善？"(《传习录》)也可以称之为超善，超越善恶概念，超乎一切相对的价值和道德元素，不能用世间善恶概念和标准去衡量。

《大学》说"明明德"，以发扬光大本性明德为《大学》三纲领的首纲；《中庸》说"天命之谓性"，天指天道，就流行而言为天命，天之所命为人之本性。可以说，儒家的人性论是天命本性论。明德和天命，至善超善。

《说文解字》说："性，人之阳气。性，善者也，从心，生声。"性字本身就意味着善。清朝易学家黄宗炎说："心为人之主宰，而其所以生则性也。心本于性，即天地生生之道也。人得此性，亦以生生为心，是纯阳之气未杂于阴，所以为善，非对恶而言之善。"《周易象辞·周易寻门余论》)

宋胡宏说："性也者，天地鬼神之奥也，善不足以言之，况恶乎？孟子道性善云者，叹美之词，不与恶对。"(《知言》)"非对恶而言之善""善不足以言之"和"不与恶对"，这些都是指超越了善恶对立的超善。

二、《尚书》和《易经》依据

说到性善论，孟子是必须被提及的。程明道说："孟子所以独出诸儒者，以能明性也。"(《遗书》)南宋著名教育家、理学家陈普有组诗咏孟子，赞美孟子"一言性善发天心"，诗曰："异论纵横害已深，一言性善发天心。民彝物则依然定，多少纲常起兽禽。"大意是说，异端之论贻害无穷，孟子的性善之言，是把天之心重新发显出来，让社会道德规范得到重建，以儒家纲常把多少兽禽重新变成人。

但孟子并非性善论的创始者。孔子和历代圣贤都是性善论者，对此，有《易经》《诗经》《尚书》《论语》《郭店楚墓竹简》《朱子语类》《传习录》等大量经典言论为依据。论及本性，除了荀子以外，历代大儒中都没有性恶论者。性善论是儒家人性论的主流和正宗。

著名的"十六字心传"堪称儒家性善论最经典的依据：《尚书·大禹谟》说"人心惟危，道心惟微。惟精惟一，允执厥中。"《荀子·解蔽》有类似引称："《道经》曰：人心之危，道心之微。"只是荀子论性，仍停留于人心层面，未知道心，只知人心，非正宗儒者。

人心即习心习性。习性可善可恶，而且易恶。朱熹有诗说："世上无如人欲险，几人到此误平生。"人欲就是人心；道心指本心本性，道心惟微，隐秘微妙。惟精惟一即工夫论。精诚之至，一以贯之，然后可以遵中道而行，执中道而固。

"道心惟微"中的"微"，是精微、幽微、微妙的意思，与"退藏于密"中的"密"近义，都是对本性的形容。盖本性超绝言诠，妙不可言，堪称宇宙生命中最大的秘密。"退藏于密"见于《易经》和《中庸》里的程颐提示，因不知这个密字的真义，多数注解都不得要领。

《易经·系辞上》说："圣人以此洗心，退藏于密。吉凶与民同患，神以知来，知以藏往。"洗心是工夫，退藏于密是境界。

经过易理洗心而退藏于密，相当于经过精一工夫修养而允执厥中。《易经·系辞上》接着"退藏于密"说"吉凶与民同患"，可见"退藏于密"之后，更加先天下之忧而忧，以百姓吉凶为吉凶。"退藏于密"相当于《大学》的"明明德","吉凶与民同患"相当于"亲民"。仁者爱人,仁者必有爱人之心;内圣外王,内圣必有外王追求。本性之善勃勃不容已,必有各种外在表现。

儒学将民与天并列,强调吉凶与民同患,强调敬天保民应天顺人,天视自我民视,天听自我民听。

《尚书·汤诰》说:"惟皇上帝,降衷于下民。"皇,大的意思;上帝,天道的人格化形容;衷字,古训善。《孔安国传》说:"衷,善也。"宋苏轼《书传》卷七:"衷,诚也。"降衷于下民,意思是天赋善性于人民。孔颖达疏:"天生烝民,与之五常之性,使有仁义礼智信,是天降善于下民也。天既与善于民,君当顺之,故下传云,顺人有常之性,则是为君之道。"(《尚书正义》)

《尚书·西伯戡黎》说:"不虞天性,不迪率典。"孙星衍疏:"天性,谓天命之性,仁义礼智信也。"(《尚书今古文注疏》)

《尚书·君陈》说:"惟民生厚,因物有迁。"传曰:"言人自然之生敦厚,因所见所习之物而有变迁。"生,古代与"性"字通用,民生即民性,厚即敦厚,民性因物质和环境而改变,或改厚为薄,或变善为恶。

《论语》中子贡说:"夫子之言性与天道,不可得而闻也。"性与天道,其实是"一个东西",于人为性体,于天为道体,宇宙本体,《易经》称之为乾元。乾卦卦辞为:元亨利贞。这四个字被称为卦之四德,即乾元四德。

元者,善之长也;亨者,嘉之会也;利者,义之和也;贞者,事之干也。君子体仁,足以长人;嘉会,足以合礼;利物,足以和义;贞固,足以干事。君子行此四德者,故曰乾:元亨利贞。(《文言》)

元者善之长,含首善、大善、仁善、至善、超善诸义。这是天道至善的最好说明。亨利贞也都是善德。接着说君子可以行这四德，说明人之本性也具有这四德。这就叫道体和性体统一起来了。

> 元，始也；亨，通也；利，和也；贞，正也。言乾禀纯阳之性，故能首出庶物，各得元始、开通、谐和、贞固，不失其宜。是以君子法乾而行四德，故曰乾元亨利贞矣。（《子夏易传》）

《易经·系辞上》又将道体的作用、性体的功能、圣贤的德业和人类和文明一以贯之地做了贯通：

> 乾道成男，坤道成女。乾知太始，坤作成物。乾以易知，坤以简能。易则易知，简则易从。易知则有亲，易从则有功。有亲则可久，有功则可大。可久则贤人之德，可大则贤人之业。易简而天下之理得矣，天下之理得而成位乎其中矣。（《易经·系辞上》）

性善论是核心易理之一。在人性论上，《易经》认为本性之善源自天道生生之德，同时强调人要通过后天努力效法天道以扩充其性。所谓继善成性，对于人而言，就是继天道而为纯善，成生命之本性。朱熹说："流行造化处是善，凝成于我者即是性……继之者善，成之者性……性就是善。"（《朱子语类》）

"继善成性"语出《易经·系辞上》：

> 一阴一阳之谓道，继之者善也，成之者性也。仁者见之谓之仁，知者见之谓之知，百姓日用不知，故君子之道鲜矣！显诸仁，藏诸用，鼓万物而不与圣人同忧，盛德大业至矣哉！富有之谓大业，日新之谓盛德。生生之谓易，成象之谓乾，效法之谓坤，极数知来之谓占，通变之谓事，阴阳不测之谓神。（《易经·系辞上》）

对于阴阳统一、体用不二的天道，仁者见仁，智者见智。仁者、智者各有所见，百姓不明所以，也没有存养工夫，但只要不去故意毁坏它，它同样会无意识地在日常生活中起作用。但因为大多数人不知"道"，所以君子之道罕见罕闻。

宋朝杨万里有一个巧妙的比喻：

> 道者，善之父；性者，道之宅，故继道谓之善。然有之而能成之者，圣人也。自非圣人，有有之而得其一二者，仁者见之谓之仁，知者见之谓之知，百姓日用不知也。此君子之道之所以知之者鲜也。(《诚斋易传》)

《易经·系辞上》接着说：

> 夫易广矣大矣！以言乎远则不御，以言乎迩则静而正，以言乎天地之间则备矣。夫乾，其静也专，其动也直，是以大生焉；夫坤，其静也翕，其动也辟，是以广生焉。广大配天地，变通配四时，阴阳之义配日月，易简之善配至德。(《易经·系辞上》)

《易经·系辞上》又说："成性存存，道义之门。"成性指天道成就本性，天命之谓性，存存是存养本性，属于工夫论，即明明德、致良知工夫。人有此本性而存养之，就可以产生道义精神了。

方东美的《中国哲学之精神及其发展》一文中，根据易理论"性之理"，说性含五义：育种成性义，开物成务义，创造不息义，变化通几义，绵延长存义。[①] 这五义都是大善，是本性的五大作用。这五大义蕴含于《易经》，其中《乾文言》和《系辞》论之尤为透彻。

---

① 方东美．中国现代学术经典·方东美卷 [M]．石家庄：河北教育出版社，1996.

　　方东美将《易经》的要义分为四个方面，其一是"提倡一种性善论之人性观"。他说："据万物含生论之自然观而深心体会之，油然而兴成就人性内具道德价值之使命感，发挥人性中之美善秉彝，使善与美俱而相得益彰，以尽善尽美，美善合一为人格发展之极致。"方氏指出，此义亦孔子首发之，俱载于《乾文言》及《坤文言》而尤详于《象传》。

三、仁本论和论语说

　　关于"性与天道"，孔子在《易经》中论透了。同时，《论语》中没有直接谈论，并非不谈论，而是从作用的层面来谈。《论语》中所论的所有道德元素，无非仁性的发用。孔子说"吾道一以贯之"，这个"一"就是仁。这个仁，不仅是论语的核心字眼，也是儒学的最高原则。

　　仁字多义，要义有三：一、仁从人二，表示两人亲密，可以理解为人与人之间的相处之道；二、《说文》：仁古文为忈，从千心作。小篆写法，千字如下伏的身体，忈为上身下心，意味着身心统一；三、仁从人从二，二象征天地，人加二，意味着天人不二、三元（乾元、坤元、人元）归一。清黄宗炎论仁说：

　　仁从人，从一从心，正孟子所谓：仁，人心也。圣而尧舜，愚而桀纣，其心一也，所以性善也。性善者，仁也，善之长也，人皆有之。小篆作仁。在人之体为元，在人之心为仁，即此一理也。二者何？指此上下也，上通于天，下彻于地，人与天地合德者，即此仁也。（《周易象辞·周易寻门余论》）

　　人与天地合德，即天人合一，元者善之长，乾卦之元就是仁。《孟子·告子上》说："仁，人心也"，即以仁为人之本心，本心即为天心。

"仁者爱人"这句话，将内圣外王贯通了。内圣学以仁为本，修养仁德；外王学以人为本，追求王道，亲亲仁民是爱人的表现。仁民是政治性爱人，《尚书》说保民，《大学》说亲民，都是仁爱民众。亲亲仁民爱物，仁爱有次序而无局限。仁者在位，必然致力于仁政建设。大仁必大义，义刑义杀义战，无非出自仁爱之心。

注意，仁者爱人不能理解为"仁的含义就是爱人"，这是对仁这个概念的肤浅化。"爱人"只是仁性的作用和仁者的表现。仁性无所倚，无论是否涉及他人，仁者的仁德不变。达则兼济天下，穷则独善其身，穷达不改其仁。

仁也就是历圣相传的"允执厥中"的"中"。儒家的所有经典和圣人之言，都可以统一于仁字的大旗之下。

孔子说："道二，仁与不仁而已矣。"仁是大善，仁本主义人性论就是性善论。

《论语·雍也》记载，孔子说："人之生也直，罔之生也幸而免。"本章两个"生"字，多数学者都作"生存"解，东海以为，这里的"生"作本性解更准确。生，古代与"性"字通用。《周礼·地官·大司徒》："以土会之法，辨五地之物生。"注："杜子春读生为性。"人的本性是正直的。扭曲了人性，免于灾祸是侥幸。

刘氏的《正义》说："直者，诚也。"《中庸》以诚为"天之道"。《易经》以直为乾元之德。《易经·系辞上》说："夫乾，其静也专，其动也直，是以大生焉。"乾之德，天之道，就是人之本性。

德字古字为惪，从心从直，心直为德。人之生也直，意谓人性本正直，无所回曲，直就是德，就是善。这句话相当于说，人之初性本善。顾炎武说："人之生也直，即孟子所谓性善。"（《日知录》）

"罔之生"，指后天的不良习性。人性扭曲败坏了，人的生存和安全就得不到保障。君子居易以俟命，小人行险以侥幸，小人冒险行事，为非作歹，就会招灾惹祸。如果免于灾祸，只是侥幸而已。

在《论语·阳货》中，孔子说："性相近也，习相远也。"邢昺疏："性，谓人所禀受，以生而静者也，未为外物所感，则人皆相似，是近也。既为外物所感，则习以性成。若习于善则为君子，若习于恶则为小人，是相远也。"

《郭店楚墓竹简·性自命出》说的"四海之内，其性一也"，孔子说的"性相近"，言各有当。就个体而言，某些习性亦与生俱来。佛家所谓的"无明"根深蒂固，有一定的先天性，只是不如"光明本性"更为根本耳。黄宗羲认为："人乃父母之分身，当其在胎之时，已有习矣。不然，古人之言胎教何也？"所以孔子说人之初，"性相近"而不是"性相同"，有其道理。

孔子这里说的"性"虽指本性，实则已掺杂着与生俱来的某些习性，即宋儒所谓"气质之性"。只是"人之初"气质之性细微，故"性相近"。朱熹说："此所谓性，兼气质而言者也。气质之性，固有美恶之不同矣。然以其初而言，则皆不甚相远也。但习于善则善，习于恶则恶，于是始相远耳。"（《论语集注》）

程子说："此言气质之性，非言性之本也。若言其本，则性即是理，理无不善，孟子之言性善是也"（《论语集注》），以为此"性"完全指气质之性，这就不对了。孩童之性以"性之本"为主，掺杂了气质之性，所以都善良，都近似，又有所不同。孔子只论现世，就现世和一期生命而言，"性相近"的说法最为真确。

四、更多经典依据

除了《易经》《尚书》和《论语》，诗礼诸经和其他经典亦有很多性善论的阐发。

《诗经·烝民》说："天生烝民，有物有则。民之秉彝，好是懿德。"天道生下众多人，有着形体有本性。人民秉持性之常，最为爱好的是美德。"有物有则"的"则"，"秉彝"的"彝"，都指本性。朱熹

《孟子集注》引杨氏言："天生烝民，有物有则。物者，形色也。则者，性也。"毛传："彝，常。"常，即常理、常道、常规、常性。

熊十力先生说："民之秉彝曰性。彝，美也。此美绝待，非与恶对。天命者，本体之目。本体具万善，至美者也。民，犹言人。夫人皆秉天命以有生。即秉至美之理，以成为人。故赶就此至美之理之在人而言，则曰性。"（《新唯识论·附录》）

朱熹《诗集传》说："昔孔子读诗至此而赞之曰，为此诗者、其知道乎。故有物必有则、民之秉彝也。故好是懿德，而孟子引之、以证性善之说。其旨深矣。读者致思焉。"《孟子·告子》中引此四句与孔子的阐释作为"性善论"的依据。戴震《诗补传》说："诗美仲山甫德之纯粹而克全，故推本性善以言之。"

《周颂》说："维天之命，于穆不已。于乎不显，文王之德之纯。""于穆不已"，健动流行，至诚无息。《中庸》引用了这句诗："诗云：维天之命，于穆不已！盖曰天之所以为天也。"

《中庸》说："自诚明，谓之性；自明诚，谓之教。诚则明矣，明则诚矣。"又说："诚者，天之道也；诚之者，人之道也。"明确指出，诚为天之道、人之性。《中庸》又说："唯天下至诚，为能尽其性；能尽其性，则能尽人之性；能尽人之性，则能尽物之性；能尽物之性，则可以赞大地之化育；可以赞天地之化育，则可以与天地参矣。"

孟子说："尽其心者，知其性也；知其性，则知天矣。存其心，养其性，所以事天也。"又说："万物皆备于我矣。反身而诚，乐莫大焉；强恕而行，求仁莫近焉。"（《孟子·尽心上》）这里的"心""性""诚"和"我"指的都是本性。正因为心性本善，所以才能尽心知性知天，证得"万物皆备"的大我，反身而诚，才能乐莫大焉。如果本性为恶，反身而诚，何乐之有？

《左传·成公十三年》说："民受天地之中以生，所谓命也。是以有动作礼义威仪之则，以定命也。"这里"天地之中"的"中"，孔颖达释为"中和之气"，牟宗三进一步阐释为"天地之中即天地冲虚中和之气，或一元之气"。我认为再进一步理解为乾元天道，更为合适。

《郭店楚墓竹简·性自命出》说："性自命出，命自天降。"《中庸》说"天命之谓性"；《尚书·汤诰》说："维皇上帝降衷于下民，若有恒性。"王阳明说："人孰无根，良知即是天植灵根，自生生不息。但著了私累，把此根戕贼蔽塞，不得发生耳。"（《传习录》）这里的"性""恒性"和"良知"，都是指人之本性，生之本质，为上帝所降，上天所赋，天命、天性、天植灵根，岂有不善哉？

超越相对的善恶，绝对的、超越性的善，也可以说是无善无恶。王阳明说："性之本体，原是无善无恶的，发用上也原是可以为善，可以为不善的。"（《传习录》）王阳明四句教前两句为："无善无恶心之体，有善有恶意之动。"告子也主张"性无善无不善"，却受到孟子批判。其实告子的问题是只知习性而不识本性，如王阳明所说："告子认得一边去了，不晓得头脑。若晓得头脑，如此说亦是。"

"意之动"的"意"是意识，"意之动"即意识心发动，产生习性。习性就"有善有恶"了。习性有善有恶，儒家对此认知最早。《尚书·商书·太甲》中伊尹说"习与性成"，人的习惯养成，就成为习性。所谓习惯成自然，习性往往根深蒂固，与自然本性相似。孔子"性相近也，习相远也"的命题就与伊尹之说相惬。

《大戴礼记·保傅》载孔子言："少成若天性，习贯之为常。"王聘珍《大戴礼记解诂》引卢注："言人性本或有所不能，少教成之，若天性自然也。《周书》曰习之为常，自气血始。其太子幼择师友亦然。""习之为常，自气血始"意谓习惯的养成，可以从幼年开始，强调幼儿教育的重要性。《尚书·召诰》说："节性，唯日其迈。"节制他们的习性，使之天天进步，这是为了养成善习。

《郭店楚墓竹简·性自命出》说："凡人虽有性，心亡奠志（心无定志），待物而后作，待悦而后行，待习而后奠。"这里"性"即指本性，"心"则指习性。本性无待，是先天的；习性有待，是后天的。又说：

> 四海之内，其性一也。其用心各异，教使然也。凡性，或动之，或逆之，或交之，或厉之，或出之，或养之，或长之。凡动性者，物也；逆性者，悦也；交性者，故也；厉性者，义也；出性者，势也；养性者，习也；长性者，道也。

四海之内其性一，人人本性都一样，但习性千差万别，用心各异，是由于环境和教育的不同造成的。《郭店楚墓竹简·性自命出》的后面还有"未教而民恒，性善者也"之言。

性本善并不保证习性也都是善的，这就像源头清澈但不能保证下游也一定清澈一样。性相近习相远，遮蔽本性、恶化习性的事物太多了。如歪理邪说的误导、恶制恶法的熏陶、利益物质的诱惑等，都会让人产生恶意恶念，发展为恶言恶行，最终形成为恶习。世人很容易被各种恶习牵着鼻子走。

历代大儒说人性，往往本习并论。朱熹说："盖人心本善，方其见善欲为之时，此是真心发见之端。然才发便被气禀物欲蔽锢了，不教它发。此须自去体察存养，看得此最是一件大工夫。"（《近思录》）朱熹又说："性命，形而上者也；气则形而下者也。形而上者一理浑然，无有不善；形而下者则纷纭杂揉，善恶有所分矣。故人物既生，则即此所禀以生之气，而天命之性存焉。"（《晦庵集·明道论性说》）

> 人性本善，有不可革者，何也？曰：语其性，则皆善也；语其才，则有下愚之不移。所谓下愚有二焉：自暴也，自弃也。人苟以善自治，则无不可移者。虽昏愚之至，皆可以渐磨而进。惟自暴者拒之以不信，

自弃者绝之以不为，虽圣人与居，不能化而入也。仲尼之所谓下愚也。然天下自暴自弃者，非必皆昏愚也，往往强戾而才力有过人者，商辛是也。圣人以其自绝于善，谓之下愚。然考其归，则诚愚也。既曰下愚，其能革面，何也？曰：心虽绝于善道，其畏威而寡罪则与人同也。惟其有与人同，所以知其非性之罪也。（《近思录》）

程颐指出，下愚之人犹能革面，是因为他们的心虽绝于善道，但害怕君威而少犯罪过的心理与别人相同，这就可以说明他们的愚恶并非本性问题。

张载说："心本善，发于思虑，则有善有不善。若既发，则可谓之情，不可谓之心。譬如水，只可谓之水。至如流而为派，或行于东，或行于西，却谓之流也。"（《近思录》）

宋儒都是性善论者，所说天理，于人而言，即为本性。朱熹说："心，一也，方寸之间，人欲交杂则谓之人心，纯然天理则谓之道心。"（《朱子语类》）天理即道心。伊川说性即理。"理也，性也，命也，三者未尝有异。穷理则尽性，尽性则知天命矣。天命犹天道也，以其用而言之则谓之命，命者造化之谓也。""人心私欲，故危殆；道心天理，故精微。"（《二程遗书》）道心、天理、天命、天性、人之本性，都是一个东西。

程端蒙说："天理流行，赋予万物，是之谓命。人所禀受，贤愚厚薄，是之谓分。古今人物，本本原原，初无或一，是曰理一。亲疏贵贱，贤愚厚薄，万有不齐，是曰分殊。禀于天者，有清有浊，有善有恶，是之谓气。受于人者，或明或昏，或粹或杂，是之谓质。"（《性理字训》）

陈淳说："天所命于人以是理，本只善而无恶。故人所受以为性，亦本善而无恶。孟子道性善，是专就大本上说来，说得极亲切，只是不曾发出气禀一段，所以启后世纷纷之论，盖人之所以有万殊不齐，

只缘气禀不同。"(《北溪字义》)

否定恶习的存在,当然幼稚;否定本性之善,更是肤浅。不明其心,不见其性,纵入儒门,也难登堂,难以树立良知坚定的信仰。其实三字经开头就讲得很清楚了:"人之初,性本善,性相近,习相远。"

王阳明和孟子对良知概念的定位有所不同,在孟子为本性的作用,阳明将之提升为本性,但两人对"天命之性"都有圆满证悟,都是性善论者。王阳明"生天生地,神天神地"的良知,就是孟子所说的"万物皆备于我"中的"我",两者都是指本性。

王阳明指出,关于人性论,"有自本体上说者,有自发用上说者,有自源头上说者,有自流弊处说者。总而言之,只是一个性,但所见有浅深尔"(《传习录》)。自发用上说,就是从习性上说,所见浅了;自流弊处说,就是从恶习处说,所见就更浅了。

董仲舒持"性仁情贪论",说:"天两有阴阳之施,身亦两有贪仁之性。"(《春秋繁露》)统而言之,阴阳不二都是天道,性情不二都是天性;分而言之,阳是主,阴是从,性是主,情是从,善是主,恶是从。

这种说法与孟子有所不同,浅于孟子。盖董氏将"阴之恶""情之贪"纳入本性,犯了本习不分的错误。仁为本性,贪为习性,这里来不得一点马虎,绝不能一视同仁。"天两有阴阳之施",但无善恶之别,阴不等于恶。一阴一阳之谓道,乾阳坤阴,都是纯善呀。

好在董氏肯定人有先天善质,与荀子有本质性区别,原则上仍可纳入性善论范畴。他说:"仁之美者在于天。天,仁也。……察于天之意,无穷极之仁也。人之受命于天也,取仁于天而仁也。"(《春秋繁露·王道》)又说:"天德施,地德化,人德义。……人受命乎天也,故超然有以倚。物疢疾莫能为仁义,唯人独能为仁义。物疢疾莫能偶天地,唯人独能偶天地。"(《春秋繁露·人副天数》)又说:"人受命于天,有善善恶恶之性,可养而不可改,可豫而不可去,若形体之可肥臞而不可得革也。"

这三段话是性善论的明确表述。人受命于天，与《中庸》里的"天命之谓性"义近。"人取仁于天而仁"就是说本性为仁。人德即本性之德，仁和义都是大善。

五、性恶论的错误

"人取仁于天而仁"这个道理非荀子所知。荀子认为人性本恶，生而好利、疾恶和纵欲，人们需要后天文明的熏陶和制度的约束。

《荀子·性恶》说："人之性恶，其善者伪也"；"故圣人化性而起伪，伪起而生礼义，礼义生而制法度"；"言圣人能变化本性，而兴起矫伪也。""伪"即人为。唐杨倞注："伪，为也，矫也，矫其本性也。凡非天性而人作为之者，皆谓之伪。"

这就是错认现象为本质、错认恶习为本性了。他不知道，天命之性才是化去气质之性、兴起文明之伪的内驱力。荀子只知人类习性之恶，不识人性根本之善，知习而不知本，知人欲而不知天性。程子说："荀子极偏驳，只一句性恶，大本已失。"（《朱子语类》）王阳明弟子黄修易说："孟子从源头上说性，要人用功在源头上明澈。荀子从流弊说性，工夫只在末流上救正，费力了。"（《传习录》）

王夫之说："尽性以至于命。至于命，而后知性之善也。天下之疑，皆允乎人心者也；天下之变，皆顺乎物则者也。何善如之哉！测性于一区，拟性于一时，所言者皆非性也，恶知善？"（《船山思问录》）

"一区"是指一定的区域间，"一时"是指一定的时间段。荀子不识本性是内在和超越的统一，测性于一区，拟性于一时，所以得出了错误的结论，所见的只是习性。对此朱熹特别轻蔑地对他的学生说：

不须理会荀卿，且理会孟子性善。渠分明不识道理。如天下之物，有黑有白，此是黑，彼是白，又何须辨？荀扬不惟说性不是，从头到底皆不识。当时未有明道之士，被他说用于世千余年。韩退之谓荀扬"大醇而小疵"。伊川曰："韩子责人甚恕。"自今观之，他不是责人恕，乃是看人不破。今且于自己上作工夫，立得本。本立则条理分明，不待辨。(《朱子语类》)

荀扬指荀子和杨雄。杨雄说："人之性也，善恶混，修其善则为善人，修其恶则为恶人。"朱熹认为他与荀子一样都不识本性真相，韩愈说荀扬两位"大醇而小疵"，是赞美过度，缺乏择法之眼，没有看破荀扬。

人性论所论之性，必须是本性。因为习性无常，因人而异，有善习，有恶习，有无记习。就习性而言，说善说恶，说非善非恶，都成立，但没有意义。本性论只能自本体和源头上说，不能自发用上流弊处说。孟子"四端"虽是从发用上说，但他反身而诚，从用见体，已明大体，即知善习的根本性，更知本性的至善性。

本性至善，习性易恶。孟子说："仁义礼智，非由外铄我也，我固有之也，弗思耳矣。"仁义礼智的善端与生俱来，但善端的茁壮和光大有赖于后天的修养。如果不养其善，任其为情欲、物欲、私欲所困，陷溺于与禽兽共通的耳目感官追求，人就变得与禽兽相似了，就如美木被斧斤砍伐，嫩芽为牛羊践踏。故孟子得出一条规律："苟得其养，无物不长；苟失其养，无物不消。"(《孟子·告子上》)

客观环境对善端能否发扬光大有极大影响。孟子说："舜之居深山之中，与木石居，与鹿豕游，其所以异于深山之野人者几希；及其闻一善言，见一善行，若决江河，沛然莫之能御也。"(《孟子·尽心上》)

物质生活状况也是制约人性善恶走向的重要因素。"富岁，子弟多赖；凶岁，子弟多暴，非天之降才而殊也，其所以陷溺其心者然也。"(《孟子·告子上》)丰收年成，子弟多懒惰；灾荒年成，子弟多强暴。并不是天生的资质不同，而是环境变化影响他们的心性。

好比大麦，种子一样，收成有差异，原因就在于"地有肥硗，雨露之养，人事之不齐也"（《孟子·告子上》）。

因为习性易恶，道德教化和礼乐刑政就成为人世的必需、政治的必需，个人则需要下一番致良知的工夫。致良知，达则兼善天下，有望改变国家的命运；穷则独善其身，可以改变自家的命运。儒学即良知学，对良知的证悟最为中正圆满，普及儒学和复兴儒家，是救民、救国和自救的最好方式。

习性易恶，不能说本性为恶。

荀子"化性起伪"说存在原则性错误。气质之性可人为化之，故宋儒教人以变化气质为先，但变化气质的目的是为了恢复天命之性。儒家正宗只说存性、养性、知性、见性、明性、尽性，天命之性至善，是一切道德文化文明和礼制的源头。儒家各派工夫论都是建立在性善论基础上的。

正确的说法不是化性起伪，而是见性起文，复性起礼，或者复性起伪（将伪字解释为人为，以形容礼义文明，其实不妥。兹不详论，姑且借用一下）。孟子说："尽心尽性则知天。"《中庸》说："唯天下至诚为能尽其性。能尽其性，则能尽人之性。能尽人之性，则能尽物之性。能尽物之性，则可以赞天地之化育。可以赞天地之化育，则可以与天地参矣。"这才有望尽伦尽制，让个体成就大德。

荀子虽然是礼学大家、外王大师，但非儒家正宗，故我称之为儒门外道。

人性论作为一种哲学，应从根本上说性。人性论必须追究，善的源头、道德的源头在哪里。这是哲学的根本问题之一，其重要性仅次于本体论，属于准"第一性"问题。荀子"化性起伪"说认为本性不良需变化之，以建立起道德文明之"伪"，这就将道德的源头置于本性之外了。性恶论者必然不识道心，必然"心外求法"，必是外道，外乎孔孟之道、中庸之道，外乎仁本主义。

根本一错，流蔽无穷，故孟子说："言人之不善，当如后患何？"此言是提醒，性恶论后患无穷。有学者解释为：说别人不好，有后患怎么办？以为孟子是口不臧否他人是非的乡愿呢。孟子果然有先见之明：荀子倡性恶，结果导出了法家，继又导出了秦王朝和秦制度，肇祸天下，贻害两千多年。

性恶论从本质上否定了人类生命的尊严和高贵，摧毁了道德的根基。人性论之错，根源于世界观、生命观之误，这必然导致人生观、价值观、政治观等出现一连串错误。扎根性恶论（或类性恶论）的指导思想，导不出以民为本的善政，建不起维护民权的善制。

性恶论是对生命本质性的无知和对人性最深层的侮蔑，从根本上"剥夺"了人性的美好人格的尊严，将人类的真善美和道德性归纳为伪（人为），也从根本上否决了个体成圣和世界大同的理想。性恶论者不可能产生道德自信和抵达圣贤境界，建立在性恶论基础上的学说最容易导出极权暴政和恶制恶法。草菅人命、以民为敌是性恶论的逻辑必然。

"民族劣根性"说是性恶论的翻版，性恶论从人性层面为各种恶制恶法和政治恶行提供了合理性，因为人性本恶，故人民在本质上不值得尊重，不可能教化，只能利用严刑峻法加以"改造"，或者当作工具看待。谁会尊重本质为恶的东西呢？

六、西方特色性善论

法家是性恶论，基督教可称为类性恶论。有基督徒说："宪政的人性基础，是一个好人都没有，所有人都有罪。这是基督精神的核心表述之一。"大谬。一个好人都没有，谁来建设宪政？恰恰相反，宪政作为良制，是人类良知的制度性表现。因为人性本善，良制是可能的；因为习性易恶，良制是必需的。宪政就是现代的良制和仁政。

相对于基督教的原罪说，儒家可谓原善论和圆善论。圆善，意谓至善和超善；原善，就是人之初性本善。本性发而不中节，则会恶化，形成恶习。美国尼布尔有一句名言："人行正义的本能使得民主成为可能，人行不义的本能又使民主成为必要。"行不义的本能就是恶习。良知与恶习并存是人性之常。道德上升的过程，就是去恶习致良知的过程。

自由主义不明本性，但能以人为本，其中名家对本性之善多少有一定感悟。以为自由主义建基于性恶论，以性恶论为自由主义的人性预设，是特色自由派及经济学家的失误。

樊纲说："好制度的基本前提是要假定人之初性本恶。"这个基本前提是特色自由派及经济学家的自以为是。好制度当然是必需的，因为人很容易变坏，但不能因此诬蔑本性为恶。

亚当·斯密的《道德情操论》从道德心理学的角度对人的行为动机进行研究，认为人的自爱动机天然地受到"同情"机制的制约，从而使人的求利激情得到抑制缓和，使逐利行为合乎道德与正义的基本要求。这种人性观可称为西方特色的性善论。

《道德情操论》第一卷"论同情"写道："无论人们会认为某人怎样自私，这个人的天赋中总是明显地存在着这样一些本性，这些本性使他关心别人的命运，把别人的幸福看成自己的事情，虽然他除了看到别人幸福而感到高兴以外，一无所得。"这种怜悯或同情就是孟子所说人皆有之的恻隐心。

其实利己利他都是生命本能。发自"自私的欲望"的行为只要不损人，就符合道德原则。同时，利己追求客观上往往会产生利他作用，让私利变成公益。亚当·斯密在另一部名著《国富论》中认为，受利己心激励的理性经济人在"看不见的手"引导下追逐自身利益的行为，往往会无意识地促进社会利益的发展。

纽约大学的社会心理学家乔纳森·海特对人性的认知比亚当·斯密更加进步。他在《正义之心》(The Righteous Mind) 一书中说：

"追求正义之心生而有之，辨别正义之能后而育之，求得正义之解则需理性的反复论证，激情则是避免中途而废和过度自信的动力。"他认为，人的道德思想并非后天习得，更不是自己临时理性计算的结果，而是头脑中固有，甚至在一定程度上由基因决定的。

西方诸子中，康德的优秀是罕见的。康德虽未见性，但对本性之善有相当的认知——体现于他的自由意志论和良心论。他认为，良心不但是一种能力，而且是一种根据道德准则来判断自己的本能；人在道德上是自主的，人之所以成为人，就在于人有道德上的自由能力……他有一句名言："世上最使我们震撼的是我头上的星空和心中的道德律。"

一些西哲善恶不分，认善为恶，如卡尔波普"国家是必要的恶"的观点就是。其实"必要的恶"就是非恶即善，"国家的目的是防止人们的自由受到侵犯，努力消除具体的罪恶，而不要去实现抽象的善。"这是大善，何恶之有？佛教说菩萨心肠霹雳手段，儒家说义刑义杀义战，正义的刑杀和战争都是大善。

还有些人错把欲望和私心视为恶。殊不知利己利他都是本性的正常作用，欲望无所谓善恶。"饮食男女，人之大欲存焉"，没有"大欲"反不成其为人了，生命亦无法保障和延续。欲望只有发而不中节才会恶化。宋儒存天理灭人欲，人欲指的是邪欲，正常欲望则属于天理。

英国著名生物学家 R. 道金斯提出的"自私的基因"理论认为，生物与非生物的根本区别之一，就是生物天生具有生存的本能或欲望。这种欲望就具有超善性，这是生命得以生存延续、文明得以进步光大的"原始驱动"。

有学者将黄宗羲划为性恶论者，理由是其《明夷待访录》开头一句话："有生之初，人各自私也，人各自利也；天下有公利而莫或兴之，有公害而莫或除之。"这就是将自私自利错误地划入恶的范畴了。其实黄宗羲的人性观与孟子一致，是彻头彻尾的性善论者。

他说："本心呈用有过或不及而成念，流而为习欲，而为恶源。吾人透过修德而回复本心，但至此仍未充足，更需要尽心，而尽心即性。孟子所谓扩充、动心忍情、强恕而行，皆是所以尽心。"本心为至善，习欲为恶源，这个观点在其著作《孟子师说》中有大量阐说。

比较古今中外各派学说，儒家的性善论对善恶的认识特别深刻，对人性的认识穷源彻底，既深知恶习的深重，又深知本性的光明，深知每一个生命体的珍贵，深知每个人的本质的美好。

孟子讲万物皆备于我，张载讲民胞物与，圣贤讲中国一人、天下一家、万物一体和天人不二，都不是虚夸和形容，而是明心见性之后的真切体会。因此，无论人类社会的恶言恶行如何泛滥成灾，儒者都永远不会对人性绝望，他们永远怀抱悲悯之心，致力于觉后知、觉后觉的工作，乐此不疲，死而后已。

天人感应论

古代的天人感应说认为，人心与天地、民意与天意、人事与天道、政治社会秩序与宇宙运行秩序之间存在某种潜在联系，人类的行为尤其是政治行为，与天象及物象息息相关，可以相互影响，相互感应，人会上感于天，天会下应于人。如果政治失常，就会出现灾异；如果政通人和，就能和气致祥，或者天降祥瑞。

历代圣贤大儒对于天人感应说都有着不同程度的认可或解说。

一、经典依据

关于天人感应，中华经典中有大量的表述。

（一）《易经》

《易经》曰："自天佑之，吉无不利。"子曰："佑者，助也。天之所助者，顺也。人之所助者，信也。履信思乎顺，又以尚贤也。是以自天佑之，吉无不利也。"（《易经·系辞上传》）天佑就是天助。天能够佑助于人，说明天人有感应。

《易经》咸卦就是关于感应的卦。彖辞说："天地感而万物化生，圣人感人心而天下和平。观其所感，而天地万物之情可见矣。"把咸之感提到"万物化生""天下和平"和"天地万物之情"的高度，为天人感应论做了最好的哲学奠基。天地相感，阴阳和合，万物化生；圣人感人心则仁义普施，天下和平。观看物与物、人与人、人与物相互感应的现象，就可以洞察和解悟天地万物之真相了。

咸，感也，艮为少男，兑为少女，少男少女最易相感。故名泽山之象曰《咸》。咸，感应，古人云："有心之感有限，无心之感无穷。"咸之感指一切感应现象，包括阴阳、天地、万物、男女、天人之间的感应。"《咸》，速也。"速是速通义。

感应之道不受制于距离，感而遂通。《孟子·公孙丑上》引用孔子曰："德之流行，速于置邮而传命。"意谓德政的推广流行，比设立驿站传达政令还要迅速，形容道德感人的力量之大和速度之快。

圣人感人心而天下和平。这个"平"字值得深长思，它既有治理的"动"义，也有平安、公正、和平、平等、安定的"静"义。儒家内圣外王，归根结底无非是内平自心，外平天下，平天下亦无非平人心。

平天下，大学八条目之一，人人平等，天下太平，即《春秋》"太平世"，是儒家最高政治理想、王道最高境界。《尚书·洪范》说："无偏无党，王道荡荡；无党无偏，王道平平；无反无侧，王道正直。"都不外乎一个平字。

"平天下"的最高境界是"范围天地之化而不过，曲成万物而不遗"。"曲成"，就是在尊重万物的本性和个性基础上成就万物，让包括人类在内的天地万物各得其宜。这体现的是一种高度的平等精神。

平自心是培养和保持一颗平常心。平常心不平常。佛教以无分别为平，无生灭为常，平常心就是真如佛性，无分别无生灭，离四句绝百非。马祖说："无造作，无是非，无取舍，无断常，无凡无圣。"指的就是这个。

平必和，和必平，儒家外求世界和平，自求内心和平。自心平，人心平，天下平。用《中庸》的话说，平自心是"尽己之性"，平人心平天下是"尽人之性"。

人与人之间最容易产生道德感应，又特别容易自上而下，上感下应。圣人得位，政治公道，社会公平，人心大平，天下太平。陆贾说："仁者在位而仁人来，义者在朝而义士至。是以墨子之门多勇士，仲尼之门多道德，文王之朝多贤良，秦王之庭多不祥。故善者必有所主而至，恶者必有所因而来。夫善恶不空作，祸福不滥生，唯心之所向，志之所行而已矣。"（《新语·思务》）

对于咸卦之感，张载、王夫之、李贽这些古代治易大家都有深入论述。王夫之说："故感者，终始之无穷，而要居其最始者也"，"咸之为道，固神化之极致也"。李贽在其《九正易因》中干脆断言："天下之道，感应而已。"在"顺天应人"的道德追求和天人感应中，人与人、人与社会、人与自然可以达到高度的和谐一致。

《系辞》又说："易无思也，无为也，寂然不动，感而遂通天下之故。非天下之至神，其孰能与于此。"寂然，感之体，静也，无为也；感通，寂之用，动也，无不为也。体与用、静与动、无为与无不为完全统一，同归于易。

古人还有"易以感为体"的说法。《世说新语》中记载："殷荆州曾问远公：易以何为体？答曰：易以感为体。殷曰：铜山西崩，灵钟东应，便是易耶？远公笑而不答。"可见感应之理在《易经》中的重要性。

《文言传》说："子曰：同声相应，同气相求。水流湿，火就燥，云从龙，风从虎。圣人作而万物睹，本乎天者亲上，本乎地者亲下，则各从其类也。"水湿火燥，云龙风虎，是自然界同类相从；圣人作而万物睹，就是天人感应的表现，圣人兴起和作为，万物都会自然而然产生感应。

（二）《尚书》

《尚书·洪范》认为帝王的政治道德会对天气变化产生重大影响。"洪范九畴"（政治的九大法则）第八条是"念用庶征"（指几种检验君王行为的征兆），其中说：

曰休征；曰肃、时雨若；曰义，时旸若；曰晰，时燠若；曰谋，时寒若；曰圣，时风若。曰咎征：曰狂，恒雨若；曰僭，恒旸若；曰豫，恒燠若；曰急，恒寒若；曰蒙，恒风若。

这说的是君主的施政态度会影响天气的变化。美好的征兆：一是肃敬，及时下雨；一是修治，及时放晴；一是明智，及时转暖；一是善谋，及时变寒；一是通圣，及时起风。恶劣的征兆：一是狂妄，久雨；一是僭谬，久旱；一是逸豫，久热；一是急躁，久寒；一是昏昧，久风。

曰王省惟岁，卿士惟月，师尹惟日。岁月日时无易，百谷用成，义用民，俊民用章，家用平康。日月岁时既易，百谷用不成，义用昏不明，俊民用微，家用不宁。庶民惟星，星有好风，星有好雨。日月之行，则有冬有夏。月之从星，则以风雨。

从"曰王省"到"家用平康"，说政善致美，百谷成熟因此丰收，政治因此清明，杰出的人才得到显扬重用，国家因此太平安宁；从"日月岁时"至"家用不宁"，说政恶致咎，一切都会反过来；"庶民惟星"以下，意谓人君和群臣要以常道齐正润泽下民。

（三）《礼记》

《礼记·乐记》开篇指出"人心之动，物使之然"，外物能感人心。接着说：

人生而静，天之性也。感于物而动，性之欲也。物至知知，然后好恶形焉。好恶无节于内，知诱于外，不能反躬，天理灭矣。夫物之感人无穷，而人之好恶无节，则是物至而人化物也。人化物也者，灭天理而穷人欲者也。于是有悖逆诈伪之心，有淫泆作乱之事。是故强者胁弱，众者暴寡，知者诈愚，勇者苦怯，疾病不养，老幼孤独不得其所，此大乱之道也。

人化物就是人被物所化，物化者就是物人，身为物役，成为物欲和外物的奴隶，虽有人形，缺乏人格。孔颖达疏："外物来至，而人化之于物，物善则人善，物恶则人恶，是人化物也。"在树立君子人格之前，人是很容易"物至而人化物"的。物化则丧心，丧失道德自律的能力，故物化者必是物质主义、利益主义和利己主义者，是"灭天理而穷人欲"者。

人若不文化德化，必然物化，进而恶化，比动物更坏。凡物质主义、利益主义和恶性利己主义者，都属于物化者，那些信仰邪知邪见、崇拜暴力暴君、鼓吹歪理邪说的知识分子，更是物化的典型。

外物能通过物化恶化人心从而恶化音乐，"乱世之音怨以怒，其政乖。亡国之音哀以思，其民困"。恶化人事，导致"强者胁弱，众者暴寡，知者诈愚，勇者苦怯，疾病不养，老幼孤独不得其所"，那么，人事之恶和大乱之道，是否也会影响音乐和外物外境呢？答案当然是肯定的。

土敝则草木不长，水烦则鱼鳖不大，气衰则生物不遂，世乱则礼慝而乐淫。是故其声哀而不庄，乐而不安，慢易以犯节，流湎以忘本。广则容奸，狭则思欲，感条畅之气，而灭平和之德。是以君子贱之也。（《乐记》）

世道乱了，礼崩乐坏，音乐淫靡，或悲哀而不庄重，或喜悦而不安详，或散漫而不合节拍，或放纵而丧失法度。节奏缓慢则包藏邪思，节奏急促则刺激欲念。感受乱逆的气息，灭除平和的德性，因此，君子轻贱这样的音乐。

《乐记》更多的是从正面强调好音乐作用，并提出"大乐与天地同和"的观点，将音乐的和谐与宇宙的和谐联结在一起，何其深刻而伟大。若无对万物一体、天人合一之真理的圆满证悟，是不可能产生这样深刻而伟大的音乐思想的。"和故百物不失"，"和故百物皆化"，阴阳调和，天人和谐，一切井井有条。音乐之用大矣哉。

　　是故大人举礼乐，则天地将为昭焉。天地欣合，阴阳相得，煦妪覆育万物，然后草木茂，区萌达，羽翼奋，角觡生，蛰虫昭苏，羽者妪伏，毛者孕鬻，胎生者不殰，而卵生者不殈，则乐之道归焉耳。（《乐记》）

　　《乐记》常常礼乐并举。大人是圣人得位，举礼乐即制礼作乐，如此，天地的功用将彰显出来。

　　天高地下，万物散殊，而礼制行矣。流而不息，合同而化，而乐兴焉。春作夏长，仁也；秋敛冬藏，义也。仁近于乐，义近于礼。乐者敦和，率神而从天；礼者别宜，居鬼而从地。故圣人作乐以应天，制礼以配地。礼乐明备，天地官矣。天尊地卑，君臣定矣。卑高已陈，贵贱位矣。动静有常，小大殊矣。方以类聚，物以群分，则性命不同矣。在天成象，在地成形。如此，则礼者天地之别也。地气上齐，天气下降，阴阳相摩，天地相荡，鼓之以雷霆，奋之以风雨，动之以四时，暖之以日月，而百化兴焉。如此，则乐者天地之和也。化不时则不生，男女无辨则乱升，天地之情也。及夫礼乐之极乎天而蟠乎地，行乎阴阳而通乎鬼神，穷高极远而测深厚。乐著大始而礼居成物。著不息者，天也；著不动者，地也。一动一静者，天地之间也。（《乐记》）

　　这一段话将音乐极天蟠地、感天动地的伟大作用阐述得淋漓尽致，从音乐角度对心物感应、天人感应做了最生动而深刻的说明。

程颐说:"尽性至命,必本于孝弟;穷神知化,由通于礼乐。"(《明道先生行状》)意谓穷究天道的神妙、认知万物的变化,是因为通达于礼乐。可见礼乐作用的伟大,其极致可以穷神知化,上达天道。

"穷神知化"语出《周易·系辞下》:"穷神知化,德之盛也。"唐孔颖达疏:"穷极微妙之神,晓知变化之道,乃是圣人德之盛极也。"圣人德之盛极,可以穷神知化,那么,圣人在位,顺天应人,敬天保民,建设良制良法的政治文明,自是题中应有之义。陆贾说得好:"昔舜禹因盛而治世,孔子承衰而作功,圣人不空出,贤者不虚生。"孔子无权,自有作用发挥;舜禹得位,自必造就盛世。

马一浮说:"《正蒙》云:一故神,二故化。礼主别异,二之化也;乐主和同,一之神也。礼主减,乐主盈,礼减而进,以进为文,乐盈而反,以反为文,皆阴阳合德之理。"(《泰和会语》)礼乐根源于"阴阳合德之理",天人不二,自有感应。

礼乐制度是政事、人事之大者,其精神却是形而上的。

是故夫礼必本于大一。分而为天地,转而为阴阳,变而为四时,列而为鬼神。其降曰命,其官于天也。夫礼必本于天,动而之地,列而之事,变而从时,协于分艺。其居人也曰养,其行之以货利、辞让、饮食、冠昏、丧祭、射御、朝聘。(《礼记·礼运》)

这段话的大意是,礼制必须以大一为根本。大一分化而成天地,转变而为阴阳,变化而出四时,列举而为鬼神。大一内在于万物称为命,这个命法象于天道。礼制一定必须以天道为根本,天道运行而达于大地,分列而达万事,变化而顺应四季,协和于行为标准。礼制供给人类生活叫作养,它通过货利、辞让、饮食、冠昏、丧祭、射御、朝聘等礼仪规范实行养人之道。

《系辞》说："易有太极，是生两仪，两仪生四象，四象生八卦，八卦定吉凶，吉凶生大业。"礼之太一，即易之太极，都指天道。《礼记》这段话将礼与天地、阴阳、四时及鬼神打成一片，从礼制的角度，阐述了天人合一之理。制礼作乐，大人之事也。

另外，《乐记》中子夏在回答魏文侯关于音乐问题时说："夫古者天地顺而四时当，民有德而五谷昌，疾疢不作而无妖祥，此之谓大当。"说的也是天人感应。

湖北荆门郭店楚简的《成之闻之》篇中记载了与子夏类似的说法："是故小人乱天常以逆大道，君子治人伦以顺天德。……是故唯君子道可近求而可远措也……昔者君子有言曰：圣人天德。曷？言慎求之于己可以至顺天常矣。"

（四）副经

对于天人感应，历代儒家典籍和大儒多有阐说。

《大戴礼记·盛德》说："圣王之盛德：人民不疾，六畜不疫，五谷不灾，诸侯无兵而正，小民无刑而治，蛮夷怀服。……凡人民疾、六畜疫、五谷灾者，生于天；天道不顺，生于明堂不饰；故有天灾，即饰明堂也。"

疾是大病，疫是瘟疫，灾是水火为害，明堂是帝王会见诸侯、举行祭祀、宣明政教的场所。圣王穷神知化敬天保民，政治文明制度合理，可以最大限度地禁戒人祸并且减少天灾。

韩婴的《韩诗外传》说："传曰：国无道则飘风厉疾，暴雨折木，阴阳错氛，夏寒冬温，春热秋荣，日月无光，星辰错行，民多疾病，国多不祥，群生不寿，而五谷不登。当成周之时，阴阳调，寒暑平，群生遂，万物宁。故曰：其风治，其乐连，其驱马舒，其民依依，其行迟迟，其意好好。《诗》曰：匪风发兮，匪车偈兮。顾瞻周道，中心怛兮。"

成周之时是指周成王时。在成王、康王的时代，海内晏然，四夷宾服,这个时代也被称为历史上四大盛世之首。《周本纪》记载:"成王自奄归,在宗周,作多方。既绌殷命,袭淮夷,归在丰,作周官。兴正礼乐,度制于是改,而民和睦,颂声兴。……成康之际,天下安宁,刑错四十余年不用。"

韩婴举成周之时"阴阳调,寒暑平,群生遂,万物宁"为例,说明有圣王必有王道、有盛德必有盛世的道理,非常有力。但要进一步说明的是,有圣王有盛德,可以少天灾,可以将天灾的危害减到最轻,但并非一定没有天灾。舜禹时有大洪水,汤有七年之旱,不能因此否认他们的盛德。因此,话不能说过头。某些公羊学家和儒家典籍,在这方面就犯了绝对化、简单化的毛病。儒家经典有正副之别,四书五经为儒家正经,言论中正圆满,副经大体正确,但也有出偏的地方。

下面摘录古籍中部分有关天人感应的言论供参考,不再一一解说。

《韩诗外传》又说:"善为政者,循情性之宜,顺阴阳之序,通本末之理,合天人之际。如是则天气奉养而生物丰美矣。不知为政者,使情厌性,使阴乘阳,使末逆本,使人诡天。气鞠而不信,郁而不宣。如是则灾害生,怪异起,群生皆伤,而年谷不熟。是以其动伤德,其静亡救。故缓者事之,急者弗知。日反理而欲以为治。《诗》曰:废为残贼,莫知其尤。"

陆贾的《新语》说:"传曰:天生万物,以地养之,圣人成之。功德参合而道术生焉。故曰张日月,列星辰,序四时,调阴阳,布气治性,次置五行。春生夏长,秋收冬藏,阳成雷电,阴成霜雪,养育群生,一茂一亡,润之以风雨,曝之以日光,温之以节气,降之以殒霜,位之以众星,制之以斗衡,苞之以六合,罗之以纪纲,改之以灾变,告之以祯祥,动之以生杀,悟之以文章。故在天者可见,在地者可量,在物者可纪,在人者可相。"(《新语·道基》)

又说:"圣人因其势而调之,使小大不得相逾,方圆不得相干,分之以度，纪之以节，星不昼见，日不夜照，雷不冬发，霜不夏降，臣不凌君，则阴不侵阳。盛夏不暑，隆冬不霜，黑气苞日，彗星扬光，虹蜺冬见，蛰虫夏藏，荧惑乱宿，众星失行。圣人因天变而正其失，理其端而正其本。"(《新语·思务》)

又说："故世衰道失，非天之所为也，乃君国者有以取之也。恶政生恶气，恶气生灾异。螟虫之类，随气而生；虹蜺之属，因政而见。治道失于下，则天文变于上；恶政流于民，则螟虫生于野。"(《新语·明诚》)

董仲舒的《春秋繁露》说："美事召美类，恶事召恶类，类之相应而起也……帝王之将兴也，其美祥亦先见；其将亡也，妖孽亦先见，物故以类相召也。《尚书》传言：周将兴之时，有大赤鸟衔谷之种，而集王屋之上者。武王喜，诸大夫皆喜。周公曰：茂哉，茂哉，天之见此以劝之也。"(《同类相动》)

又说："凡灾异之本，尽生于国家之失。国家之失乃始萌芽，而天出灾害以谴告之；谴告之而不知变，乃见怪异以惊骇之，惊骇之尚不知畏恐，其殃咎乃至。以此见天意之仁而不欲陷入也。"(《必仁且知》)

周敦颐的《经学理窟》说："书称天应如影响，其福祸果然否？大抵天道不可得而见，惟占之于民，人所悦则天必悦之，所恶则天必恶之，只为人心至公也，至众也。民虽至愚无知，惟于私己然后昏而不明，至于事不干碍处则自是公明。大抵众所向者必是理也，理则天道存焉，故欲知天者，占之于人可也。"

张载的《张子正蒙·乾称》说："乾称父，坤成母，予兹藐焉，乃混然中处。故天地之塞，吾其体；天地之帅，吾其性。民吾同胞，物吾与也。"又说："以万物本一，故一能合异，以其能合异，故谓之感。……二端故有感，本一故能合。天地生万物，所受虽不同，皆无须臾之不感。"

《朱熹正蒙注》说："自天地言之，只是一个气。自一身言之，我之气即祖先之气，亦只是一个气，所以才感必应。""精神血气与时运相为流通。到凤不至，凰不出，明王不兴，其徵兆自是恁地。"王夫之说："民之视听明威，皆天之神也，故民心之大同者，理在是，天即在是，而吉凶应之。"

《盐铁论·论灾》说："故好行善者，天助以福，符瑞是也……好行恶者，天报以祸，妖灾是也。"《汉书·刑法志》说："争城杀人盈城，争地杀人满野。孙吴商白之徒，皆身诛戮于前，而国灭亡于后。报应之势，各以类至，其道然矣。"

汉元帝问给事中匡衡以地震日食之变，匡衡上书说："天人之际，精祲有以相荡，善恶有以相推，事作乎下者象动乎上，阴变则静者动，阳蔽则明者晦，水旱之灾随类而至。"（《资治通鉴》）

康有为的《孔子改制考叙》说："世运既变，治道斯移，则始于粗粝，终于精微。教化大行，家给人足。无怨望忿怒之患，强弱之难。无残贼妒嫉之人。民修德而美好，被发衔哺而游，毒蛇不螫，猛兽不搏，扺虫不触。朱草生，醴泉出，凤凰、麒麟游于郊陬。囹圄空虚，画衣裳而民不犯。"

综上所述，天人感应论为儒经和历代圣贤大儒所认可，可谓儒家共识。

（五）外道

对于天人感应论，诸子百家大多持肯定态度。

《庄子齐物论》说："天地与我并生，而万物与我为一。"《渔父》说："同类相从，同声相应，固天之理也。吾请释吾之所有而经子之所以。子之所以者，人事也。天子、诸侯、大夫、庶人，此四者自正，治之美也，四者离位而乱莫大焉。……阴阳不和，寒暑不时，以伤庶物，诸侯暴乱，擅相攘伐，以残民人，礼乐不节，财用穷匮，人伦不饬，百姓淫乱，天子有司之忧也。"

《黄帝内经》认为人体内气受自然界的大气和四时气候变化的影响，会出现规律性的变化，人体的脏腑之气与四时气候的变化相应。《灵枢·岁露》说："人与天地相参也，与日月相应也。"

《管子·侈靡》说："圣人者，阴阳理，故平外而险中。故信其情者伤其神，美其质者伤其文，化之美者应其名，变其美者应其时，不能兆其端者，灾及之。"

《吕氏春秋·应同》说："凡帝王者之将兴也，天必先见祥乎下民。……类固相召，气同则合，声比则应。鼓宫而宫动，鼓角而角动。平地注水，水流湿；均薪施火，火就燥；山云草莽，水云鱼鳞，旱云烟火，雨云水波，无不皆类其所生以示人。故以龙致雨，以形逐影，师之所处，必生棘楚。祸福之所自来，众人以为命，安知其所。夫覆巢毁卵，则凤凰不至；刳兽食胎，则麒麟不来；干泽涸渔，则龟龙不往。"又引《商箴》曰："天降灾布祥，并有其职。"

《吕氏春秋·明理》将灾异分为风雨、寒暑、阴阳、四时、人、禽兽、草木、五谷、云、日月、星气等许多方面，在每个感应之中又区分出了许多种复杂的情况。

《淮南子》认为，宇宙万物禀阴阳之气而生，故万物能够同类相生，同气相应。其《览冥训》说："夫物类之相应，玄妙深微，知不能论，辨不能解。"《泰俗训》说："故圣人事穷而更为，法弊而改制，非乐变古易常也，将以救弊扶衰，黜淫济非，以调天地之气，顺万物之宜也。"

《潜夫论·本政》说："凡人君之治，莫大于和阴阳。阴阳者，以天为本，天心顺则阴阳和，天心逆则阴阳乖。天以民为心，民安乐则天心顺，民愁苦则天心逆。"

墨家反儒，但在这方面亦不谋而合。《墨子·法仪》说："爱人利人者，天必福之；恶人贼人者，天必祸之。曰：杀不辜者，得不祥焉。"《墨子·尚同中》说："既尚同于天子，而未尚同乎天者，则天灾将犹未止也。故当若天降寒热不节,雪霜雨露不时,五谷不熟,六畜不遂,疾灾戾疫,飘风苦雨,存臻而至者,此天之降罚也。"

《墨子·天志》说:"天子有善,天能赏之。天子有过,天能罚之。天子赏罚不当,听狱不中,天下疾病祸福,霜露不时。"

《墨子·天志》明确地指出乱杀无辜将导致的恶果:"曰:杀不辜者,天予不祥。不辜者谁也?曰:人也。予之不祥者谁也?曰:天也。若天不爱民之厚,夫胡说人杀不辜,而天予之不祥哉?此吾之所以知天之爱民之厚也。"当然,墨家对天道做了人格化的处理,认知过于肤浅,不为儒家认可。

《陀罗尼经》说:"佛告阿难:若有国土,灾难起时,是土国王,若以正法治国,宽纵人物,不枉众生,赦诸有过,七日七夜,身心精进,诵持如是大悲心陀罗尼神咒,令彼国土,一切灾难悉皆除灭,五谷丰登,万姓安乐。"

二、灾异现象

《春秋》中有大量关于天人感应的事实记载,包括各种灾异现象。天人感应说又称灾异说。灾异现象有其自然性和合理性,与宗教神迹大不相同。

灾与异有别,董仲舒说:"天地之物,有不常之变者,谓之异,小者谓之灾。灾常先至,而异乃随之。灾者,天之谴也;异者,天之威也。谴之而不知,乃畏之以威。诗云:畏天之威。殆此谓也。"(《春秋繁露·必仁且知》)不常之变即是反常现象,小者称为灾,是上天的谴责;大者称为异,是上天的惩罚。

《春秋》记载了二百四十二年之间的灾异,有日月失明、星辰逆行、山崩、泉涌、地震、石陨、夏霜、冬雷、春凋、秋荣、陨霜不杀、水旱、螟虫、民人饥疫、盗贼不禁、刑人满市等。《史记·天官书》《汉书·五行志》也有大量的灾异记载。

《左传》认为，物反常为妖，天反常为灾，人反常为乱，妖灾因乱而作。《左传·宣公十五年》，伯宗回答晋侯语云："天反时为灾，地反物为妖，民反德为乱，乱则妖灾生。故文，反正为乏。"孔颖达疏引伏虔云："言人反正者，皆乏绝之道也。"可见天灾源于人祸，人祸强化天灾，天灾人祸，相互促进。

"妖由人兴"这句话出自《左传·庄公四年》：六年前，在郑国国都的南门下面，门里一条蛇和门外一条蛇相斗，门里的蛇被咬死。过了六年，郑厉公回国。鲁庄公听说这件事，向申繻询问厉公的回国与妖蛇有没有关系。

申繻回答说："人之所忌，其气焰以取之，妖由人兴也。人无衅焉，妖不自作。人弃常则妖兴，故有妖。"意思是说，一个人是否会遇到他所顾忌的事，是由他自己的气焰决定的。妖孽的出现是由于人事。人没有毛病，妖孽就起不了作用。人抛弃正道，妖孽就出现了，所以才有妖孽。

既然妖由人兴，那么人们关注的重点就不应是妖孽，而应是人事。如果人事美善，即使有天灾也无害。《左传·昭公四年》记载："大雨雹，季武子问于申丰曰：雹可御乎？对曰：圣人在上，无雹，虽有不为灾。"圣人为王，阴阳协调，天不下大雹，即使下大雹，也不会造成危害。天子德盛，政治良好，不仅没有人祸，也有能力把各种天灾的危害性降到最低限度。

《左传·僖公二十一年》记载："夏，大旱。公欲焚巫尪。臧文仲曰：非旱备也。修城郭，贬食省用，务穑劝分，此其务也。巫尪何为？天欲杀之，则如勿生；若能为旱，焚之滋甚。公从之。是岁也，饥而不害。"僖公二十一年夏，鲁国发生大旱灾，僖公要烧死女巫以求雨，臧文仲力阻之，并提出了一系列抗旱保民的措施，被僖公采纳。因此，这一年虽然大旱，但没有产生大害。

董仲舒在《贤良对策》中指出：孔子作《春秋》，"书邦家之过，兼灾异之变"，凡是《春秋》所讥刺的，必然有灾害现象出现；凡是《春秋》所痛恶的，也必然有怪异现象出现。"以此见人之所为，其美恶之极，乃与天地流通而往来相应。"人事有失导致阴阳失调，阴阳失调就会引起风雨失节。人事的极善极恶，都可以引起天变，导致重大灾异的出现。

因为天人感应，世道越乱灾异越多。《春秋》记载了灾异一百二十二，如日食三十六，陨石一，不雨七，无冰三，大雨震电一，雨雪三，大雪雷三，地震五，山崩二，大水九，大旱二，饥二，无麦苗一……诸如此类。

《公羊传》十六次说："此何以书？记灾也。"又三十二次说："此何以书？记异也。"如"大雩。大雩者何？旱祭也。然则何以不言旱？言雩则旱见；言旱则雩不见。何以书？记灾也。"何休注："旱者，政教不施之应。先是桓公无王行，比为天子所聘，得志益骄，去国远狩，大城祝丘，故致此旱。"

需要说明的是，董仲舒和某些公羊家对灾异与人事做了过于刻板牵强的对应。如何休认为，旱灾是政教不施的缘故；董仲舒说："臣行刑罚执法不得其中，怨气盛，并滥及良善，则月蚀。"旱灾和月蚀出现的原因很多，未必与政教不施、刑罚不中有关，月蚀更未必是董仲舒的责任。

定元年冬十月，《春秋》书曰"陨霜杀菽"。董仲舒说："菽，草之强者。天戒若曰加诛于强臣。言菽，以微见季氏之罚也。"说这个现象是上天提醒定公应该及早诛杀季氏。其然，岂其然乎？

又说："王者与臣无礼貌，不肃敬，则木不曲直，而夏多暴风。风者，木之气也，其音角也，故应以暴风。"又说："五星失行度者，臣非其人，贤不肖并立，臣乱于下，则星错于上。"其然，岂其然乎？

一些灾异现象或与"国家之失"有关，但全部归咎于政治或帝王，并将灾异和帝王行为一一对应起来，列表一般做了一个系统的类比，如阴雨象征什么，天旱象征什么，四时失时象征什么，日月失序象征什么，山崩地裂象征什么，皆未必然也。神无方而易无体，天人之间相互影响感应的方式和结果，充满着无限的可能性和不可预测性。

或称"董子是孔子之后儒家的第一人"，过了。他是外王大师，于汉朝儒制建设有奠基之功，然内圣不足，不足为道统传人。他说的"天"，宗教味过重。天人感应，原是天人不二、心物一元题中应有之义，他的理解却有僵硬肤浅之嫌；"屈民伸君"说偏离民本论（偏离非违悖，盖有"曲君伸天"说配套）。

谶纬之书特别喜欢将天象与具体的人事一一对应罗列起来，例如："当赦而不赦，月为之蚀。"（《尚书纬》）"辰星犯岁星，为兵。"（司马彪《天文志》）诸如此类，更是过于僵化和简单化了。真理过了度就成了谬误。

宇宙自然与人类生命同乎乾元道体，本于"一体之仁"，天人有感应，理所当然，人事世事变迁与天象物象变化之间的感应充满了无限的可能性，具体方式和表现更是千殊万异，因时因地因人而异，焉能一概而论？

三、孔子之叹

楚简《鲁邦大旱》篇记载："鲁邦大旱，哀公谓孔子：子不为我图之？孔子答曰：邦大旱，毋乃失诸刑与德乎？"（上海博物馆藏战国楚竹书第二册《鲁邦大旱》）孔子认为鲁邦大旱的原因大概是"失诸刑与德"，最好的抗旱办法就是"正刑与德，以事上天"。在刑法和道德上拨乱反正，做好敬天保民的工作。

《论语·子罕》中孔子说："凤鸟不至，河不出图，吾已矣夫！"（凤鸟不来，河图不出，我没有希望了！）孔子以凤图之说，表达言不得用、身不得位、道不能行的悲哀和无奈。吾已矣夫，意谓我没有希望了，我没有办法了，我见不到文明盛世了。

《史记·孔子世家》记载："鲁哀公十四年春，狩大野，叔孙氏车子商获兽，以为不祥。仲尼视之，曰：'麟也。'取之。曰：'河不出图，雒不出书，吾已矣夫！'"

凤鸟，祥瑞之禽，百鸟之王。凤鸟的出现，象征着圣王出世，行道有望。史籍记载，凤凰舜时来仪，文王时鸣于岐山，黄帝时、少昊时、周成王时都来过。《尚书·益稷》说："箫韶九成，凤凰来仪。击石拊石，百兽率舞。"疏曰："箫韶之乐，作之九成，以至凤凰来而有容仪也。"箫韶是虞舜之乐。箫韶之曲连续演奏九章，凤凰也随乐声翩翩起舞。

《白虎通》说："凤凰者，禽之长也，上有明王，太平，乃来居广都之野。"又云："黄帝之时，凤凰蔽日，而至止于东园，终日不去。"张尚瑗《三传折诸·左传折诸》："凤鸟适至"注引《中候握河纪》云："尧即政七十年，凤凰止庭。伯禹拜曰：昔帝轩提象，凤巢阿阁。"

凤凰来仪为圣王出现的标志，对此，纬书中广有记载。《尚书·中候》说："黄帝时天气休通五行期化，凤凰巢阿阁讙于树。"又说："周公归政于成王，天下太平，制礼作乐，凤凰翔庭。"《春秋纬》说："黄帝坐于扈阁，凤凰衔书致帝前，其中得五始之文焉。"《乐纬》说："是以清和上升，天下乐其风俗，凤凰来仪，百兽率舞，神龙升降，灵龟晏宁。"《乐纬·稽耀嘉》说："国安，其主好文，则凤凰来翔。"

图指河图，其出现是圣人受命而王的预兆。传上古伏羲时代，黄河中有龙马背上驮着八卦图出现。《周易·系辞上》说："河出图，洛出书，圣人则之。"《礼记·礼运》说："河出马图。"《尚书·周书·顾命篇》记载，康王登基的时候，"大玉、夷玉、天球、河图，在东序"。河图与大玉、夷玉、天球等放置在东边。《孔安国传》说："伏羲王天下，龙马出河，遂则其以画八卦，谓之河图。"《四书释地》说，河图不必定伏羲时出现，黄帝时继续出，尧舜禹时叠出，成王周公时又出，载诸史志。

在《论语》中，孔子多次提到道体之天。孔子说："获罪于天，无所祷也。"（《八佾》）得罪于天，祷告、祈祷是没有用的。反过来也可以说，无违于天，仰不愧于天，俯不愧于地，就用不着祝祷。应天敬天，就是祷天，故孔子说"丘之祷，久矣"。"天之将丧斯文也，后死者不得与于斯文也；天之未丧斯文也，匡人其如予何？"（《子罕》）颜渊死，子曰："噫！天丧予！天丧予！"（《先进》）"天生德于予，桓魋其如予何？"（《述而》）"吾谁欺？欺天乎？"（《子罕》）"知我者其天乎？"（《宪问》）

上述的"天"都是在"性与天道"的意义上说的。孔子五十知天命，对天人之间息息相通、互相感应的关系，自然有着深刻的理解。

四、天人合一

天人感应的理论依据或者说哲学基础是万物一体和天人合一。

在儒家话语系统中，天是个多义词，或指自然的天，物质的天，与地相对的天，如《诗经·绸缪》"三星在天"之天，孟子"天油然作云，沛然下雨"之天，《荀子·天论》中的天；或指天性的天，即"天命之谓性"的天性，即性体；或指天道的天，道体的天，即"天行健"的天，《尚书》中的昊天指的就是道体，上帝则是道体的形象化，相当于庄子说的真宰。

道体是宇宙的本质，性体是生命的本质，即人的本来面目。道体性体，其实一也，于宇宙而言为道体，于生命而言为性体。生命小宇宙，宇宙大生命；我心即是宇宙，宇宙即是我心，这些说法似乎很深奥，其实是宇宙生命之常理，不仅是比喻而已。明白于此，就不难解悟天地万物一体同仁之理，不难对天人感应说做出正确理解了。

前面《世说新语》中远公"易以感为体"之说并不准确，盖易有简易、变易、不易三义，感应属于变易的范畴，不易才是更加根本的。正确的说法是"易以乾为体"，乾道变化，各正性命，乾元统括简易、变易、不易三义。

"天地之大德曰生",天地不二;"乾知大始,坤作成物",乾坤不二。乾元主管宇宙的启动,坤元负责万物的造作。知是主管义,如知县知府;乾元知宇宙万物,是宇宙的最高主管。作是造作义,坤元负责万物的生成。乾坤都是万物的创造者,乾元侧重于创,开创,开辟;坤元侧重于造,制造。

"形而上者谓之道,形而下者谓之器",道器不二。乾元为道,万物为器。孔子说"君子不器"和"下学上达",就是要求君子通过三纲领八条目的各种学习和实践活动,上达"性与天道"。

孟子深证天人合一之理,故说:"尽其心者,知其性也;知其性,则知天矣。存其心,养其性,所以事天也。殀寿不贰,修身以俟之,所以立命也。"尽心知性则知天,存心养性可事天,盖人之本心本性即天性,完全同一。

孟子说:"万物皆备于我矣。反身而诚,乐莫大焉。"(《孟子·尽心上》)万物皆备于我,这个我自然是就本性而言。人之本性即天之本体(道体),万物以道体为本,这才是"万物皆备于我"的深意。对这一妙义真理,贤人解悟,圣人彻证。

"反身而诚"不仅是一般的反躬自问,而是"反"到自性深处,"反闻闻自性",那才是乐在其中,至乐无穷。"反身而诚"的"诚"字,指的是天之本体、人之本性的特征。孟子将诚字提到了本体论的高度:"诚者,天之道也;思诚者,人之道也。"(《孟子·离娄上》)

这也是子思和《中庸》的思想。《中庸》说:"诚者,天之道也。诚之者,人之道也。诚者,不勉而中,不思而得,从容中道,圣人也。诚之者,择善而固执之者也。"《中庸》又说:"唯天下至诚为能尽其性。能尽其性,则能尽人之性。能尽人之性,则能尽物之性。能尽物之性,则可以赞天地之化育。可以赞天地之化育,则可以与天地参矣。"

将人性、物性、天性统一于本性，天人合一于至诚，就是与天地参。《荀子·天论》说："天有其时，地有其财，人有其治，夫是之谓能参。"杨倞注："人能治天时地财而用之，则是参乎天地。"

如此，感应祥瑞和前知吉凶就是逻辑的必然，故《中庸》接着说："至诚之道可以前知。国家将兴，必有祯祥；国家将亡，必有妖孽。见乎蓍龟，动乎四体。祸福将至，善必先知之；不善，必先知之。故至诚如神。"

《礼记正义》解释："祯祥，吉之萌兆。祥，善也。言国家之将兴，必先有嘉庆善祥也。文说祯祥者，言人有至诚，天地不能隐，如文王有至诚，招赤雀之瑞也。国本有今异曰祯，本无今有曰祥。何为本有今异者？何胤云：国本有雀，今有赤雀来，是祯也。国本无凤，今有凤来，是祥也。"

解悟万物一体，自然明白一个至关重要的道理：人类和宇宙是全息的，人体是一个有机的整体，宇宙也是一个各部分之间全息关联的统一整体，因此，心坏一起坏，人对自然环境的破坏会反过来伤害人类，人对任何人犯罪最后都会伤害自己。

恶就是一种害人害己的轮回，个人危害他人、危害社会要遭恶报，人类危害自然、危害天地万物同样会招致严重恶果。恶就像飞去来器，无论投向哪个方向，害的是谁，最终都会回转来害了自己。

虽与儒家的认知有所不同，但佛道两家对天人合一之理也有相当深刻的认证。佛教说："三界唯心，万法唯识。"老子说："道生一，一生二，二生三，三生万物。"

又说："故道大，天大，地大，人亦大。域中有四大，而人居其一焉。人法地，地法天，天法道，道法自然。"庄子说："天地与我并生，而万物与我为一。"（《庄子·齐物论》）"万物齐一""自其异者视之，肝胆楚越也；自其同者视之，万物皆一也"（《德充符》），"万物一府"（《天地》），它们都是得乎道的有德者。

五、大人得天独厚

对于天人合一、万物一体之理，有的人生而知之，有的人学而知之，有的人学而不知，百姓日用而不知。儒家大学重在学习此理，大人必能觉悟此理。《大学问》开宗明义：

大人者，以天地万物为一体者也。其视天下犹一家，中国犹一人焉。若夫间形骸而分尔我者，小人矣。大人之能以天地万物为一体也，非意之也，其心之仁本若是，其与天地万物而为一也。岂惟大人，虽小人之心亦莫不然，彼顾自小之耳。是故见孺子之入井，而必有怵惕恻隐之心焉，是其仁之与孺子而为一体也。孺子犹同类者也，见鸟兽之哀鸣觳觫，而必有不忍之心，是其仁之与鸟兽而为一体也。鸟兽犹有知觉者也，见草木之摧折而必有悯恤之心焉，是其仁之与草木而为一体也。草木犹有生意者也，见瓦石之毁坏而必有顾惜之心焉，是其仁之与瓦石而为一体也。

明其明德，致其良知，解悟天地万物一体之理，自然视天下犹一家，中国犹一人，自然仁者爱人，具有民胞物与、己饥己溺的情怀，充满亲亲仁民爱物的道德冲动，吉凶与民同患。这就是大人，大在其心，大在其德。所以《易经》说：

夫大人者，与天地合其德，与日月合其明，与四时合其序，与鬼神合其吉凶。先天下而天弗违，后天而奉天时。天且弗违，而况于人乎？况于鬼神乎？

高明配天，博厚配地。天德健动，生生不息，新新不已，天行健，君子以自强不息；地德广厚，载华岳而不重，振河海而不泄，地势坤，君子以厚德载物。天无私覆，地无私载，大公至正。大人"与天地合其德"，就是兼备天地之德。

儒家圣王都是大人，都是"以天地万物为一体者"和"天人合德"的榜样。如周文王，《诗经》中歌颂、赞美文王诗篇的很多，最有名的是《维天之命》，是《周颂》的第二篇，是周公为祭祀周文王之作。诗曰："维天之命，于穆不已。于乎不显，文王之德之纯！假以溢我，我其收之。骏惠我文王，曾孙笃之。"

前四句说文王奉天承运，品德纯美；后四句说文王德业泽被后代，后代当遵其遗教发扬光大。大意是：是那上天之命，庄严粹美无极。多么庄严啊光明辉耀，文王的品德纯粹无比。美好啊让我宁静，我接受牢记恩惠。顺着我文王道路，后代全心全意实践。

周成王效法文王、武王之道，继文武之治后又开创了成康之治，创造了"刑措四十余年而不用"的政治奇迹。《诗经》赞美他弘扬善德，受到人们的爱戴，也得到上天的福佑："假乐君子，显显令德，宜民宜人，受禄于天，保右命之，自天申之。"（《诗经·大雅·假乐》）

一些大臣也是大人。如仲山甫，原是一介平民，曾经务农经商，周宣王元年，受举荐入王室，任太宰。他废除"公田制"和"力役地租"，全面推行"私田制"和"什一而税"，鼓励农民开垦荒地，大力发展商业等，造就了周宣王时期的繁荣，史称"宣王中兴"。

《诗经·大雅·烝民》是颂扬仲山甫的诗歌。诗曰："天生烝民，有物有则。民之秉彝，好是懿德。天监有周，昭假于下。保兹天子，生仲山甫。"意谓天道生下众多人，有着形体有理则。人民秉持性之常，最为爱好是美德。上天监临周王朝，昭明之德降下土。保佑这位周天子，生下宰辅仲山甫。

本诗是天人合一和天人感应之理的形象说明，开头四句尤有深意，揭示了"天命之性"的本质性美好。孟子在《告子章》中引此四句与孔子的阐释作为"性善论"的依据。朱熹的《诗集传》说：'昔孔子读诗至此而赞之曰，为此诗者，其知道乎。故有物必有则，民之秉彝也。故好是懿德，而孟子引之以证性善之说。其旨深矣。读者其致思焉。"

《诗经·小雅·桑扈》说："交交桑扈，有莺其羽。君子乐胥，受天之祜。交交桑扈，有莺其领。君子乐胥，万邦之屏。"大意是：小青雀灵俏地飞翔，羽翎斑斓耀五彩。大周天子心欢畅，受到上天护佑，福禄无疆，堪称万民的屏障，堪称诸侯的榜样。如果他不内敛和恭谨，就没有如此厚福！正因为不骄躁不傲慢，自有万千福禄聚身上。可见，敬天保民，大善大德，人不求福，福来求人也。

《诗经·小雅·十月之交》描写了地震及同一时期发生的日蚀等多种反常现象，归因于朝廷"不用其良"，坏人专权败政。厉王幽王之时，"高岸为谷，深谷为陵；百川沸腾，山冢崒崩"(《诗经·小雅·十月之交》)。《诗经》的作者认为这是上天的灾异谴告，是对政治失德和反常敲响的警钟。

政治无道，社会无序，人心无明，天灾地祸（包括地震、地陷）都会特别频繁。盖恶心恶业，感召各种恶物，包括恶制、恶法、恶魔、恶鬼、邪说、邪教。自然生态的破坏，水和空气的污染，都源于人心的恶化，大量的破坏污染都是人为的。

恶习是一切罪恶的根源，罪恶是一切人祸的来源，也是很多天灾的引线。如果没有罪恶和人祸，天灾会减到最少，纵然发生，其危害性也可以减到最低。恶习与恶行相辅相成，恶习发而为恶行，恶行又凝而为恶习。儒佛道都是化解和改良人类恶习的对症之药，其中儒家又是最为对症和有效的。

很多环境问题，表层原因是生态问题，深层原因是政治问题，更深层原因在人心。人心恶化，一切恶化，意念、思想、言行、风俗、社会、政治、制度、文化，一切无不恶化和污染，涵盖生态环境包括空气。

吉人天相论

一、引言

《左传·宣公三年》记载，郑文公太子子华因谋反被杀，公子瑕叛逃楚国并请师伐郑，战死在郑国的城门之外。两个儿子相继忤逆，令郑文公气急败坏，把所有公子都驱逐出国。公子兰是郑文公的庶子，也在驱逐之列。子兰逃到晋国，事奉晋文公很恭敬，晋文公十分宠幸他。

晋文公联合秦国讨伐郑国，围困郑国城池。郑文公派使臣去晋营求和。晋文公提出，要治其路过郑国时郑国不礼之罪，并要迎公子兰回郑国为太子，方准郑国讲和。郑国大夫石癸劝郑文公答应，并说：

> 吾闻姬姞耦，其子孙必蕃。姞，吉人也。后稷之元妃也，今公子兰，姞甥也。天或启之，必将为君，其后必蕃。

这是"吉人天相"之说的经典来源之一。石癸这段话意思是说：听说姬、姞两姓联婚，他们的子孙一定很昌盛，姓姞的人是吉祥的人。姬姓始祖后稷的正妻就是姞姓的女子。如今郑子兰是姞姓的外甥（公子兰的母亲叫燕姞），上天或将开启他，让他成为郑国的国君，他的后代必然很昌盛。

于是，郑国迎回公子兰，立为郑国太子，晋郑和好。后来郑文公去世，公子兰继位为君，即郑穆公，其子为郑灵公。穆公的七个儿子的后代，在后世成为七个势力强大的世族，史称"七穆"。石癸对郑文公说的话完全应验。

二、经典依据

吉人天相，吉人指吉祥之人，有德之人。《易经·系辞下》说："吉人之辞寡"。"天"是多义词。"天相"的"天"，于宇宙而言为天道，道体，于人类而言为天性、道心。"性与天道"，异名同指，指的是"同一个东西"。《中庸》说："天命之谓性。"天道所命，就是良知本性，这就为两者划了等号。

相，辅助、护佑义。《广韵·漾韵》："相，扶也。"《集韵·漾韵》："相，助也。"《易经·泰·象传》："辅相天地之宜。"《尚书·盘庚下》："予其懋简相尔，念敬我众。"《尚书·吕刑下》："今天相民，作配在下。"《左传·昭公四年》："晋楚唯天所相，不可与争。"天相即天助天祐，既是天道护佑，也是良知护佑。

儒家经典中关于吉人天相的理和事很多，兹略录部分于左。

《易经·大有卦》上九爻辞说："自天祐之，吉无不利。"象辞说："火在天上，大有，君子以遏恶扬善，顺天休命。"《易经·系辞上传》说："易曰：自天佑之，吉无不利。子曰：佑者助也。天之所助者，顺也；人之所助者，信也。履信思乎顺，又以尚贤也。是以自天佑之，吉无不利也。"

天所帮助的对象，是顺从天道的人；人所帮助的对象，是诚信的人，履行诚信，处处考虑顺应天道，再尊重贤人，这样就能得到上天保佑，天与人归，当然吉祥而无不利了。顺天，是顺从天道的命令，也是顺从良知的命令。孔子在帛书《易传·要》篇里说了这样一段话：

吾百占而七十当。唯周梁山之占也，亦必从其多者而已矣。子曰：《易》，我后其祝卜矣，我观其德义耳。幽赞而达乎数，明数而达乎德，又仁守者而义行之耳。赞而不达乎数，则其为之巫，数而不达于德，则亓为之史。史巫之筮，乡之而未也，好之而非也。后世之士疑丘者，或以《易》乎？吾求亓德而已，吾与史巫同涂而殊归者也。君子德行焉求福，故祭祀而寡也；仁义焉求吉，故卜筮而希也。祝巫卜筮其后乎！（邓球柏《帛书周易校释增订本》）

这段话的解释详见东海《儒家大智慧》。"幽赞而达乎数，明数而达乎德，又仁守者而义行之耳。"孔子这是把德义、仁义视为易经智慧的基础和终极目的，也可以说是儒家的卜卦原则。"君子德行焉求福，仁义焉求吉"，意谓君子以德行追求幸福，以仁义来追求吉祥，明确将仁义道德与幸福吉祥挂钩。

福德不二，有德必有福，德大福亦大，两者成正比。虽蛮貊之邦行矣；君子有三乐；无忧，无惑，无惧；无入而不自得；自天佑之吉无不利……这些都是道德的福报。得乎道之谓德，这是德之大者，福报是证得常乐我净。孔颜之乐就是指此乐境，此乐无所倚，超越一切（包括生死），故夫子说，朝闻道夕死可矣。

圣人有位，是为大人。《易经·乾文言》说："夫大人者，与天地合其德，与日月合其明，与四时合其序，与鬼神合其吉凶。先天而天弗违，后天而奉天时。天且弗违，而况于人乎，况于鬼神乎？"

此语是释《乾卦》"飞龙在天，利见大人"的。龙经过了潜、在田、惕若、或跃，已上升到君位，成为大人。大人的德性，与天地之德相合（天德自强不息，地德厚德载物），与日月之光相合，与春夏秋冬四序相合，与鬼神的吉凶相合。

天弗违，天道不违其德性，自然佑之；天且弗违，人和鬼神就更会护佑他了。奉天时，其行为遵循自然规律和道德律，从心所欲不逾矩。朱熹说："先天不违，谓意之所为默于道契。后天、奉天，谓知理如是，奉而行之。"（《周易本义》）尧、舜、禹、汤、文、武、周公就是这样的大吉之人。

《尚书·伊训》记载伊尹教导太甲说："惟上帝不常，作善降之百祥，作不善降之百殃。尔惟德罔小，万邦惟庆；尔惟不德罔大，坠厥宗。"意思是说，天命并不常有，上帝并无偏爱，给善人降各种吉祥，给恶人降各种灾祸。你积德不管多小，那是全国的庆幸；你缺德即使不大，也将导致商朝灭亡。

《尚书·太甲下》伊尹又告诫太甲："惟天无亲，克敬惟亲；民罔常怀，怀于有仁；鬼神无常享，享于克诚。天位艰哉！"意思是说，上天不会固定亲近某人，只亲近敬天的人；人民不会固定归附某君，只归顺仁德的君；鬼神不会固定保佑某人，只保佑诚心诚意的人。《尚书·蔡仲之命》中也有类似言论："皇天无亲，惟德是辅。民心无常，惟惠之怀。"

太甲是汤王嫡长孙，继位后由伊尹辅政，伊尹连写了《肆命》《祖后》等几篇文章，教导太甲遵照祖制，做一位明君，但太甲不听教诲。伊尹将他送到商汤墓地附近的桐宫居住，让他自己反省，自己摄政当国，史称"伊尹放太甲"。太甲在桐宫三年，悔过自责，伊尹又将他迎回亳都，还政于他，告老还乡之际，伊尹告诫太甲说：

呜呼！天难谌，命靡常。常厥德，保厥位。厥德匪常，九有以亡。夏王弗克庸德，慢神虐民。皇天弗保，监于万方，启迪有命，眷求一德，俾作神主。惟尹躬暨汤，咸有一德，克享天心，受天明命，以有九有之师，爰革夏正。非天私我有商，惟天祐于一德；非商求于下民，惟民归于一德。德惟一，动罔不吉；德二三，动罔不凶。惟吉凶不僭，在人，惟天降灾祥，在德。（《尚书·咸有一德》）

伊尹这段话，将天命、道德和吉凶贯通在一起了，意思是说：上天不能依赖，天命不能长久，天之祸福惟善恶所在。坚持遵循道德，才能长保大位，否则天下就会得而复失。夏桀不能经常修德，轻慢神灵，虐待人民。上天不安，监察天下，开启享有天命者寻找道德精纯者，以之为天地百姓之主。只有我和商汤具备纯一之德，顺合天意，接受天命，率领九州民众，革除夏桀暴政。不是因为上天偏爱我们，是上天保佑纯德之人；不是我们乞求民众支持，是民众会归向纯德之人。道德精纯则无往不吉利，道德杂乱则危机四伏。吉凶不会有差错，上天降下灾祸还是吉祥，关键在于道德。

重新当政的太甲勤勉修德，成为贤君，诸侯归顺，百姓安宁。

《中庸》记载孔子的话说：

> 舜其大孝也与！德为圣人，尊为天子，富有四海之内，宗庙飨之，子孙保之。故大德必得其位，必得其禄，必得其名，必得其寿。故天之生物，必因其材而笃焉。故栽者培之，倾者覆之。《诗》曰：嘉乐君子，宪宪令德。宜民宜人，受禄于天。保佑命之，自天申之。故大德者必受命。

孔子说，古之圣君帝舜可谓大孝了。论其德为圣人，论其位为天子，论其富，兼四海之内而皆有之，祖考歆飨其祭祀，子孙保守其祚。帝舜德位福禄，件件都到了极致。孔子又说：上天生物，必因他材质而加厚他。舜之有德，必得位禄名寿，是天道自然如此。所引之诗是《大雅·假乐》。嘉乐，可嘉可乐。宪等于显。令德是美德。宜是合。民指百姓。人指百官。保佑是眷顾。申是重。孔子引诗说：嘉乐君子，美德明显，在外合乎百姓的心，在内合乎百官的心。故受天之禄而为天下之主。天既从而眷顾之，又从而申重之，即是"天因其材而笃之"的意思。受命是受天命为天子。孔子总结上文之意说：

有大德者必受上天之命而为天子。

三代圣贤，位禄名寿俱高，就拿寿命来说，舜帝年一百一十岁，文王九十岁，武王九十三岁，尧帝一百一十八岁，这几个历史上的圣王都颇为高寿。韩愈的《谏迎佛骨表》介绍：黄帝年一百一十岁，少昊年百岁，颛顼年九十八岁，帝喾年一百零五岁，帝尧年一百一十八岁，帝舜及禹年皆百岁，其后殷汤亦年百岁，汤孙太戊在位七十五年，武丁在位五十九年，书史不言其年寿所极，推其年数，盖亦俱不减百岁。周文王年九十七岁，武王年九十三岁，穆王在位百年（据《史记》及王充的《论衡》记载）。这都是"仁者寿"的证明。

在道德社会，大德之人得其位禄名寿的概率会特别高，在非道德、反道德社会则不然。朱熹认为，大德之人能否得其位禄名寿，与"气运"相关。上古之时，"天地之气，其极清者，生为圣人，君临天下，安享富贵，又皆享上寿"。后世气运渐衰，至孔子时已有德无位。

三代之后，世风浇薄，社会失常，共业不良，道德与位禄名寿不易相称，有德者未必有位禄名寿。盖命运由个业和共业共同决定，圣贤可以让个业达致大善，但决定不了共业。不过，比较而言，圣贤君子的命运，普遍较好，整体较好。秦汉以后，圣贤君子的位禄名寿还是普遍高于一般人的。若着眼本质和长远，义与利仍然是相辅相成的，盗贼纵得意一时，难以后续；圣贤虽有志不骋，后福绵绵。

关于吉人天相的言论和事例，儒家十三经中大量存在，兹不一一列举。

三、顺昌逆亡

吉人天相，意味着顺天者昌、逆天者亡和凶人天谴。《说苑权谋》和《孔子家语》记载孔子之言说："天之与人，必报有德，祸亦如之。"

必报有德就是吉人天相，祸亦如之就是凶人天谴。

吉人天相，意味着道德对命运有着决定性的影响，道德高低与命运好坏成正比。德高命常好，圣贤最吉祥；心恶厄运多，盗贼最悲惨。这是因果律也是历史规律。对比一下史上圣贤君子集团和盗贼团伙的命运，就一目了然了。

历代儒家群体都是君子集团，其中最优秀并具有代表性的是十大儒家群体：尧舜禹集团（可三），汤伊集团，文武集团，孔子集团，刘秀集团，程朱集团（可二），王阳明集团，曾国藩集团，康有为集团，熊十力集团。同时，盗贼集团也很多，比较有代表性的有：蚩尤、夏桀、殷纣、嬴政、石虎、安禄山、黄巢、石敬瑭、李自成、洪杨等。

人物（势力）可分为圣贤、君子、小人、盗贼几种。小人与小人、君子与君子、君子与小人、君子与盗贼之间的争斗，谁赢谁输，取决于各种因素，因时因人因地而异，不可一概而论。唯圣贤集团必胜盗贼势力，可为历史定论。

人类史就是一部正与邪、善与恶、光明与黑暗的斗争史，双方呈拉锯状态。据乱世，邪恶黑暗占上风；升平世，正善光明占上风。在太平大同理想实现之前，光明不可能绝对占上风。唯独圣贤在位的时候，政治文明度和良知光明度，必然远远高于任何野蛮黑暗势力。

圣贤君子得位，必然形成圣贤集团，如尧舜禹汤文武集团，个个仁智勇皆备，"舜有臣五人而天下治"（《论语》），武王"予有乱臣十人"（《尚书》）。十人者，周公旦、召公奭、太公望、毕公、荣公、太颠、闳夭、散宜生、南宫适、文母也。为何说圣贤集团必胜盗贼势力？道理很简单：圣贤作为君子之大者，除了大仁大勇，还有大智慧，圣贤成团，智慧如海，足以对付任何奸诈邪恶势力。

或问："孔圣人在世时也不能使当时由大乱变为大治。"答：那是当然。行道济世，兼善天下，离不开一定的权位。故孟子说"士之仕也，犹农夫之耕也"。孔子有其德而无其位，就像农夫有耕种能力而没耕具一样。孔孟一生周游列国，主要就是为了寻找耕具。天不佑民，浩劫难免，奈何奈何。

反过来，盗贼当道必形成盗贼集团，如嬴政、洪杨、列斯等领袖，他们的周围无不成群结队地簇拥着贼人。自古盗贼集团都要面临三大致命威胁：外部正义力量、底层暴力反抗和内部自相残杀。内讧是他们无法摆脱的宿命，很多人都是被自己捧起来或提起来的人毁掉的。暴政没有赢家，此之谓也。

注意，小人行险以侥幸，或能侥幸获得成功，但这种成功得不偿失，一是行险，充满危险，步步险恶；二是无后，不可持续，没有后福，故君子不视之为成功和幸运。在儒家的眼里，损人利己的人和缺德之人属于不祥之人。刘向《新序杂事》记载（《孔子家语·正论解》同）：

哀公问于孔子曰："寡人闻之，东益宅不祥，信有之乎？"孔子曰："不祥有五，而东益不与焉。夫损人益己，身之不祥也；弃老取幼，家之不祥也；择贤用不肖，国之不祥也；老者不教，幼者不学，俗之不祥也；圣人伏匿，天下之不祥也。故不祥有五，而东益不与焉。《诗》曰：各敬尔仪，天命不又。未闻东益之与为命也。"

东益宅，向东面扩充旧居，古代以为不祥之事。一说东益宅不祥。鲁哀公问孔子，在房子东面再建房，是否不吉祥，孔子借此引出了"五不祥"之说，从小至大，无论个体、家庭、国家、风俗和天下，总而言之，缺德不祥。越恶越不祥，大恶人而居高位，就成了大灾星，在其势力和影响范围内遍降灾祸。

另复须知，吉人天相，并不意味着吉人一生都一帆风顺。圣贤也可能受穷患病，也可能蒙冤受罪，但这都有限度，盖圣贤顺乎天道，得其天年，自有"正命"。

孟子说："莫非命也，顺受其正，是故知命者不立乎岩墙之下。尽其道而死者，正命也；桎梏死者，非正命也。"犯罪而死，立岩墙之下被压死，死于非命，人所自取，非天所为，就不是正命了。

《荀子·荣辱》说：

荣辱之大分，安危利害之常体：先义而后利者荣，先利而后义者辱；荣者常通，辱者常穷；通者常制人，穷者常制于人，是荣辱之大分也。材悫者常安利，荡悍者常危害，安利者常乐易，危害者常忧险，乐易者常寿长，忧险者常夭折，是安危利害之常体也。

"大分"即根本区别，"常体"即主要表现。正常情况下，道德意味着荣通、安利、乐易、寿长，缺德意味着穷辱危害忧险夭折。

但也不尽然，荀子接着指出："仁义德行，常安之术也，然而未必不危也；污僈突盗，常危之术也，然而未必不安也。故君子道其常，而小人道其怪。"奉行仁义道德，常能安全，然而未必没危险；污秽卑鄙强取豪夺，常有危险，但是未必不安全。所以君子行乎正道，遵循正常途径；小人行乎诡道，遵循怪癖的途径。

荀子又说："天地不知，善桀纣，杀贤良。比干剖心，孔子拘匡，接舆避世，箕子佯狂，田常为乱，阖闾擅强。为恶得福，善者有殃。"这段话就似是而非了，只知现象未知本质。

为恶得福，其福有限，持而不坚，坚而不久，如桀纣凶终，身亡国灭，天地何尝善之？《大戴礼记·用兵》说："夏桀、商纣赢暴于天下，暴极不辜，杀戮无罪，不祥于天……于是降之灾，水旱臻焉，霜雪大满，甘露不降，百草蔫黄，五谷不升，民多夭疾，六畜痒瘥，此太上之不论不议也。夭伤厥身，失坠天下。"

善者有殃，其殃有限，善到大处，后福无穷。箕子后来被周武王灭封于朝鲜，他所建立的东方君子国，流风遗韵至今存。孔子畏于匡时说:"天之未丧斯文也,匡人其如予何!"受迫于桓魋时说:"天生德于予,桓魋其如予何!"生荣死哀,文化万世,德泽千秋,是古来第一圣人,也是第一大吉利人。

接舆避世是他的本色,比干剖心是他主动的选择,并无不吉。古来贤人的死,如文天祥、方正学、谭嗣同等,实为"自找",若他们自己不愿,就不会死。

另复须知,儒家的吉凶标准与世俗的有所不同。箕子为周文王述《洪范》,其中"五福"是:寿、富、康宁、攸好德、考终命,以"攸好德"为五福之一。儒家以道义为最高标准,有道合义则吉,否则凶。故贫贱乃至死亡都不一定凶。若杀身舍生,能取义成仁,也是死得其所。为卫道而死或与圣贤同死,古人皆以为吉,死而不亡者寿,此之谓也。

四、因果铁律

吉人天相和"顺天者昌,逆天者亡",符合因果律。

没有无果之因,也没有无因之果,万事万物各有因果,宇宙人生一切现象无不在因果链中,没有任何事物能超越,就像没有任何事物能超越时空一样。因果报应是天理和良知律,永远不会过时,信不信,都摆不脱、逃不出这一铁律。凡夫畏果,菩萨畏因。昧于良知之心、因果之理是最大的愚昧。

积德必有善果相应,作恶必付相应代价,非人之人必得非常之报,非常之业必结非常之果。无论人信不信,因果不昧也。

《易经》曰:"积善之家,必有余庆;积不善之家,必有余殃。"《尚书·洪范》中箕子说,顺从于善而遵从正道,可得"五福",顺从于恶而违背正道,会得"六极"。孟子说:"夫人必自侮,然后人侮之;家必自毁,而后人毁之;国必自伐,而后人伐之。太甲曰:天作孽,犹可违;自作孽,不可活。此之谓也。"说的都是人生和政治的因果之理。

注意，因果论不是宿命论。宿命论是决定论，只反映简单条件下的因果关系的决定论，已被量子力学证伪，但量子力学反而证实了因果律。因缘果报，有果必有因，但有因未必有果，还需要各种外在条件的配合，无缘不结果。因果发生的必然性是由因果关系中的内因决定的，因果发生的不确定性是由缘（外因）造成的。

善有善报，恶有恶报，不是不报，时候未到，这句大俗话，实有真理在焉。唯报应方式无量无数，眼前作业、目下受报的速报不常见，故世人不易取信。盖因果报应有滞后性、潜在性、多样性、复杂性和不确定性。

种子从种下到萌芽成长、开花结果有一个过程，过程长短因人因时因事而异，这是滞后性；很多善恶之果，当事人或冷暖自知，局外人却难以体会，这是潜在性；报应方式多种多样，有物质和肉体的，有心灵和精神的，如贪官恶吏抑郁自杀，他自己都莫名其妙呢。

恶报的不确定性和不可预料性，体现于个体，也体现于群体。如各种黑道、邪教、恶势力包括邪恶政权，他们如果不能改邪归正，灭亡是迟早的事。但具体亡于什么原因和事件，则因群体不同而异，千奇百怪，存在无数可能性。在他们倒下之前，很难预料什么才是那最后一根稻草。

罪恶有一种特征：反噬。所谓以害人始以害己终，所谓机关算尽太聪明反误了卿卿性命，所谓人算不如天算，所谓种瓜得瓜种豆得豆。反噬方式千奇百怪，不到最后关头根本想不到。不懂得佛教因果律和儒家良知律者会觉得奇怪，认为是偶然、碰巧，不知偶然中有必然、巧合中有规律在焉。

古谚云：千里井不返唾。唾是锉字之误。典出《昨非庵日纂》："南计吏止于传舍，晓将就路，以马残草泻于井中而去，谓无再过之期。不久复经此，饮于井，遂为昔时锉草刺喉而死。故后人戒之曰：千里

井不洿铧。"这个例子最简单地展示了反噬现象。恶的反噬现象就是
因果律在起作用。

有些人不信因果或抱有侥幸心理，或者迷信权势、权术和暴力
的力量，认为可以凭此不落因果，其实无不落在因果的天罗地网中，
一旦恶贯满盈，无不被最后一根稻草一压而溃，无不在报应的熊熊
烈焰中灰飞烟灭！他们肆无忌惮地贪污腐败祸族殃民，在罪恶的道
路上"勇往直前"，自以为得意，自以为成功。看在智者眼里，就像
抢劫犯在被逮前能大肆挥霍一样，为之怖畏，大生怜悯。

《大学》教导：货悖而入者，亦悖而出。悖出也罢了，问题是悖
出的时候往往要付高额利息。巨额的不义之财无异于灾难，仿佛不
定时炸弹，若不炸毁自己，往往遗祸子孙。历史现实事例无数无量。

人世间很多苦难是自造的，很多灾祸是自招的，很多噩运是自
找的，很多灭亡是自取的。《尚书》说自作孽不可活，《易经》说积
恶亡身，都是这个道理。不一定要亲自作恶，崇拜恶鬼，迎接恶魔，
襄助恶贼，歌颂恶棍，逢君之恶，成人之恶，善恶颠倒……都是造苦、
招祸和取亡的办法。

有人因某人落网而感叹：因果律终于开始起作用了。我说，因果
律是天规、天律、天理、天条，从来没有不起作用的时候，是你的
眼睛才睁开罢了。信仰邪教而被邪教控制，崇拜恶魔而被恶魔统治，
拥护暴君而被暴君收拾，吹捧极权而被极权迫害。理所当然，势所
必然，不得不然，不都是因果律的作用吗？

现在中国流行一个非常错误的观点：好人没好报。要因有二：一
是很多人不理解果报的延后性、复杂性及某种潜在性；二是很多人缺
乏基本的格物工夫和道德常识，好坏不分，错把坏心当好心了。很
多世俗眼里的好人，未必真好。

真的好人应有一定的德智底线，至少做到以下三点：一、不至于
见利忘义，为了利己而去害人；二、不至于恩仇不分，或恩将仇报，

或认贼作父；三、不至于黑白不分，将是非、善恶、正邪混淆或颠倒。做不到这三点，就不是好人正人，更别说是君子了。

缺乏现代科学常识，大不便；缺乏道德常识，更可怕。正邪不分，义利不明，人禽不别，是非混淆，善恶颠倒，滑向邪道还自以为正义，沦为恶棍还自以为英雄。大学八条目将格致排在最前，良有以也。昧于因果律，不能正确理解因果律，就是缺乏道德常识的表现之一。

儒释道各有因果论，唯理解和定义不同耳。庄子说："剋核太至，则必有不肖之心应之，而不知其然也。苟为不知其然也，孰知其所终！"此即道家的报应说。"剋核太至"为因，"不肖之心应之"为果。剋是克的异体，剋核即苛责。不肖，不正、不善。过于苛责或逼迫，别人就会兴起恶念报复。

五、命运自造

最后重申一下，儒家的天，指"性与天道"，天道是乾元道体，本性是良知道心。顺天，是顺从良知的命令，那么，天助天祐是天理良知的襄助护佑，天谴天灭是天理良知的惩罚消灭。吉人天相，也就是良知所相，就是自相。这与拜神祈福是两回事。

《论语·述而》说："子疾病，子路请祷。子曰：有诸？子路对曰：有之。《诔》曰：祷尔于上下神祇。子曰：丘之祷久矣。"孔子大病，子路请代为祈祷，是为了尽一份尊师之心。孔子没有直接拒绝子路的好意，只是告以用不着祝祷之意，表示自己祝祷已久。平时敬天顺天，日常言行达乎仁义，合乎神明，不也是一种祝祷吗？《论衡·感虚》说："圣人修身正行，素祷之日久，天地鬼神知其无罪，故曰祷久矣。"

《论语·八佾》中孔子又说："获罪于天，无所祷也。"如果得罪了天，祝祷也没有用，那么反过来也可以说，无违于天，仰不愧于天，俯不愧于地，就用不着祝祷。

对于吉人来说，逆缘可以转化为顺缘，苦难可以转化为营养，艰难困苦，可以毁灭一个人，也可以玉汝于成，更好地成就一个人仁性的圆满和良知的光明。多难兴邦，殷忧启圣，此之谓也。孟子说：

> 舜发于畎亩之中，傅说举于版筑之间，胶鬲举于鱼盐之中，管夷吾举于士，孙叔敖举于海，百里奚举于市。故天将降大任于是人也，必先苦其心志，劳其筋骨，饿其体肤，空乏其身，行拂乱其所为，所以动心忍性，曾益其所不能。（《孟子·告子下》）

大本确立，可以将逆境转为顺境，将逆缘化为顺缘，把坏事变成好事。心志是转化外物、外境和外缘的关键，心好了，一切都会好起来，包括命运乃至身体，这就是心转物的奥义。

一切现象，包括物质社会精神诸现象，都可为人所了解，并在一定程度上"以人的意志为转移"。格物致知，就是通过研究探索获得各种知识；"开物"是开发万物，"利用"是利物之用；"齐家治国平天下""曲成万物""裁成天地辅相万物"等，都是"心转物"的表现。

深而言之，有三重义。一是道体之转。道体即乾元，宇宙之心也，宇宙万物都是道体转出来的；二是道心之转。道心即良知，仁性也，本心也，人的肉体身、意识心都是道心转出来的；三是习心之转。习心可分为善习、恶习、无记习，故"习心转物"可分为善转、恶转和无记转。善习转出善事善物一切真善美；恶习转出恶事恶物一切假恶丑，包括恶制、恶法、恶风俗及大规模杀伤性武器之类。善转也可说是本心转，盖善习和善意、善言、善行乃是本心直接正面的显化和作用。归根结底，一切人类文明都是人类善习及无记习的产物，历史归根结底就是人类善习和恶习的斗争史。

心之作用和神通大矣哉，某些非常态的特异功能属于"小神通"，虽有用，但有限，而且有弊端和不良后果，故其一向不为诸家圣贤所重。人类的科学、精神、政治各个领域的实践活动才是大神通呀，一切文明包括物质精神政治文明成果，都是人类良知仁性的伟大作用，都是心转物的结果。

四书五经讲的都是儒家的大神通。如"正德、利用、厚生、惟和"，正我之德，利物之用，厚民之生，三件事都是人生、政治之大事，办好了，就是神通之大者。又如："子曰：圣人立象以尽意，设卦以尽情伪，系辞焉以尽其言，变而通之以尽力，鼓之舞之以尽神。"（《易经·系辞上》）大矣哉圣人之神通也。

"心转身""心转命"自是心转物题中应有之义。心理健康者，身体易健康（当然相对而言，因为身体素质取决于很多因素）；良知光明者，心理必健康。孟子说："仁义礼智根于心，其生色也，睟然见于面，盎于背，施于四体，四体不言而喻。"孔子说："仁者寿。"这是"心转身"。

"心转命"就是造命。每个人的命运都受环境的影响，但归根结底这都由每个人自己决定。舜的家庭环境、孔孟的社会环境、王阳明的政治环境都特别不好，都不影响他们成王成圣；历代不少豪杰和大儒的际遇也很差，不影响他们成功成德。致我良知，无往而非光明，见性明心，无处不是乐境。这就叫我的命运我做主。

或问："命运可以通过行善方式来改变吗？如能改变，还叫命运吗？"答：儒家既顺命又造命。盖业有定业、不定业之分，命运有不可改也有可改，归根结底还是可改可造的。

依据佛理，降生于什么时代、国度、家庭环境，皆宿业决定，此姑且不论。在宿命的环境中，前途运道如何，主要取决于自己的言行功德。孟子家庭环境恶劣，照样成圣成王，我欲仁斯仁至；桀纣命运得天独厚，难免国灭身亡，自作孽不可活。

扶苏"乃国为秦，乃父为秦皇，乃弟为胡亥"，此不可逃不可改也。然扶苏若仁智足具，谏父不成，监军上郡，另有建功立德之法；身为太子，家国命脉所系，纵救国无术，岂能顺从伪诏自尽？延续嬴氏一脉何难？！

命扶苏自杀之诏书，别说是赵高、李斯所伪造，即便是秦始皇亲自发出，扶苏也不能受命。不仅孔子有"小棒则受，大棒则逃"的教训而已，扶苏身为太子，在没有公开废除之前，责任何其重大，岂能一死了之。未能尽人事，何谈听天命？这不是听天命，这是违天逆命，不仁不义，亦不孝之至。

如果父要子死，子就去死，就没有孟子了。舜身世不幸，生活在"父顽、母嚚、象傲"的家庭环境里。瞽叟后妻和后妻的儿子串通一气，必欲置舜于死地而后快。但舜的表现是："欲杀，不可得；即求，尝（常）在侧"，这才是孝道的典范。扶苏如果有孟子的大德大智，要延续嬴氏一脉，何难之有？

秦王朝灭亡的命运在焚坑之时已基本注定，子婴时期更是大势已去奄奄一息，濒临绝境无可挽回，而子婴亦无挽回劫运的德智能力。若他一向惠民爱人、德泽深广，族灭赵高之后，立即下诏罪己，大施仁政，未必毫无效果。

即使没有实施仁政的机会了，仁诏一发，天下人心包括刘邦、项羽等各家造反派的人心，就会有所不同。子婴救不了秦国，或许也救不了秦族，但要保嬴氏血脉不绝，给嬴氏留一个后人以接续香火，应该可以办到。这就是人能造命。当然，嬴政罪恶太大了，不配有后续，故子婴虽贤，但也极其有限。

有时候一点微弱的良知之光，都可能起救命之用。《史记》中范雎的故事为"良知救命"说做了很好的注脚。须贾诬告范雎被齐国收买，导致范雎几乎丧命。范雎逃到秦国为相后，本可杀掉魏国使者须贾为自己复仇，然因须贾"以绨袍恋恋，有故人之意"而饶恕之。须贾以为范雎"落魄"而赠给一件绨袍，一念之良救了自己一命。用老百姓的话说，好心好报。

六、护身有符

佛教说三界唯心，万法唯识。《易经》曰："天行健，君子以自强不息。"人之命运，归根结底决定于心性。吉人天相，实为自相，良知所相。良知是最好的护身符。

良知是君子的护身符。君子"无入而不自得"。富贵可以更好地帮助他人乃至兼善天下，当然可乐；贫贱可以尽力传道解惑诲人不倦，无碍求仁得仁，同样可乐。无论以道殉身还是以身殉道，任何时候都是身与道俱，万物皆备于我。

良知也是小人的保护伞，在现中国，要避凶避难，化解灾厄，离不开良知之光的照耀引导。面对黑暗，唯有良知大光明才能维护心理生理正常，让生命逢凶化吉；其次，听从良知的命令，可以不犯或少犯错误。

良知还是恶人的续命丹。已经犯了大错大罪的恶人，在恶贯满盈之前，在"恶积而不可掩，罪大而不可解"之前，若有缘接触良知学，若能猛回头，毅然改邪归正，未必没有得救之望。放下屠刀或不能立地成人，但毕竟阻止了堕落恶趣的继续，获得了悔改赎罪的机会，打通了道德上升的通道和拥有了成德的希望。

《中庸》说"不诚无物"，这个诚，就是"天之道"和"天命之性"，就是良知。阳明说："良知生天生地，神天神地。"良知就是"十六字心传"的道心。

命运共同体论

一、西哲名言

谁都不是一座岛屿，自成一体；每个人都是那广袤大陆的一部分。如果海浪冲刷掉一块土块，欧洲就少了一点；如果一个海角，如果你朋友或你自己的庄园被冲掉，也是如此。任何人的死亡都使我受到损失，因为我包孕在人类之中。所以别去打听丧钟为谁而鸣，它为你敲响。

这一段常被人引用的名言，出自英国诗人约翰·多恩之手，原是一首诗，题为《没有人是孤岛》。李敖的翻译是：

没有人能自全，
没有人是孤岛，
每人都是大陆的一片，
要为本土应卯。
那便是一块土地，
那便是一方海角，
那便是一座庄园，
不论是你的、还是朋友的，
一旦海水冲走，

欧洲就要变小。

任何人的死亡，

都是我的减少，

作为人类的一员，

我与生灵共老。

丧钟在为谁敲，

我本茫然不晓，

不为幽明永隔，

它正为你哀悼。

约翰·多恩生于 1573 年，死于 1631 年，生前诗名不显，直到一战前后，人们才重新注意到这位诗坛奇才。海明威就曾把上面这首诗中的一句用作他一本小说的书名，即《丧钟为谁而鸣》。《没有人是孤岛》是一首描写个体和整体关系、表现诗人的同情悲悯和博大情怀的诗。人类作为一个整体是息息相通、血脉相连的。

多数读者和引用者往往仅从情感和象征的层面理解这首诗，实有牛嚼牡丹、牛饮龙井之嫌。不知作者写作时是灵感闪光妙手偶得，还是对人类的自性、生命的本质确有其深入的认识，此诗蕴蓄深厚的哲思，涉及世界观，与儒家"民胞物与"之说颇为默契。

陆九渊说得好："东海有圣人出焉，此心同也，此理同也；西海有圣人出焉，此心同也，此理同也；南海北海有圣人出焉，此心同也，此理同也；千百世之上有圣人出焉，此心同也，此理同也；千百世之下有圣人出焉，此心同也，此理同也。"

这个约翰·多恩和后文提到的施韦泽，都堪称西方圣贤。

二、民胞物与

"民胞物与"成语出自张载著作《西铭》，原话是："乾称父，坤称母；予兹藐焉，乃混然中处。故天地之塞，吾其体；天地之帅，吾其性。民吾同胞，物吾与也。"意思是说，乾元被称作万物之父，坤元被称作万物之母。我如此微小，却混合乾坤于一身而处于天地之间。所以充塞于天地之间的气，形成了我的身体，统率天地万物的天道，就是我的本性，人民是我的同胞，万物皆与我同类。

人类集成形形色色的集体，小则家庭、家族、宗族，大则民族、国家、社会、天下，都是集体，各种各样组织也是集体。一个集体就是一个有机的系统，一个系统就是一个命运共同体。大而言之，人类就是一个大集体，大共同体。

东海于2012年4月6日一则微博【同体】中提出命运共同体这个概念：个体而言，身心是命运共同体；小而言之，家庭是命运共同体；大而言之，国家是命运共同体；再大而言之，人类是命运共同体；更大而言之，所有生命是命运共同体；极而言之，宇宙万物是命运共同体。修身是追求身心和谐；亲亲仁民爱物，是致力于维护家庭、社会、人类生命和宇宙万物的和谐。

《礼记·礼运》说："故圣人耐以天下为一家，以中国为一人者，非意之也，必知其情，辟于其义，明于其利，达于其患，然后能为之。"意谓圣人能够将天下看成一家，把国家看成自己，并非主观臆想，而是能知道生命本质真相，洞晓其中义理，明白利益和忧患之所在，才能做到这个地步。

懂得了"中国一人，天下一家"之理，自然充满恻隐之心，深怀仁爱之情，吉凶与民同患，以天下为己任。《尚书》说："一夫不获，则曰时予之辜。"《孟子·离娄下》说："禹思天下有溺者，由己溺之也；稷思天下有饥者，由己饥之也；是以如是其急也。"

《西铭》说："凡天下之疲癃残疾、孤独鳏寡，皆吾兄弟之颠连而无告者也。"王阳明说："一夫不获，若己推而纳诸沟中者。"段正元的《外王刍谈录》说："天下有溺者，犹己溺之也，天下有饥者，

犹己饥之也，若己推而纳诸沟中。一夫不获其所，则有不安，故曰
鳏寡孤独废疾者。皆有所养也。"

爱人就是爱己，害人必将害己，通过损人利己得到的利益越大，
对自己的危害也将越大。不少人懂得，坑家人就是害自己；但很多人
不懂得，坑国人也会害自己。在一个命运共同体里，厄运和痛苦是
会相互传染的。把绝大多数国民压成弱势群体，是政治的弱智，等
于深挖自家的墙脚，必然恶化自己命运。

一个家庭，一人立功全家光荣，一人作恶全家蒙羞，兄弟阋墙
易招外侮，弑父杀母终将自绝；一个国家也一样，一荣俱荣一损俱损。
贫富强弱若过度悬殊，富强阶层就后患无穷，民不聊生之后继之以
官不聊生，"朱门酒肉臭，路有冻死骨"之后继之以"天街踏尽公卿
骨"，这是历史规律或者说因果律。

你置身于某个家庭和国家，这个家庭和国家的命运就与你个人
命运息息相关；一个家庭有一个家庭的共业，一个国家有一个国家的
共业，作为这个家庭或国家的一分子，必然受到家庭和国家共业的
影响。作为人类一分子，你的命运必然受到人类共业的影响。美国
前总统肯尼迪说得好："只要有一个人被奴役，全世界都不自由；只
要有一个人被侮辱，整个人类都失去了尊严。"

更大而言之，地球是一个大命运共同体，地球的一切与人类命
运息息相关。再大而言之，宇宙就是一个大命运共同体。宇宙万物
与人类命运都有关联。孟子说"万物皆备于我"，陆九渊说"我心即
是宇宙，宇宙即是我心"，又说"宇宙内事乃己分内事，己分内事乃
宇宙内事"。

笔者在《天人感应论》中指出，宇宙是一个大系统，相互之间
有着先天性的联系，人与人、人与物、人与天之间都存在各种因果
感应关系，故宇宙生命是一个息息相通的命运共同体，这也意味着
万物有某种共同点，有可以相通之处。现象界的一切无不在因果之

网中。

现代环境伦理中有一条：尊重自然原则。现代系统科学和环境科学认为，人是自然生态系统的一个重要组成部分，自然系统的各个部分是相互联系在一起的，人类的命运与生态系统中其他生命的命运休戚相关。所以，人类对自然的不尊重实际上就是对人类自己的不尊重，对自然的伤害实际上就是对自己的伤害。

万物一体、天人合一、万法归一、理一分殊、天人感应、民胞物与、天地万物一体之仁、我心即是宇宙、宇宙即是我心等说法，似乎很深奥，其实皆儒家常理。只要解悟了自性，一切就迎刃而解、焘然贯通。

王阳明说："大人者，以天地万物为一体者也。其视天下犹一家，中国犹一人焉。若夫间形骸而分尔我者，小人矣。大人之能以天地万物为一体也，非意之也，其心之仁本若是。"又说：

> 是故见孺子之入井，而必有怵惕恻隐之心焉，是其仁之与孺子而为一体也。孺子犹同类者也，见鸟兽之哀鸣觳觫，而必有不忍之心，是其仁之与鸟兽而为一体也。鸟兽犹有知觉者也，见草木之摧折而必有悯恤之心焉，是其仁之与草木而为一体也。草木犹有生意者也，见瓦石之毁坏而必有顾惜之心焉，是其仁之与瓦石而为一体也。（《大学问》）

三、自他不二

从命运共同体的层面着眼，就不难理解"古之学者为己"的真义，不难理解道德追求与利益追求的一致性，即道德本身内含着根本和长远的利益，也就不难理解损人不利己、害人即害己的道理。通过损人害人获得的利益必然是物质、表层而短暂的，必然持而不坚、坚而不久，且难免后患重重。

为人为己，一体同仁，同归于仁性，换言之，利己利他都是人之本性的作用。只要不损人，利己也是利人，利己也有功德，道理很简单，人类是个命运共同体。只要不违背基本的道德原则，每个人的成功，都有利于社会进步和文明提升，每个人的发明创造，都是对人类的造福。

例如，无论谁出于什么动机发明了电，光明属于全人类。每一个人都是人类的一分子，每一个人的成功都是人类的幸运，都有助于人类的文明进步和福祉提升——当然，前提是手段非恶，不损人。

懂得了这个道理，利己主义和利他主义的错误就一目了然了。利己主义有己无他，"拔一毛而利天下，不为也"，毫不利人专门利己，不知利益他人和社会也有利于自己；利他主义"摩顶放踵以利天下"，毫不利己专门利人，不知利益自己也有利于他人和社会。两种学说都将自他割裂开来甚至对立起来了。

"仁者爱人"与"古之学者为己"，虽然着眼角度和表达方式不同，却是殊途同归，为己与为人，自爱与爱人，同归于仁。人世间种种罪恶和人祸，归根结底在于不明"性与天道"，不明"民胞物与""万物一体"的奥义，不能自利利人和自立立人，而且热衷损人利己，以致最终害人害己。

世人常说："世界上从来就没有无缘无故的爱和无缘无故的恨。"懂得了命运共同体的道理，就明白这句话的错误了，民胞物与，万物有缘，只是小人不知此中道理耳。

君子小人都有爱心，但同中有异。君子因为悟入"天地万物一体之仁"的境界，深明民胞物与的大义，其亲亲仁民的追求和己饥己溺的情怀，发于仁心勃勃不容已，至真至实。小人之爱则难免狭隘肤浅短视多变，缺乏饱满持久的内力。

更可怕的是，小人之爱往往动机、过程和结果皆不善。以爱的名义，甚至自以为是爱，实质则是私心恶意的改头换面。如"文化大革命"中的那些大义灭亲者，大多以大义为名，谋一己之私，所谓大义，实为大恶！

四、爱有差等

天下一家，中国一人，万物一体，并非对所有人不分厚薄，更非将人与万物同样看待。墨子讲兼爱，平等爱人，儒家讲推爱，推己及人，推人及物。对于亲人是亲爱，孝顺父母，友爱兄弟；对于民众是仁爱，推爱，《尚书》说"保民"，《大学》说"亲民"。对于万物是爱惜。从亲爱亲人出发，推爱百姓，再推爱万物。

《论语》说："弟子，入则孝，出则悌，谨而信，泛爱众而亲仁。"孟子说："君子之于物也，爱之而弗仁；于民也，仁之而弗亲。亲亲而仁民，仁民而爱物。"（《孟子·尽心上》）又说："老吾老以及人之老，幼吾幼以及人之幼。"《大学》说："身修而后家齐，家齐而后国治，国治而后天下平。"程颐说："统而言之则皆仁，分而言之则有序。"这些都是爱有差等的经典表述。

爱物，即爱宇宙万物，爱大自然，一是爱惜动物，二是爱惜物产，"取之有时，用之有节"（朱熹）。珍惜自然资源，维护生态环境，仁及禽兽和草木。

《论语·述而》说："子钓而不纲，弋不射宿。"孔子钓鱼只用钓竿而不用网，射鸟不射巢中的鸟。

《史记·殷本纪》记载："汤出，见野张网四面，祝曰：'自天下四方，皆入吾网！'汤曰：'嘻，尽之矣！'乃去其三面，祝曰：'欲左，左；欲右，右；不用命者，乃入吾网。'诸侯闻之曰：'汤德至矣，及禽兽。'"

这个故事也见于《吕氏春秋·孟冬纪·异用》，文字有所不同，并加评论说："汉南之国闻之曰：汤之德及禽兽矣！四十国归之。人置四面未必得鸟，汤去其三面，置其一面，以网其四十国，非徒网鸟也。"

《诗经》《行苇》讲睦亲敬老和仁及牛羊和芦苇，开篇说："敦彼行苇，牛羊勿践履。"意谓芦苇丛生成一堆，牛羊不要去乱踩。《毛诗序》云："《行苇》，忠厚也。周家忠厚，仁及草木，故能内睦九族，外尊事黄耇，养老乞言，以成其福禄焉。"汉鲁诗（见刘、王书）、齐诗（见班赋）、韩说（见赵书）三家更具体指出此诗专写公刘仁德。

周礼规定，田猎要遵守"时禁"和禁止滥杀，如不捕幼兽，不采鸟卵，不杀有孕之兽，不伤未长成的小兽，不破坏鸟巢。《周礼·地官》中有掌管狩猎事务的"迹人"，其职就是"禁麝卵者与其毒矢射者"，包括禁止猎取幼兽、怀孕的母兽，禁止攫取鸟卵、倾覆鸟巢和使用毒箭。这些规定是出于对资源和生态的保护，也是仁心爱物的表现。

《礼记·乡饮酒义》说："东方者春，春之为言蠢也，产万物者圣也；南方者夏，夏之为言假也，养之，长之，假之，仁也。"内圣外王，总以仁及万物为言。

《传习录》中王阳明有一条问答论及爱有差等。

问：大人与物同体，如何《大学》又说个厚薄？先生曰：惟是道理自有厚薄。比如身是一体，把手足捍头目，岂是偏要薄手足？其道理合如此。禽兽与草木同是爱的，把草木去养禽兽又忍得。人与禽兽同是爱的，宰禽兽以养亲与供祭祀燕宾客，心又忍得。至亲与路人同是爱的，如箪食豆羹得则生，不得则死，不能两全，宁救至亲不救路人，心又忍得，这是道理合该如此。及至吾身与至亲，更不得分别彼此厚薄，盖以仁民爱物皆从此出，此处可忍更无所不忍矣。《大学》所谓厚薄，是良知上自然的条理，不可逾越，此便谓之义；顺这个条理，便谓之礼；知此条理，便谓之智；始终是这条理，便谓之信。

理解了爱有差等之理，就可以消除施韦泽的疑惑了。

西哲施韦泽把爱的原则扩展到一切生物，他在著作《敬畏生命》中表达了自己的生命观：所有生命都是神圣的，因此每一个生命都有不可替代的价值。但他说："敬畏生命的伦理否认高级和低级的、富有价值和缺少价值的生命之间的区分。"认为任何生命都是神圣的，不应对生命的价值序列有所区分，因此他常常陷入一种两难的境遇：为拯救人的生命而牺牲其他生命。他举例说：

我在一些土著人的沙滩上捉住了一只幼小的鱼鹰，为了从这些残忍的渔夫手中收下它，我出钱把它买了下来。可是这个时候陷入了困惑，是每天让这只鱼鹰挨饿呢？还是为了使它活下来，每天杀死许多小鱼？

这一困惑其实多余。鱼鹰吃小鱼，小鱼吃虾米，自然秩序的规定，生态链条的必需，无关乎善恶，顺其自然可也。生命都有价值，价值有高低之别，人类高于动物，动物高于植物，故人权高于动物权，对人的爱超过对动植物的爱，都是情理之常。必要时为了人的生存而牺牲动物生命，理所当然，不得不然。

理解了爱有差等，就容易理解孟子对杨墨两家的严厉批判了。杨朱利己主义，不爱人，缺乏仁爱；墨学利他主义，爱人而缺乏差等，不分亲疏远近。两者都有违中道，都非理。

利己利人都是良知作用，两者相辅相成。因此儒家利己而反对利己主义，利他而反对利他主义。利己不碍利他，利他不碍利己；利己有助利他，利他有助利己；利己就是利他，利他就是利己，该利己就利己，该利他就利他。利己利他，同出于仁，同归于仁。

爱不能平等施与，不能将人与动物等量齐观。因此我说过，人权问题没解决，我不关心动物权。仁爱更不能"颠倒人物"，以人殉物，为了动物而牺牲人类。如佛教的以身饲虎、割肉喂鹰，就不为儒家许可。

　　综上所述可知，命运共同体意味着一荣俱荣、一损俱损，个体和群体、人类和万物的命运都是相互影响而又可以改变的；在同一个命运共同体中，不同部分和事物既有联系又有区别，有本末、体用、主次、重轻之别。要事半功倍改变命运，必须抓住关键。

仁者无敌论

　　儒家对道德真理的认知特别全面中正，他们特别重视道德，悠悠万事，以德为本，唯道为大。道德最重要，力量也最大，是各种力量中最根本的力量，是各种良性、正义性力量的源泉和根本。

　　儒家道德以仁为本，孟子提出仁者无敌论。《孟子·梁惠王上》中，梁惠王诉说自己"东败于齐，长子死焉；西丧地于秦七百里；南辱于楚"的屈辱，请教孟子如何雪耻。孟子回答说：

　　地方百里而可以王。王如施仁政于民，省刑罚，薄税敛，深耕易耨。壮者以暇日修其孝悌忠信，入以事其父兄，出以事其长上，可使制梃以挞秦楚之坚甲利兵矣。彼夺其民时，使不得耕耨以养其父母，父母冻饿，兄弟妻子离散。彼陷溺其民，王往而征之，夫谁与王敌？故曰：仁者无敌。王请勿疑！

　　仁者在位，必施仁政。仁政有四大内容，一是轻刑，德主刑辅；二是轻税，减轻国民经济负担；三是发展生产；四是开展道德教育。如此就能赢得民众的拥戴，上下一心，众志成城，上下同欲，天下无敌。正如《孙子兵法》所说的"上下同欲者胜"。

　　仁者得位，尊儒重道，亲仁尚贤，必然形成圣贤君子集团，以仁本主义中道指导政治、制度、文化、道德、经济、科技等诸方面的建设，从而逐步建成良制良法，形成良风良俗。故仁者有其位必有其力，纵有内贼外敌，难有可乘之机；纵然内忧外患，不难化解消除。

或说："孟子曰仁者无敌，我如果慈悲对待一切众生的时候，我的内心已经改变自己，我的内在没有敌人，已经摆平我自己了，这样我心中也就没有敌人了。"答：这个解释佛化了，不符孟子原义。仁者在位，众志成城，战无不胜，这才是"仁者无敌"原义。

仁者无敌论又见于《孟子·尽心下》。孟子说：

有人曰我善为陈，我善为战，大罪也。国君好仁，天下无敌焉。南面而征北狄怨，东面而征西夷怨，曰奚为后我？武王之伐殷也，革车三百两，虎贲三千人。王曰无畏！宁尔也，非敌百姓也。若崩厥角稽首。征之为言正也，各欲正己也，焉用战？

孟子这段话最清楚不过地表明了儒家战争态度的中正。有人夸耀自己善于布阵、善于打仗，那是好战分子，是大恶。国君好仁，就能天下无敌，如商汤和周武王。商汤为民除害，故东征西夷怨，南征北狄怨；武王吊民伐罪，殷商百姓"若崩厥角稽首"。征就是正的意思。如果各国都能端正自己，哪还用得着打仗？

《孟子·公孙丑下》又提出与仁者无敌论近义的"君子必胜论"。孟子说："域民不以封疆之界，固国不以山溪之险，威天下不以兵革之利。得道者多助，失道者寡助。寡助之至，亲戚畔之；多助之至，天下顺之。以天下之所顺，攻亲戚之所畔；故君子有不战，战必胜矣。"

这里的君子，兼德与位而言，也就是德位相称的仁者。仁者自有大智大能，只要有权位，必有其功业，无论干什么，不会有大失败。论领军用兵，自古圣贤，战无不胜，儒生出身的帝王或将领也都特别厉害。两位大儒王阳明、曾国藩更是文武双高。

仁者无敌即王者无敌，这是《春秋》之义，《盐铁论·世务》说："春秋王者无敌，言其仁厚，其德美，天下宾服，莫敢受交也。"

王者无敌即王道无敌。王道政治有三大基础：一是允执厥中，坚持中道；二是制礼作乐，刑政健全；三是教学为先，化民成俗。道统高于政统而开为学统。至于尊重民权，重视民生，发展经济科技，加强武备，提高战力，知己知彼，深谋远虑，都是王道题中之义。

王道政治道德挂帅，"正德，利用，厚生，惟和"（《尚书·大禹谟》）。在正德的前提下，利物之用，厚民之生，达致人与人、人与社会、人与自然和人类身心的高度和谐。儒家充满科学精神，重视物质开发和科技探索，强调开物成务和格物致知。这个物，涵盖宇宙万象，包括人类肉体意识一切现象。这样的政治，这样的文明，当然是强大无敌的。

"仁者无敌"论是儒家政治大义，也是儒家经典共识。《尧典》开头就是对"仁者无敌"的形象描述："钦明文思安安，允恭克让，光被四表，格于上下。克明俊德，以亲九族。九族既睦，平章百姓。百姓昭明，协和万邦。"仁者在位，必然克己复礼，选贤与能，以直错枉，举措得宜，建设王道，何敌之有？

《尚书·泰誓》说："同力度德，同德度义。"孔传："力钧则有德者胜，德钧则秉义者强。"双方力量差不多，德者胜；双方道德差不多，义者胜。义者宜也，掌握时中原则，一切恰恰好。在武力和德义的比较中，《尚书》强调了德和义的根本性。注意，儒家并非不重视武力，只是主张以德导力。同力度德，反过来也成立，同德度力：双方力量差不多，德高者胜；双方道德差不多，力大者胜。

贾谊的《新书·修政语下》记载了周王问政于鬻子的对话，鬻子在与周武王关于军事战略的问答中提出了"和者无敌"的观点。

周武王问于鬻子曰:"寡人愿守而必存,攻而必得,战而必胜,则吾为此奈何?"鬻子曰:"攻守而胜乎同道,而和与严其备也。故曰:和可以守而严可以守,而严不若和之固也;和可以攻而严可以攻,而严不若和之得也;和可以战而严可以战,而严不若和之胜也,则唯由和而可也。故诸侯发政施令,政平于人者,谓之文政矣;诸侯接士而使吏,礼恭于人者,谓之文礼矣;诸侯听狱断刑,仁于治,陈于行。其由此守而不存、攻而不得、战而不胜者,自古而至于今,自天地之辟也,未之尝闻也。今也君王欲守而必存,攻而必得,战而必胜,则唯由此也为可也。"

"和"是刚柔相济、和衷共济之意。鬻子认为,只要能"和",就可以"守而必存,攻而必得,战而必胜"。鬻子即鬻熊,为周文王、武王和成王尊为国师。《史记·楚世家》记楚武王说:"吾先鬻熊,文王之师也。"鬻熊的思想言论主要反映在战国和西汉成书的《鬻子》《列子》和贾谊《新书》等典籍中。《新书·修政语下》中也记载了周公(王子旦)回答周文王的话,认为实行德治仁政,就可以"治有必成而战有必胜,攻有必得而守有必存"。

《尚书·大禹谟》说:"惟德动天,无远弗届。"《尚书·伊训》说:"惟上帝不常,作善降之百祥,作不善降之百殃。"《尚书·太甲下》说:"唯天无亲,克敬唯亲;民罔常怀,怀于有仁;鬼神无常享,享于克诚。"《易经》说:"自天佑之,吉无不利。"《尚书·汤诰》说:"天道福善祸淫。"……这些圣经圣言都从侧面说明了仁者无敌的道理。历代圣王明君的政治实践为仁者无敌论提供了大量的事实证明。

道德是文明的内核,所以道德度与文明度成正比。所以仁者无敌,也就是文明无敌。真正的仁义道德,智勇双高,比任何野蛮势力都高;真正的政治文明,必与物质科技文明相配套,非任何野蛮势力所能敌。

持"文明不敌野蛮"论者,是误判。"文明不敌野蛮"有两种情况：一是文明低劣化了；二是貌似文明实非文明。低文明和伪文明斗不过真正的文明，也斗不过野蛮，理所当然。文明低伪源于道德低伪。宋襄公就是典型，所谓的仁，既低又伪，而且用之于战场，当然必败无疑。仁者岂能无智？用兵与为政岂能等同？

"文明不敌野蛮"论影响极其恶劣，很多"中国人"受其误导，野蛮了一辈子，充满恶意恶念地活了一辈子，与文明绝缘，也与幸福和谐绝缘，与失败苦难结了缘。少数人获得了一时性的成功，往往代价惨重、后患严重或下场悲惨，成功就是失败，还不如失败。

徐达对朱元璋说过一句话："师直为壮！"这也是仁者无敌的表现之一。理直义正，理直气壮，士气旺盛，军心一致，同仇敌忾，这就是道义的作用和力量。两军相逢勇者胜，两勇相逢义者胜，历史上以少胜多的战例，乃至逐鹿中原最后的赢家，多是占据道义高地的一方，除非在歪理邪说中浸泡久了，整个社会都颠倒反常了。

仁者至诚，不仅能破，大破一切敌人；而且能立，自立立人，为天地立心，为苍生立命。《中庸》说："唯天下至诚，为能尽其性。能尽其性，则能尽人之性。能尽人之性，则能尽物之性。能尽物之性，则可以赞天地之化育。可以赞天地之化育，则可以与天地参矣。"又说："唯天下至诚，为能经纶天下之大经，立天下之大本，知天地之化育。"

仁者无敌的反面是恶者多敌。极权暴政是恶之大者，必然到处树敌，内外皆敌。故孟子说："得道多助，失道寡助，寡助之至，亲戚畔之。"失道就是不仁，就会遭辱，就是自求祸和自作孽。《孟子·公孙丑》指出："仁则荣，不仁则辱。"又说："祸福无不自己求之者。"

东海曾提出"恶必弱"定律。恶人恶势力，一容易弱智化，从欺人诈人始，以自愚自欺终；二容易弱势化，仿佛凶狠强横，不可一世，实则弱不禁风，不堪一击。易经说积恶亡身。恶到极致，恶贯满盈，敌方还没碰到它呢，它自己就忽然间稀里哗啦地崩溃了。

刘向说："纣为鹿台，七年而成，其大三里，高千尺，临望云雨。作炮烙之刑，戮无辜，夺民力。冤暴施于百姓，惨毒加于大臣。天下叛之，愿臣文王。及周师至，令不行于左右。悲乎！当是时，求为匹夫不可得也，纣自取之也。"（《新序刺奢》）这就是暴君的脆弱，令不行于左右，不堪一击；求为匹夫不得，自绝后路。

儒家的仁者无敌论还可以与西哲的优胜劣汰论同参。物竞天择，优胜劣汰，适者生存，是真理和天理，是大自然和人类社会共通的法则。仁者得道者为优，优则易胜；恶者失道者为劣，劣则易败。

吉人天相，凶人天谴，物竞天择也；有德为优，德高者胜，德低为劣，缺德者败，优胜劣汰也。盗贼恶棍缺德之极，暴君暴政无道之至，都是人类社会最恶劣的东西，所以脆而不坚、坚而不久，纵然猖獗一时，却很容易被淘汰。

爱民主义论

一、爱民主义的经典依据

仁者爱人，体现于政治，就是民本和爱民。孟子说："禹思天下有溺者，由己溺之也；稷思天下有饥者，由己饥之也，是以如是其急也。"（《孟子·离娄下》）这种己饥己溺的情怀，以解除天下饥溺痛苦为己任的强烈责任感，是爱民主义的形象表达。

孟子说"仁民""民为贵"，《大学》说"亲民"，《尚书》说"敬天保民"，"德惟善政，政在养民"，"民惟邦本，本固邦宁"，又说"天聪明自民聪明，天明畏自我民明畏"，"天视自我民视，天听自我民听"，"天矜于民，民之所欲，天必从之"。《左传》"夫民，神之主也。"《荀子》说："天之生民非为君也，天之立君以为民也。"上述言论都是儒家爱民主义的思想体现和经典依据。

父母爱护子女之心，无所不至。故儒家强调为政者要为民之父母，要有父母之心。《洪范》说"天子作民父母，以为天下王"，《诗经》中"恺悌君子，民之父母""乐只君子，民之父母"二句为历代圣贤大儒乐引。《大学》引之并解释："民之所好好之，民之所恶恶之，此之谓民之父母。"《礼记·孔子闲居》记载：

孔子闲居，子夏侍。子夏曰："敢问《诗》云'恺悌君子，民之父母'，何如斯可谓民之父母矣？"孔子曰："夫民之父母乎，必达于礼乐之原，以致五至，而行三无，以横于天下，四方有败，必先知之。此之谓民之父母矣。"

做民之父母可不容易，要通达礼乐制度的道德源泉，要达到"五至"，实行"三无"，以此推行于天下，任何一方发生灾难，都能最早知道，这样才是民之父母。何谓"五至""三无"，原文接下去有详细解释，兹不赘。

孔子说，民众"归之如流水，亲之如父母"，是执政者最大的快乐，远远超过辩论的快乐。子曰："辨言之乐，不若治政之乐；辨言之乐不下席，治政之乐皇于四海。夫政善则民悦，民悦则归之如流水，亲之如父母；诸侯初入而后臣之，安用辨言？"（《大戴礼记·小辨》）

孟子再三以"为民父母"之说引导人主行仁政，《孝经》说"民之父母"是"至德"的表现。荀子说："上莫不致爱其下，而制之以礼。上之于下，如保赤子。政令制度，所以接下之人，百姓有不理者如豪末，则虽孤独鳏寡必不加焉。故下之亲上，欢如父母。"又说："君子者，天地之参也，万物之总也，民之父母也"，"汤武者，民之父母也"。

从孔子、子夏、曾子到子思再到孟子、荀子，对"民之父母"的阐释角度有所不同，但立场完全一致。

二、爱民主义的政治表现

政治家的仁心和父母之心，必须体现为仁政。《洪范》有"九畴"的要求，孔子有"足食足兵，民信之矣"之教训，孟子有"制民之产"、均田制禄的主张，都是仁政的内容，即爱民主义的表现。

爱民主义必须落到实处。首先，要落实于制度法律中去。健全礼乐刑政，建设政治文明，对国民众，导之以德，齐之以礼，禁之以法。良好的制度，是一切爱民之方针能够有效贯彻的重要保障。

关于刑法，儒家强调德主刑辅，明德慎刑。《尚书·大禹谟》说："临下以简，御众以宽；罚弗及嗣，赏延于世；宥过无大，刑故无小；罪疑惟轻，功疑惟重；与其杀不辜，宁失不经。"

这就是明德慎刑的经典表述，大意是说，对待臣下简约，统治民众宽容，刑罚不株连子孙，奖赏惠及其后代；如果是过失犯罪，罪大也可得到宽恕；如果是故意伤害他人，罪小也要予以严惩。如果犯罪事实不太清楚，宁可从轻发落；即使功劳大小不能确定，奖赏不妨从重。宁可放过可疑之人，也不错杀无辜。

以王道爱民，是爱民主义的最高境界。《尚书·洪范》说："无偏无陂,遵王之义；无有作好,遵王之道；无有作恶,遵王之路。无偏无党,王道荡荡；无党无偏,王道平平；无反无侧,王道正直。"这是王道最权威的定义。而健全完好、合乎时宜的礼制，是王道政治的基础。

如果制度不良而不努力改良之，法律不正而不修正之，礼崩乐坏而不恢复之，其他富民、惠民、教民事业必然事倍功半，或者沦为空谈，所谓爱民，就是自欺欺人。

其次，爱民主义要落实到文化、教育、经济、科技等各项实践活动中去。《尚书·大禹谟》记载大禹的话说：

德惟善政，政在养民。水火金木土谷惟修，正德利用厚生惟和，九功惟叙，九叙惟歌。戒之用休，董之用威，劝之以九歌，俾勿坏。

大意是说，道德是要使政治美好，政治美好表现为生养民众。好好经营水、火、金、木、土、谷"六府"，做好正德、利用、厚生"三事"，以取得和谐。六府三事合即九功要有序。

正德是正己之德和正民之德，即孔子所说的"教之"，以身作则的道德教化，导之以德、齐之以礼；利用是利物之用，格物致知的物质开发；厚生是厚民之生,关心民众生活,都属于"富之"。大禹所言，是爱民主义的三大内容和表现。

《祭公谏征犬戎》中祭公谋父有类似的说法："先王之于民也，茂正其德，而厚其性；阜其财求，而利其器用。"（《国语·周语上》）"茂正其德"即正德，父慈子孝，兄友弟恭，夫义妇顺，所以正民之德也。民德归正，民性自厚；"阜其财求"即厚生，不断增加国民财富，使之衣帛食肉，不饥不寒；"利其器用"即利用、开发物质，发展科技。

《易经》强调"理财""开物"和"制器"的重要：

古者包牺氏之王天下也，仰则观象于天，俯则观法于地，观鸟兽之文与地之宜，近取诸身，远取诸物，于是始作八卦，以通神明之德，以类万物之情。作结绳而为网罟，以佃以渔，盖取诸《离》。包牺氏没，神农氏作，斫木为耜，揉木为耒，耒耨之利，以教天下，盖取诸《益》。日中为市，致天下之民，聚天下之货，交易而退，各得其所，盖取诸《噬嗑》。……黄帝尧舜垂衣裳而天下治，盖取诸乾《坤》剡木为舟，剡木为楫，舟楫之利，以济不通，致远以利天下，盖取诸《涣》。服牛乘马，引重致远，以利天下，盖取诸《随》。重门击柝，以待暴客，盖取诸《豫》。断木为杵，掘地为臼，杵臼之利，万民以济，盖取诸《小过》。弦木为弧，剡木为矢，弧矢之利，以威天下，盖取诸《睽》。上古穴居而野处，后世圣人易之以宫室，上栋下宇，以待风雨，盖取诸《大壮》。古之葬者，厚衣之以薪，葬之中野，不封不树，丧期无数。后世圣人易之以棺椁，盖取诸《大过》。上古结绳而治，后世圣人易之以书契，百官以治，万民以察，盖取诸《夬》。（《易经·系辞下》）

这一段说的就是上古圣王的物质利用及技术开发。

《大学》强调"格物致知"。这个物指一切事物和现象，又主要指自然万物。明朝宋应星写过一部综合性的科学技术著作《天工开物》，用的就是"开物"的原意。

《周礼》是儒家外王经典。其中《冬官》（《考工记》）堪称我国第一部古代科技名著，其科技信息含量甚大，内容涉及先秦时代的制车、兵器、礼器、钟磬、练染、建筑、水利等手工业技术，还涉及天文、生物、数学、物理、化学等自然科学知识。《冬官》开门见山指出"国有六职，百工与居一焉"，可见儒家政治对科技生产的重视。已故科学史家钱宝琮先生曾经指出："研究吾国技术史，应该上抓《考工记》，下抓《天工开物》。"

儒家政治，不仅充满富民精神，而且具有"寿民"功效，使民众普遍长寿。《说苑·政理》记载：鲁哀公问政于孔子，对曰："政有使民富且寿。"哀公曰："何谓也？"孔子曰："薄赋敛则民富，无事则远罪，远罪则民寿。"《孔子家语·贤君》也有同样记载。贾谊《新书·修政语下》中，周成王问，圣王在上位，让国民富裕是可能的，怎么能让国民长寿呢？寿命长短在于天，怎么能由圣王做主呢？其老师鬻子回答中列举了四种原因，即圣王在上，国民生存长寿的机会就增加了四种：

周成王曰："寡人闻之：圣王在上位，使民富且寿云。若夫富，则可为也；若夫寿，则不在天乎？"鬻子曰："唯，疑。请以上世之政诏于君王。政曰：圣王在上位，则天下不死军兵之事，故诸侯不私相攻，而民不私相斗阋，不私相然也。故圣王在上位，则民免于一死，而得一生矣。圣王在上，则君积于道，而吏积于德，而民积于用力，故妇为其所衣，丈夫为其所食，则民无冻馁矣。圣王在上，则民免于二死，而得二生矣。圣王在上，则君积于仁，而吏积于爱，而民积于顺，则刑罚废矣，而民无夭遏之诛。故圣王在上，则民免于三死，而得三生矣。圣王在上，则使民有时，而用之有节，则民无厉疾。故圣王在上，则民免于四死，而得四生矣。故圣王在上，则使盈境内，兴贤良，以禁邪恶。故贤人必用，而不肖人不作，则已得其命矣。故夫富且寿者，圣王之功也。"周成王曰："受命矣。"

仁者当位，必能亲仁，亲近仁人；必能仁民，仁爱国民；必能尚贤，推崇贤者；必有仁政，在现代，宪政是最好的仁政；必成仁国，建设良知国和君子国。圣王在上，政治文明，制度优良，法律公正，上下和谐，社会自由，文化繁荣，国民欲不富裕长寿，不可得也。

爱民主义还表现为对民意的尊重。就整体、原则和本质而言，民意和天意有一致性，民意即天意的体现。《尚书》说："上天孚佑下民"，"民之所欲，天必从之"，"天视自我民视，天听自我民听"。儒家极重视民意，视之为政权合法性最重要的前提和基础。《孟子》说："得天下有道，得其民，斯得天下矣。"《易经》说："汤武革命，顺乎天而应乎人。"

当然，在具体政务、事务中，儒家并不唯民意是从——那是民粹主义的行径。由于文化、见识、道德、智慧水平的局限，就局部、一时而言，民众的意见很容易出偏出错，因此，在具体政治社会事务中，局部、一时的民意是否可从、应从，需要具体情况具体分析。对民意的正误，需要凭仁义、中庸等经典原则进行衡量，凭良知做出判断。

民众很容易被利益诱惑，又往往不知道自身长远、根本利益所在。他们很容易被假象蒙蔽、被邪见洗脑、被恶意误导和利用，成为阴谋家的祭品和恶势力的炮灰。就局部、一时和表层而言，民众和民意是靠不住的。

针对民意中某些不良倾向，政府不能纵容更不能鼓励，而必须以道德导向之，以礼法规范之。政府和领导应该"与人为善"，而不能"与民为恶"、导民变坏，为"多数人暴政"保驾护航甚至推波助澜。

儒家唯中道、唯天。说民意是天意最高代表，是就人类全体和历史高度而言。在局部地域范围和一定历史阶段，民意极易出偏出错。岂但王道政治？民主制也不唯民意，民众拥有的主要是选举领导人的权力。只有民粹主义才唯民意——那种民意又是被恶意误导煽动起来的。

或问：重民意而不唯民意如何实现？答：权为民所授，强调政治权力的民意合法性，这是重民意；儒家政统之上，还有道统，政府要负起"道之以德，齐之以礼"的责任。民众对于"国家大事"有言论权，没有决定权，民意"说了不算"。这是"不唯民意"。

另外，儒家对民众言论权的尊重，也是爱民主义题中应有之义。详见拙作《尊重言论权是儒家的优良传统》，兹不赘。

三、爱民主义的经典文章

贾谊的《新书·大政》是一篇系统总结阐述民本原则和爱民主义的经典文章。文题《大政》，意谓最大的政治和政事。文章开宗明义：

闻之于政也，民无不为本也。国以为本，君以为本，吏以为本。故国以民为安危，君以民为威侮，吏以民为贵贱。此之谓民无不为本也。

国民是国家的根本，君主的根本，官吏的根本。国家的安危，君主的威侮（有威望和受欺侮），官吏的贵贱，无不取决于民。获得国民支持拥护尊重，自然国家平安，君主尊严，官吏高贵，反之则国家有危险，君主受轻蔑，官吏就低贱。

贾谊接着指出，国民是国家、君主、官吏的命脉所在、功绩所在，也是国家的力量所在。"故夫战之胜也，民欲胜也；攻之得也，民欲得也；守之存也，民欲存也。故率民而守，而民不欲存，则莫能以存矣；故率民而攻，民不欲得，则莫能以得矣；故率民而战，民不欲胜，则莫能以胜矣。"国民愿欲如何，民心向背怎样，决定着战争的胜败。

国民在政治生活中具有举足轻重的地位和作用，对国家、君主和官吏的命运，对国家的兴坏强弱具有决定性影响，民为国本、君本、吏本。因此，贾谊得出结论："故夫菑与福也，非粹在天也，又在士民也。"即国家、君主、官吏的灾和福，不完全取决于天，也取决于民。国民拥戴，就是国家、君主、官吏的幸福，否则就是灾难。这种思想与《尚书》"天视民视，天听民听"之说一脉相承。

民为邦本，民是国家的基础。贾谊说："王者有易政而无易国，有易吏而无易民。"（《新书·大政下》）这句话说明一个道理：政令和官吏都可以改变，人民则是永恒的。贾谊认为，民是决定国家安危存亡的基础，也是衡量官吏功罪、贵贱的根本标准："故夫为人臣者，以富乐民为功，以贫苦民为罪。"

民众的力量最大。贾谊说："故夫民者，至贱而不可简也，至愚而不可欺也。故自古至于今，与民为仇者，有迟有速，而民必胜之。"又说："夫民者，大族也，民不可不畏也。放夫民者，多力而不可适也。呜呼！戒之哉！戒之哉！与民为敌者，民必胜之。"凡以民为敌者，无论多么猖獗强大，迟早必被民众所败。

人民必胜，必是"笑到最后"的胜利者。得民心者得天下，失民心者失天下，这是万古不易的政治真理和历史规律。

很多人不信这个铁律，是因为从"失民心"到"失天下"有一个过程。一个政权民心全失之后，还可惯性和技术性地坚持一阵子，影响过程长短的因素很多，特别是统治能力和维稳技术。但是，终究持而不坚、坚而不久，任何风吹草动都可能成为压倒骆驼的最后一根稻草。

政治家如何爱民？《大政》从几个方面做了阐述。一是为善，君主官吏都要为善。贾谊说：

君能为善，则吏必能为善矣；吏能为善，则民必能为善矣。故民之不善也，吏之罪也；吏之不善也，君之过也。呜呼，戒之！戒之！故夫士民者，率之以道，然后士民道也；率之以义，然后士民义也；率之以忠，然后士民忠也；率之以信，然后士民信也。

只要君主及官吏能够为善，民众就一定乐于为善。君主和官吏的为善之道，在于以身作则地实践道义忠信。"君向善于此，则佚佚然协，民皆向善于彼矣，犹景之象形也；君为恶于此，则哼哼然协，民皆为恶于彼矣，犹响之应声也。"君主向善，民众都会很快协调一致地向善，就像影子模仿形体一样；君主作恶，民众也会乱哄哄地作恶，就像回声响应一样。

贾谊说："人臣之道，思善则献之于上，闻善则献之于上，知善则献之于上。夫民者，唯君者有之，为人臣者助君理之。故夫为人臣者，以富乐民为功，以贫苦民为罪。"作为人臣，想到、听到、知道各种善（包括善见善事善理），就要献给君主，使人民富裕安乐，是人臣的功绩；使人民贫穷痛苦，是人臣的罪恶。

贾谊说："行之善也，粹以为福己矣；行之恶也，粹以为菑己矣。……明君而君子乎，闻善而行之如争，闻恶而改之如雠，然后祸菑可离，然后保福也。"行善纯粹是让自己获得幸福，行恶纯粹是为自己制造灾难。英明的君主和君子们，听到善事就争着去做，知道坏事就赶快改正，这样才能远离灾祸，保持福分。

一是慎刑。贾谊说：

诛赏之慎焉，故与其杀不辜也，宁失于有罪也。故夫罪也者，疑则附之去己；夫功也者，疑则附之与己。则此毋有无罪而见诛，毋有有功而无赏者矣。戒之哉！戒之哉！诛赏之慎焉，故古之立刑也，以禁不肖，以起怠惰之民也。是以一罪疑则弗遂诛也，故不肖得改也；故一功疑则必弗倍也，故愚民可劝也。是以上有仁誉而下有治名。疑罪从去，仁也；疑功从予，信也。

强调"诛赏之慎"，疑罪从去，疑赏从予，谨慎地对待和处理疑罪。对于那些缺乏足够证据的罪行，不要轻易治重罪，以防止伤害无辜。这个理念与《尚书·大禹谟》一脉相承，是儒式政治的重要司法原则。《大禹谟》中"罪疑惟轻，功疑惟重；与其杀不辜，宁失不经"也是慎刑的表现。

二是察吏，为民众选择优秀的官吏。贾谊说：

故民之治乱在于吏，国之安危在于政，故是以明君之于政也慎之，于吏也选之，然后国兴也。

选吏有一定的标准和方法。贾谊说：

夫道者，行之于父，则行之于君矣；行之于兄，则行之于长矣；行之于弟，则行之于下矣；行之于身，则行之于友矣；行之于子，则行之于民矣；行之于家，则行之于官矣。故士则未仕而能以试矣。圣王选举也，以为表也，问之然后知其言，谋焉然后知其极，任之以事然后知其信。故古圣王君子不素距人，以此为明察也。

对待亲友家人的态度如何，是圣王考察选拔官吏的重要标准。然后通过询问了解他的言论，通过谋划工作了解他的才能程度，通过让他处理事务来了解他是否值得信任。

选吏察吏的标准要以爱民为原则，故在选拔官吏的过程中，要尊重民意，听取民众意见，以民众爱戴为标准，并让民众有参与的机会。贾谊说：

故夫民者，虽愚也，明上选吏焉，必使民与焉。故士民誉之，则明上察之，见归而举之；故士民苦之，则明上察之，见非而去之。故王者取吏不妄，必使民唱，然后和之。故夫民者，吏之程也。察吏于民，然后随之。夫民至卑也，使之取吏焉，必取其爱焉。故十人爱之有归，则十人之吏也；百人爱之有归，则百人之吏也；千人爱之有归，则千人之吏也；万人爱之有归，则万人之吏也。故万人之吏，选卿相焉。

这段话值得逐句翻译一下：人民虽然愚昧，但是英明的君主选拔官吏，也一定要让人民参与。因此人民赞誉的，英明的君主就加以考察，看到人民归附，就提拔他；因此人民痛恨的，英明的君主就加以考察，发现不对就黜免他。所以圣王选择官吏不凭空乱来，一定要让人民倡议，然后响应。因此人民是官吏的标准，通过人民考察官吏，然后随顺人民的意愿。人民是最低下的，让他们选取官吏，一定选他们爱戴的。所以，有十人爱戴并归附，就担任管理十人的官吏；有百人爱戴并归附，就担任管理百人的官吏；有千人爱戴并归附，就担任管理千人的官吏；有万人爱戴并归附，就担任管理万人的官吏。公卿宰相从管理万人的官吏中选取。

一是敬士。在《道术》中，贾谊说"守道者谓之士"。《先醒》中有这样一段话："怀王问于贾君曰：'人之谓知道者先生，何也？'贾君对曰：'此博号也，大者在人主，中者在卿大夫，下者在布衣之士。乃其正名，非为先生也，为先醒也'。"先醒，即孟子"先知觉后知，先觉觉后觉"句中的先知先觉者，既是传道授业解惑的主力军，也是领导集体的后备军，爱民行政的后备力量。贾谊说：

刑罚不可以慈民，简泄不可以得士。故欲以刑罚慈民，辟其犹以鞭狎狗也，虽久弗亲矣。故欲以简泄得士，辟其犹以弧怵鸟也，虽久弗得矣。故夫士者，弗敬则弗至。故夫民者，弗爱则弗附。故欲求士必至，民必附，惟恭与敬，忠与信，古今毋易矣。

慈民是爱护人民，得士是求得贤士。慈民得士，同等重要。只有恭敬忠信，才能慈民得士，这是古今不易之理。士，易至而难留，易得而难求，只有以礼待之、以礼遇之，才能使他们心悦诚服。贾谊说：

无世而无圣，或不得知也；无国而无士，或弗能得也。故世未尝无圣也，而圣不得圣王则弗起也；国未尝无士也，不得君子则弗助也。上圣明，则士暗饰矣。故圣王在上位，则士百里而有一人，则犹无有也。故王者衰，则士没矣。故暴乱在位，则士千里而有一人，则犹比肩也。故国者有不幸而无明君；君明也，则国无不幸而无贤士矣。故自古而至于今，泽有无水，国无无士。故士易得而难求也，易致而难留也。故求士而不以道，周遍境内不能得一人焉，故求士以道，则国中多有之。此之谓士易得而难求，故待士而以敬，则士必居矣；待士而不以道，则士必去矣。此之谓士易致而难留。（《新书·大政下》）

关于如何爱民，《大政》中还有"慎言""不夺民时"等要求，兹不详论。在《修政语下》中，贾谊引用周成王与鬻子谈论"道之要"的一段对话，表述了敬士爱民的思想：

周成王曰："敢问于道之要奈何？"鬻子对曰："唯。疑。请以上世之政诏于君王。政曰：为人下者敬而肃，为人上者恭而仁，为人君者敬士爱民，以终其身。此道之要也。"

爱民没有条件。不论国民优劣、善恶和智愚，可爱不可爱，儒家政治家都必须始终坚持爱民主义，这是基本的政治道德。正因为民众多愚，所以特别需要扶持开导，在上者更要尽启蒙教化的责任。"夫民之为言也，瞑也；萌之为言也，盲也。故惟上之所扶而以之，民无不化也。"

而国民优劣、善恶和智愚，取决于领导阶层："故君能为善，则吏必能为善矣。吏能为善，则民必能为善矣。故民之不善也，失之者吏也；故民之善者，吏之功也。"（《新书·大政下》）

四、爱民主义的主权思想

爱民主义，用现代话语可以表述为两大政治原则：一是人民利益为重，如上所述；一是国家主权在民。孟子说：

民为贵，社稷次之，君为轻。是故得乎丘民而为天子，得乎天子为诸侯，得乎诸侯为大夫。诸侯危社稷，则变置。牺牲既成，粢盛既洁，祭祀以时，然而旱干水溢，则变置社稷。（《孟子·尽心下》）

"民为贵，社稷次之，君为轻"是民权高于主权的古典表述。在政治秩序中，民是第一位的，民这个主体决定天子的产生，其逻辑结论就是"主权在民"。

得到天子器重才可以成为诸侯，得到诸侯欢心才可以成为大夫，得到百姓拥护才可以成为天子。得到民众认可的政治结果之后，还要进行民主监督，孟子说，诸侯危害了国家，就要改立别人；祭祀用的牲畜已经长得肥壮，祭祀用的谷物已经处理洁净，就要按时致祭，但是仍遭水旱灾害，那就改立社稷的神祇。

孟子的意思非常明显，人民是主体力量，决定性的力量，是权力主体，民就是本，就是主，而不是被决定的对象。古人云天下者天下人之天下，今人说权为民所授，都是视人民的意志（全体）为主权的基本来源和依据。儒家对革命权的肯定,从侧面肯定了此观点。

儒家认可"君权民授",也意味着"主权在民"。关于这方面,东海在《儒文化实践史》一书中有"理论结合实践"的详细阐述,兹不赘。

《礼记·礼运》中"大道之行也,天下为公,选贤与能",更是"主权在民"的明确宣言。不过,大道既隐、天下为家之后,政治就未能依"天下为公"的儒家最高义理而建了。尽管历史上儒家不断强调,但由于缺乏制度保障,其爱民主义原则就难免遭到不同程度的削弱甚至被架空。

师 道 论①

一、师道不可不尊严

子曰:"三人行,必有我师焉。择其善者而从之,其不善者而改之。"这句话是从学习的角度说的,孔子强调不论什么人都有值得学习的地方。朱熹说:"三人同行,其一我也。彼二人者,一善一恶,则我从其善而改其恶焉,是二人者皆我师也。尹氏曰:见贤思齐,见不贤而内自省,则善恶皆我之师,进善其有穷乎?"(《论语集注》)

追求爱情和理想应该专一,选老师则不必一棵树上吊死。所谓圣人无常师,就是随时随地向人学习,随时注意学习他人的长处,随时以他人缺点引以为戒,谁都可以是老师。

当然,这里的师只是象征的说法,并非孔子见到任何人都拜他为师。"其善者"也就罢了,而"不善者"作为负面的老师,又有什么尊严可言?师道尊严的师,首先是善者贤者,是懂得为师之道的师。

"师道尊严"这个词在现代遭到了广泛的非议,特别是在"文化大革命"时,被批得一无是处,而现在不少人对师道尊严仍持反对态度。

---

① 应儒友之邀,于 2010 年 10 月底作灵宝之游,受到了三门峡市外国语高级中学、灵宝三中和朱阳镇中心小学及灵宝教育局等单位的热情款待。期间在上述三所学校做了总题为"听从良知命令,维护师道尊严"的主题演讲。整理者:格筠。整理时间:2010-11-8。

孔子说君君臣臣、父父子子，意思是说，君要像君的样子，臣要像臣的样子，父要像父的样子，子要像子的样子。君不君、臣不臣、父不父、子不子，社会和国家就不像样子。我加一句：官官、民民、男男、女女、师师、生生。官员要像官员的样子，民众要像民众的样子。男人要像男人的样子，女人要像女人的样子，老师要像老师的样子，学生要像学生的样子。

真正决定性、根本性的力量，在于本心良知。王阳明说：

良知犹主人翁，私欲犹豪奴悍婢。主人翁沉疴在床，奴婢便敢擅作威福，家不可以言齐矣。若主人翁服药治病，渐渐痊可，略知检束，奴婢亦自渐听指挥。及沉疴脱体，起来摆布，谁敢有不受约束者哉？良知昏迷，众欲乱行；良知精明，众欲消化，亦犹是也。

各种不良习性和欲望，再厉害也是奴婢。私欲把良知蒙蔽了，似乎成了主人，可它终究不过是奴婢。有成语叫丧尽天良，丧心病狂，形容人坏到了极点。其实良知人人皆有，即使坏到极点，良知仍在，只是做不了主而已。

有些人坏事做绝，半夜三更也会有感到愧疚的时候，那就是良心发现的时候。只不过他的良知力量不足，一到白天，一到面对各种外物外境诱惑的时候，就昏睡过去了。俗话说，江山易改，本性难移。其实，恶习往往根深蒂固，也很难移。《红楼梦》中贾瑞的故事，充分说明了贪欲的力量。

贾瑞被王熙凤毒设相思局，害得命悬一线，依然迷恋王熙凤的美色。跛足道人给他一面风月宝鉴，告诉他，这物出自太虚幻境空灵殿上，警幻仙子所制，专治邪思妄动之症，有济世保生之功，又警告他千万不可照反面。

所谓"治邪思妄动"之症，就是控制不良欲望。但贾瑞不听劝告，照了反面，又忍不住一照再照，终于一命呜呼。贾瑞之死，无疑是死于过度的、非正常的色欲。

有个经典故事。鲁哀公对孔子说："我听说有个健忘的人，搬家时忘了妻子，有这事吗？"孔子笑着说："这还不是最健忘的人，最健忘的人是忘记了自己——从前，夏朝的最后一个君主叫桀，终日沉溺于声色犬马之中，不理朝政。他有个叫触龙的大臣，也只知献媚逢迎，使桀王更加荒淫无道。后来桀王被杀，触龙也被五牛分尸，这两人都是忘记了自己的人。"鲁哀公听后，满脸通红。

忘了责任，忘了廉耻，忘了良知，被不良欲望牵着鼻子走，这样的人是没有尊严可言的。忘了良知就是忘了自己。唯良知本心才是真正的本质的生命，才是生命的本来面目。

面对各种假恶丑现象和自己的不良欲望，希望我们的老师们能够勇敢地说"不"，充分发挥道德良知的主观能动性，为社会做模范，为学生做榜样，让良知成为"主宰自己的皇帝"。王阳明有《咏良知四首》，其一说：

个个人心有仲尼，自将闻见苦遮迷。

而今指与真头面，只是良知更莫疑。

人人都可以为尧舜，人人本质上都与孔子一样，只是良知被各种习心习性和邪知邪见遮蔽了。

二、师尊严因为道尊严

儒学是道德学、政治学和教育学，是心性之道、政治之道，也是教育、教化之道，即师道。师道尊严，指为师之道尊贵庄严。讲学教育是儒家的传统。孔孟以来历代圣贤和大儒都非常重视教育工作，很多人一生一世致力于此，以讲学和著述为乐。孔孟都是伟大的教育家。

孔子是民间办学第一人，弟子三千，贤人七十二。孟子也收了不少弟子，把"得天下英才而教育之"视为人生的三大乐事之一。他仿效孔子周游列国，与孔子一样不为当时的各国君主所用，遂退隐与弟子一起著书。

朱熹是理学集大成者，从 14 岁定居武夷山到 71 岁去世，一生所乐在于创办私学和讲学传道，大量培养后进。"知南康军"时，在庐山建白鹿洞书院进行讲学；任职湖南时，主持修复了岳麓书院；解职回乡后，在武夷山修建"武夷精舍"，广召门徒传播理学。书院在南宋和后世盛行与朱熹的提倡分不开。朱熹晚年，其学说被反理学派斥为"伪学"，朝廷订立了《伪学逆党籍》，把他列为"反动组织"的头领，以致一些门人故交都不敢与朱熹交往，但他仍坚持讲学写作不辍。

王阳明是明代影响最大的思想家、哲学家、政治家、军事家，他的建树是多方面的，对教育事业特别倾心，从三十四岁时开始在京师授徒讲学，此后不论是居家赋闲之时、颠沛流离之际还是戎马倥偬之余，都坚持讲学不辍。据阳明高足邹守益记述：

当时有称先师者曰：古之名世，或以文章，或以政事，或以气节，或以勋烈，而公克兼之。独除却讲学一节，即全人矣。先师笑曰：某愿从事讲学一节，尽除却四者，亦无愧全人。(《王阳明全集》)

阳明对世人所推尊于他的文章、政事、气节、勋烈四者均不甚措意，独以"从事讲学"自我期许，可见在王阳明多方面的成就中，他自己最重视的是教育方面的贡献。

古语云，不为良相便为良医，其实对历代大儒来说，应该是"不为良相便为良师"。

良相讲究为政之道，良师讲究为师之道和师道尊严。师道尊严这个尊严，可不是指一般的面子。

有这样一个故事：贼到穷书生家偷东西时一无所获，骂骂咧咧要走时，好面子的穷书生摸出藏在床头的钱追上去，叮嘱贼说："不知你来，有些怠慢，还望你不要对外人说在我家没有偷到钱，这点钱，请笑纳！"

这个穷书生要的是面子，不是尊严。

"师道尊严"一词出自《礼记·学记》："凡学之道，严师为难。师严然后道尊，道尊然后民知敬学。"《学记》主要阐述了教育的作用、政策、制度、办法等，提出了一系列儒家教育教学的准则和办法，可以说是我国和世界第一部教育学专著。《学记》把教人"为长""为君"之道作为教师的任务，并且强调为师便可"为君"，"为师"是"为君"的条件，给予教师以极高的地位。

荀子说："天地者，生之本也；先祖者，类之本也；君师者，治之本也。"把教师与天地君祖并列，体现了荀子尊师重教的思想。荀子认为教师的作用首先表现在对国家和社会的发展方面。他说："礼者所以正身也，师者所以正礼也。无礼，何以正身？无师，吾安知礼之为是也？"

礼是各种文物典章制度的总称，是矫正国民的思想行为、维护社会安定团结的根本，而教师是实现礼的作用的至关重要的环节。没有教师，就会出现"上无君师，下无父子"的乱局。

所以，教师的地位如何，直接关系着国之兴亡。"国将兴，必贵师而重傅；贵师而重傅，则法度存。国将衰，必贱师而轻傅；贱师而轻傅，则人有快，人有快则法度坏。"有无"师法"对人的发展和成长关系重大。

荀子说："人无师法，知，则必为盗；勇，则必为贼；能，则必为乱；察，则必为怪；辩，则必为诞。人有师法，知，则速通；勇，则速成；察，则速尽；辩，则速论。故有师法者，人之大宝也；无师法者，人之大殃也。"

古有天地君亲师之说。天有天道，地有地道，君有君道，父有父道，师有师道。师严然后道尊，师严因为道尊，教师的尊严来自"道德"的尊严。

何谓道？儒家的道，在天为天道，在人为本性，在身为本心，即道心仁性，王阳明称之为良知。道的尊严就是良知的尊严。传道，传授的是孔孟之道，又称先王之道、中庸之道、仁义之道、良知之道。

关于道的主要内容，《大学》有深入介绍。《大学》被视为儒家教育的纲领性论著和大学的教科书。朱熹在《大学章句序》中说："《大学》之书，古之大学所以教人之法也。"二程称："《大学》，孔氏之遗书而初学入德之门也。"

《大学》的内容可以概括为三纲领八条目。《大学》开篇指出："大学之道，在明明德，在亲民，在止于至善。"这就是三纲领，构成了《大学》的核心。继而提出了格物、致知、诚意、正心、修身、齐家、治国、平天下八条目。八条目是完成三纲领的方法途径。

师尊因为道重，道重所以师尊。孟子把国君和教师并列，"天佑下民，作之君，作之师"。甚至把师凌驾于君之上，所谓"是王者师也"。孟子把教师的作用概括为"中也养不中，才也养不才"，突出了教师的作用。

古希腊作家赫西俄德在其长诗《工作与时日》中说，奥林波斯山上不朽的诸神创造了一个"黄金种族"的优秀人类，其后又创造了相对优秀的"白银种族"，之后诸神之父宙斯创造了第三代"青铜种族"、第四代"英雄种族"以及第五代"黑铁种族"的人类。与此相对应就有了"黄金时代""白银时代""青铜时代""英雄时代"和"黑铁时代"五个时代。黑铁时代的人类罪恶深重，赫西俄德慨叹：

父亲不要儿子，儿子不爱父亲。宾客憎恨主人，朋友也憎恨朋友。甚至于弟兄们都不赤诚相与如古代一样，父母的白发也得不到尊敬。

年老的人不得不听着可耻的言语并忍受打击。

处处都是强权者得势，守约、良善、公正的人得不到好报应，而为恶和硬心肠的渎神者则备受光荣。善和文雅不再被人尊敬。恶人被许可伤害善良、说谎话、赌假咒。这就是这些人不幸福的原因。不睦和恶意的嫉妒追袭着他们，并使他们双眉紧锁。

不过，"岁寒，然后知松柏之后凋也"。这正是考验和成就君子豪杰的时候，也是考验我们老师、成就优秀老师的时候。在黑铁时代，我们老师就应该发出英雄的、青铜的、白银的乃至黄金的声音来，老师就应该成为黑铁时代的英雄、青铜、白银和黄金。

佛教也十分重视好老师的作用。据《阿含经》记载，有一天，阿难对佛陀说："世尊，以我的切身体会，修行成就，一半归功于善知识的引导。"佛陀回答道："不，阿难，修行成就全部归功于善知识的引导。"世人虽然得到了宝贵的人身，但习气烦恼根深蒂固，没有善知识的教导和激励，很难成德成佛。

很多佛教经典都提到善知识的重要性。《阿含经·佛说恒水经》中说："学问不值明师，安知天下有大道乎？"佛门的善知识，通俗讲就是"明师"。《华严经》中，文殊师利菩萨告诉善财童子说："善男子，若欲成就一切智智，应决定求真善知识。"

三、有道之师的四大标准

传道之师首先当然应该"有道"。爱国爱民、道德高尚是古今中外对教师的共同期望和要求。所谓师有师范，为师以德。大凡优秀的教师，个人品德与操守都很优秀。

都德的《最后一课》之所以有那样的震撼力与感染力，主要在于表现了当异邦侵略者下令改变语言时，那位可敬的老师不顾个人安危，在最后一课用本国语言教育学生要热爱祖国。爱国也是儒家的精神。

体现孔子道德素养的言行不少，最典型的莫过于孔子"厄于陈蔡之间"的故事：鲁哀公六年，孔子困于陈蔡之间绝粮七日，弟子们饿的饿病的病，遂引出了孔子与弟子们的一番对话和儒家对待困境应持的态度。《论语·卫灵公》提供的原始故事情节比较简略："在陈绝粮，从者病，莫能兴。子路愠见曰：君子亦有穷乎？子曰：君子固穷，小人穷斯滥矣。"

《史记·孔子世家》是这样写的：

孔子曰："回，诗云'匪兕匪虎，率彼旷野'。吾道非邪？吾何为于此？"颜回曰："夫子之道至大，故天下莫能容。虽然，夫子推而行之，不容何病，不容然后见君子！夫道之不修也，是吾丑也。夫道既已大修而不用，是有国者之丑也。不容何病，不容然后见君子！"孔子欣然而笑曰："有是哉颜氏之子！使尔多财，吾为尔宰。"

孔子说："不是犀牛不是虎，却要在旷野上奔波，我所倡行的道莫非不对吗？我为什么会落到这种田地？"颜渊说："夫子之道已经达到了最高境界，所以天下没有人能够采纳；虽然如此，夫子已尽力去推行，不被采纳，对夫子之道有何伤害呢，这才正显示出了君子的高度来。不修养正道是我们的耻辱，修养了正道而不被应用，那是国家领导人的耻辱。"孔子温和地笑道："颜回竟然有这样的见识！如果你发了财，我替你管账。"

通过孔子与子路、子贡和颜回三位弟子的对话，生动地展现了孔子师徒丰富通达的生命经验和乐天知命的圣贤风范。尽管周游奔波栖栖遑遑，没有人接受自己的主张，但孔子师徒忧道的同时又是这样的快乐满足。

在《孔子家语》中，故事的讲述者把孔子的政治挫折转化为孔门的励志素材。

　　孔子遭厄于陈、蔡之间，绝粮七日，弟子馁病，孔子弦歌。子路入见曰："夫子之歌，礼乎？"孔子弗应。曲终而曰："由来！吾言汝。君子好乐，为无骄也；小人好乐，为无慑也。其谁之子不我知而从我者乎？"子路悦，援戚而舞，三终而出。明日，免于厄，子贡执辔，曰："二三子从夫子而遭此难也，其弗忘矣！"孔子曰："善恶何也，夫陈、蔡之间，丘之幸也。二三子从丘者，皆幸也。吾闻之，君不困不成王，烈士不困行不彰，庸知其非激愤厉志之始于是乎在。"（《孔子家语·卷五·困誓》）

　　在"绝粮七日"的情况下，子路质疑"孔子弦歌"是否合于礼。孔子回答："君子好乐，为无骄也；小人好乐，为无慑也。"子路在孔子的鼓励下，挥器而舞。孔子说："吾闻之，君不困不成王，烈士不困行不彰，庸知其非激愤厉志之始于是乎在。"
　　在《庄子》里，这个故事又进一步细化了：

　　孔子穷于陈蔡之间，七日不火食，藜羹不糁，颜色甚惫，而弦歌于室。颜回择菜，子路、子贡相与言曰："夫子再逐于鲁，削迹于卫，伐树于宋，穷于商周，围于陈蔡。杀夫子者无罪，藉夫子者无禁。弦歌鼓琴，未尝绝音，君子之无耻也若此乎？"颜回无以应，入告孔子。孔子推琴，喟然而叹曰："由与赐，细人也。召而来，吾语之。"子路、子贡入。子路曰："如此者，可谓穷矣！"孔子曰："是何言也！君子通于道之谓通，穷于道之谓穷。今丘抱仁义之道以遭乱世之患，其何穷之为？故内省而不穷于道，临难而不失其德。天寒既至，霜雪既降，吾是以知松柏之茂也。陈蔡之隘，于丘其幸乎。"孔子削然

反琴而弦歌，子路忼然执干而舞。子贡曰："吾不知天之高也，地之下也。"(《庄子·让王》)

《庄子》中关于孔子的故事大都属于寓言性质，真实性、可信度不高，并常常带有刻意贬低丑化的迹象。平心而论，《庄子》中这个孔子故事对原作精神把握颇准。故事中子路质疑孔子并叹息："如此者，可谓穷矣！"孔子回答得太好了，都是响当当的见性体道之言，值得多读几遍，铭刻在心。

《论语》本就有孔子赞颜回的"一箪食，一瓢饮，在陋巷。人不堪其忧，回也不改其乐"及"发愤忘食，乐以忘忧"的夫子自道。《让王》故事中颜回、子路、子贡三子，只有颜回无怨言，这也是保持其人格同《论语》中的一致性。此外，子路之单纯、子贡之识趣，也都活灵活现。穷通不改其乐、不以世俗是非为是非的态度，虽属道家思想，与儒家精神也相通。

这个故事为我们充分地展示孔子一代圣人和儒门大教育家的风范。一事三讲，情节有异，但根本精神一致。有网友说："除了升官发财打仗娶婆小老婆耍心眼之外，人还有失败、穷困和软弱所不能侵蚀的精神尊严。"这个网友感悟到了来自心性深处那凌霜傲雪、百折不挠的力量。

下面再从四个方面谈谈儒家对教师本身的具体要求。教师应该有什么样的师德师道？何谓有道之师？有道之师应该具有哪些必要或重要的文化道德修养和品格特征标准呢？

（一）自正其身，以身作则

俗话说：知识就像内裤，看不见但很重要。比较起来，看不见的道德更加重要。比黄金还贵重的是诚信，比大海还宽广的是包容，比高山还崇高的是道德。拥有良好的道德品质，是教师的首要要求，即"正己"是行教的先决条件。正人先正己。所谓"身正为师，学高为范"，身正，就是要求老师自正其身。

季康子问政于孔子。孔子对曰："政者，正也。子帅以正，孰敢不正？"反之，不能正己，焉能正人？马一浮先生说得好："政是正己以正人，治是修己以治人，此乃政治真义。今人好言政治，只知尚权力，计利害，与古义天地悬隔。"

《礼记·曲礼》中有："临财毋苟得，临难毋苟免。"此乃儒家立身行世的重要原则，是对包括老师、领导、官员在内的所有正人君子的道德要求。如果见钱先抢过来，有难先逃出去，像四川"范跑跑"，遇到危险撇下学生不管，自顾自先逃掉了，那就是自身不正。

孔子又说："其身正，不令而行；其身不正，虽令不从。"孔子说："本身品行端正，就是不发命令，国民也会照做；本身品行不正，即使发布命令，国民也不会听从。"又说："苟正其身矣，于从政乎何有？不能正其身，如正人何？"这些都是同样的意思。

古人非常重视以身作则。东晋谢安的夫人一边教导儿子一边埋怨丈夫，说从未见他费心教过儿子，谢安说："谁说我没教？我一直在教导他。我用的是身教，远胜于你那言教。"

对于未成年人，父母和师长就是一本最近、最重要的教科书。

有个幽默故事《让他活几百岁》：医生病得快要死了，在床上用尽最大的气力喊道："谁能把我的病治好，我就用长生灵药谢他，让他吃了，平平安安地再活上几百岁！"如果你的"长生灵药"连自己的病都治不好，怎么能够"让人吃了平平安安地再活上几百岁"？

这里孔子讲的是为政之道，也是为师之道。儒家的教育学专著《学记》把教人"为长""为君"之道作为教师的任务，并且强调为师是为君的条件，所以儒家对政治家的要求，也是对教师的要求。

在做人方面，在道德方面，作为老师，就应该成为学生的榜样和楷模，老师要敢于理直气壮地说："同学们，你们看着我，就可以知道，正人君子是什么样子的。"

孟子继承发展了孔子"正人先正己"的思想，主张教师必须首先端正自己，用正道教育学生，即"教者必以正"。荀子对教师道德提出了两个必备条件：一、"耆艾而信，可以为师"（艾，五十岁；耆，年老，六十岁以上的人）；二、"以善先人者谓之教"。

"上者下之师也，夫下之和上，譬之犹响之应声，影之象形也。故为人上者，不可不顺也。"荀子特别强调教师工作的示范性，认为教师自己修整其身，那些欲齐其身的人也会跟着模仿，并倾附于他。"君子洁其身而同焉者合矣，善其言而类焉者应矣。故马鸣而马应之，牛鸣而牛应之。"

（二）学而不厌，诲人不倦

为人师表，一要有品德资格，二要有学问资格，有相当的知识和学问，肚子里要有货。

学生如果"肚子里没东西"，作为老师是有很大责任的。养不教，父之过，教不严，师之惰。对学生要求不严，是老师的懒惰，而老师肚子里没东西，拿什么来教学生？

孔子说："默而识之，学而不厌，诲人不倦，何有于我哉？"识，牢记，记住。孔子说："将所学的知识默记在心，自我学习不满足，教导别人不倦怠。此外我还有什么呢？""何有于我哉"即"于我何有哉"，有多解。我认为解释为"我有什么呢？"最为切当，意谓除了"学而不厌，诲人不倦"二者我别无所有了。

《论语》中孔子还说过："若圣与仁，则吾岂敢！抑为之不厌，诲人不倦，则可谓云尔已矣。"意思类似。"学而不厌，诲人不倦"八个字，体现了孔子求知求学的勤勉和教育弟子的热忱。孔子自谦不是圣人不配称仁，不过做到了"学而不厌，诲人不倦"而已。其实对多学者来说，要做到这八个字，大不易。

先讲学习的重要性。

孔子说："生而知之者，上也；学而知之者，次也；困而学之，又其次也；困而不学，民斯为下矣。"（《孔子·季氏》）这里的"之"，是指"朝闻道，夕死可矣"的"道"，即"性与天道"。儒家有"生而知之"的说法。一般的文化知识不可能"生而知之"是显而易见的，只能学而知之。只有"道"，孔子认为存在生而知之者。

这是强调学习的重要。尽管人人皆可为尧舜，每个人的本性与圣人完全相同，但是气质习染因人而异。不驱除习性的遮蔽，就不能反身而诚。学有助于变化气质，发明良知。古之学者为己，学的最高目的，无非是见自本性，识自本性。不学习就没有机会"闻道"，不知道人人良知平等、人人皆可为尧舜的道理。

困而不学，民斯为下。古时士以上自幼都必须学，平民则学与不学听其自愿。

孔子说："我非生而知之者，好古，敏以求之者也。"孔子说："我不是生下来就知道'道'的，而是爱好古文化，勤敏地去求得的呀。"文化重在传承，儒家强调传承，文化的传承，道统的传承。孔子多次自称好学好古。好学必然好古。反古开新，开新也必须在传统的基础上开，这样开出来的新才有根本，才有生命力。

孔子又说："十室之邑，必有忠信如丘者焉，不如丘之好学也。"（《论语·公冶长》）孔子说："十户人家的小村，一定有如同我一样忠信的人，只是不如我的好学啊。"

不论本质怎样好，都需要学，可见学习的重要性。所谓下学上达，只有广泛深入地学习，格物致知，博学审问慎思明辨，才有机会上达，达到仁的境界，理解和证悟"性与天道"。

怎样才算好学呢？孔子说："君子食无求饱，居无求安，敏于事而慎于言，就有道而正焉，可谓好学也已。"君子饮食不追求饱足，居住不贪图安逸，做事勤快，说话谨慎，向有道德的人学习以修正自己，这样可以说是一个好学的人了。

仅做到"食无求饱，居无求安，敏于事而慎于言"还不够，还要"就有道而正焉"，才能称得上好学君子。"不耻下问"就是好学的表现。子贡问曰："孔文子何以谓之文也？"子曰："敏而好学，不耻下问，是以谓之文也。"

孔文子，卫国的执政上卿，姓孔名圉字仲叔，文是谥号。《左传》载孔圉其人私德不佳，子贡怀疑他何以得谥为文，所以这样问。孔子认为，文子虽有其他不善，但敏而好学，不耻下问，就"文"之一字而论，有此二者，可以当之了。

对于学者来说，敏而好学或许不难，不耻下问就不容易。以贵问于贱，以长问于少，以能问于不能，以多问于寡，只怕绝大多数都做不到。

好学要有诚实的态度，不可弄虚作假，"知之为知之，不知为不知，是知也"（《论语·为政》）。要求学与思并重，"学而不思则罔，思而不学则殆"（《论语·为政》）。

孔子发愤不懈的好学精神，堪称教师的楷模。好学所以博学。孔子主张"君子博学于文""博学而笃志，切问而近思"。好学不只是学习古圣遗文，也包括向时人或在实践中学习。孔子"入太庙，每事问"，又曾问礼于老聃，问官于郯子，访乐于苌弘，学琴于师襄，正所谓学无常师。

仅仅博学是不够的。荀子认为四种人可以担任教师，有尊严令人敬畏的可以为师，年长而有威信的可以为师，能够纲领昭畅，循序渐进，不陵不犯的可以为师，知悉事物的精微而论定的可以为师。他强调，仅仅知识广博的人不是一个称职教师。除了道德修养方面的要求外，还要"温故而知新"。博学仅能温故，未能知新。

孔子说："温故而知新，可以为师矣。"（《为政》）孔子说："温习传统，了解现代，就可以为人师表了。"故：故事，典故，传统。故新即古今。《论语·谢短》："知古不知今，谓之陆沈；知今不知古，谓之盲瞽；温故知新，可以为师。古今不知，称师如何？"

儒家是传统性与现代性的统一。其现代性植根于传统性之中，其传统性又可开出现代性。董仲舒等外王大师以《春秋》和六经为依据和指导开展制度建设，就是"温故而知新"的政治典型。

关于学习态度。韩愈的《进学解》中有一句名言："业精于勤，荒于嬉，行成于思，毁于随。""勤"包括口勤、手勤、脑勤。"口不绝吟于六艺之文；手不停披于百家之编"，"焚膏油以继晷，恒兀兀以穷年"。

学而不厌，学习是一件十分快乐的事情。《论语》开头就说了："学而时习之，不亦说乎？"（《学而》）孔子自称："吾十有五而志于学，三十而立，四十而不惑，五十而知天命，六十而耳顺，七十而从心所欲不逾矩。"（《为政》）而立、不惑、知天命、耳顺还是不逾矩，都是好学的成果。

再讲诲人不倦。

教师，最重要的就是教，教诲学生。"诲"这一动作多次在《论语》中出现。《论语》提到"诲人"有两次，一是："若圣与仁，则吾岂敢？抑为之不厌，诲人不倦，则可谓云尔矣。"（《述而》）二是："默而识之，学而不厌，诲人不倦，何有于我哉？"（《述而》）

孔子说，"德之不修，学之不讲，闻义不能徙，不善不能改，是吾忧也。"（《述而》）所列举的四件事都与教学密切相关。孔子说："不修养品德，不讲习学问，听说了道义不能践行，有缺点错误不能改正，这些都是我所忧惧的。"世人曰：权之不特，势之不大，横财不能发，美女不能泡，是吾忧也。

孔子说："夫仁者，己欲立而立人，己欲达而达人。"诲人，就是立人与达人的重要手段和方法。孔子一生爱好是讲学诲人，取得了丰硕的成果，"孔子以诗书礼乐教，弟子盖三千焉，身通六艺者七十有二人"。

佛教《瑜伽师地论》强调，圆满的善知识，相当于明师、好老师，要具有八种德相。其二是具足多闻，博学多闻；其五是心无厌倦，即诲人不倦。

学而不厌，诲人不倦，说说容易，难在持久坚持。只有以学为乐，乐在其中，才能"学而不厌"；只有学而不厌，只有进德修业，温故知新，才具备诲人的资格。有了诲人的资格，还得有不倦的精神。就拿我自己来说，学而不厌，或许勉强，诲人不倦就做不到，没有那份热情和耐心，故每以龚定庵"只开风气不为师"自解。

（三）知人善教，教亦多术

教师不仅要诲人不倦，还要善于教诲，注意方式方法，为师以智。

孔子对学生十分善于启发诱导，"夫子循循然善诱人"。孔子说："不愤不启，不悱不发，举一隅不以三隅反，则不复也。"谈的是教育的方法和火候。孔子说："不到他苦思冥想而仍领会不了的时候，不去开导他；不到他想说而又说不出来的时候，不去启发他。例举一个角，他不能由此推知另外三个角，就不再重复了。"

愤，心求通而未得。启，启蒙，启示。悱，口欲言而未能。隅，角，角落。

从已知的一点进行推论，由此及彼，触类旁通。成语"举一反三"和"启发"一词，就是由《论语》此章而来。举一反三、触类旁通，给人的想象力和创造力以一个更大的空间，是人类进行创造性思维的重要途径和方式。施温发现动物细胞中的细胞核，牛顿发现万有引力，瓦特发明和改造蒸汽机，都是触类旁通的思考结果。

诲人不倦，但也要讲究方式方法，以收事半功倍之效。孔子说："可与言而不与之言，失人；不可与言而与之言，失言。知者不失人，亦不失言。"孔子说："可以与他说却不与他说，就会错过了人；不可与他说却与他说，就是浪费言语。聪明人既不错过人，也不浪费言语。"失人，谓失可与之人，即失去同道；失言，谓言之而不信，反为人讥。

对可以交谈、值得交流的人闭口不言，会失人，错过了良师益友或者志士人才。与不可以交谈、不值得交流的人交谈，是失言，不仅浪费时间精力口舌言语，而且会影响道的尊严。

一般人自尊过度，容易失人；热心过度，又容易失言。只有大智慧者，才能做到既不失人又不失言。关于失言妨道的观点，《集释》引《中论贵言篇》的一段论述值得参考："君子必贵其言。贵其言则尊其身，尊其身则重其道，重其道所以立其教；言费则身贱，身贱则道轻，道轻则教废，故君子非其人则弗与之言。"

古代鲁国有个叫公孙绰的人。他对人说："我能使死人复活。"人家问他有什么办法，他回答说："我素来就会治半身不遂。现在我要是把治半身不遂的药量加倍，不就把死人治活了！"

药量不是越大越好，话也不是越多越好。为了节省时间精力，为了自重更为了重道，某些时候有必要略减诲人不倦的热情，保持一定程度的沉默。

孟子主张"君子引而不发，跃如也；中道而立，能者从之"，提倡"深造自得""盈科而进""专心致志"，强调"教亦多术"。他说："君子之所以教者五，有如时雨化之者，有成德者，有达财者，有答问者，有私淑艾者。"

孟子实际运用的教学方法还不限于这五种，"教亦多术"，一切因人而异。"予不屑之教诲也者，是亦教诲之而已矣。"拒绝教诲，让其反思，也是一种教育的方法。

《学记》总结了先秦以来的教育经验，提出教育教学进程中必须遵照的准则和应该采取的办法：教学相长，豫时孙摩，长善救失，主次相辅，善喻善导。这些都是《学记》阐明的教学原则，兹不详论。《学记》还论述了讲解、问答、练习、类比等教学方法和为师的基本条件，一是"记问之学，不足以为人师"。靠死记硬背获取的零星知识不能执教。二是"能博喻，然后能为师"。博喻，即广泛地启发诱导。三是能够避免教学中的各种弊端。

（四）热爱教育，热爱学生

一个历史老师写情书给对方："现实是今天，历史是昨天，我们相爱，昨天和今天便天然地连接在一起了。"对方回信："只有昨天、今天而没有明天，我们活着还有什么意义呢？"

学生就是我们国家和民族的明天。这个明天状况如何，在很大程度上取决于我们的教育和老师，取决于老师们对教育事业和广大学生是否热爱。

孔子说："爱之，能勿劳乎？忠焉，能勿诲乎？"关爱他能不为之忧劳吗？忠于他能不给予教诲吗？

忠是尽心竭力，立心中正。古人所忠很广泛，即使是忠君也有前提：君待臣以礼。本章强调忠焉能勿诲乎？忠于友，必要时就要教诲他；忠于君，当然也要教诲他，将他引上正道。忠于教育事业，也是儒家强调的忠。

孔子主张师生平等，对所有学生不分亲疏、一视同仁。他说："当仁，不让于师。"他与学生在一起讨论问题，鼓励学生发表自己的意见，所以弟子敢于向他提出各种各样的问题甚至反对意见。刚直的子路常对孔子提出批评意见，并进行激烈的争论，孔子并不因此而厌恶子路。漆雕开未听孔子之言去出仕，孔子不但不批评，反而高兴。这都反映了孔门平等的师生关系。

在中国历代教育家中，孔子堪称热爱学生的楷模：不仅在品德、学业上关心学生进步，对子路、子贡、宰我等都曾有严厉的督促批评，而且在生活上对他们关怀备至。原宪家贫，孔子就给予物质生活上的照顾，使他能致力于学习。学生生病，孔子亲往探视，"伯牛有疾。子问之，自牖执其手，曰：'亡之！命矣夫！斯人也而有斯疾也！斯人也而有斯疾也！'"颜渊不幸病死，孔子极其悲痛，"哭之恸"。

当然，热爱学生并非一味迁就、纵容学生，而是菩萨心肠加霹雳手段，该批评的批评，该处罚的处罚。有个笑话叫《菩萨心肠》：

从前，菩萨化身为雀王，慈心济众。有一只吃人的老虎，某次因吃后，骨头嵌在牙齿中间，使它动弹不得，困饿得奄奄一息。雀王见后，大发慈悲，钻进虎口为老虎啄骨，救活了老虎。雀王飞到树上念《佛经》语说："杀为凶虐，其恶最大！"想以此来劝老虎不要再去伤残人畜。虎听后，勃然大怒，说："你才离我口，没吃你就已不错了，还敢多言！"

单纯的菩萨心肠，一味地娇生惯养，反而会培养出"吃人的老虎"来。

人生有些过错犯了，过而改之善莫大焉，有些过错是不能犯的，犯了，就是大恶大罪，没有了改过的机会，纵然改过自新，人生也留下了不可弥补的缺憾。所以，对于学生特别是未成年学生，有时候为父为师态度严厉、要求严格一些，大有裨益，大有必要。

孔子对弟子们的关怀爱护，也赢得了学生对他发自内心的敬爱。诚如孟子所言："以德服人者，中心悦而诚服也，如七十子之服孔子也。"当鲁大夫叔孙武叔故意诽谤孔子时，子贡就竭力维护老师："无以为也！仲尼不可毁也。他人之贤者，丘陵也，犹可逾也；仲尼，日月也，无得而逾焉！"孔子死后，弟子们如丧考妣，以丧父之礼待之，服丧三年，子贡守庐达六年之久。这都反映了孔门师生间真挚的情谊。

生物老师的情书独具一格："人是富有感情的高等动物。我大胆地向你求爱，你一定会接受我的爱，因为我们都是地球上最高等的动物。"

广义上说，这个生物老师说的没错，人是富有感情的高等动物，人人都有感情，人人都有良知，只要付出、奉献了真情，就不会没有回报。我们的老师如果能够像孔子那样关怀爱护学生，也一定能够赢得学生们发自内心的敬爱。

上面从四个角度阐述了儒家的师道何以具有尊严的道理。最后讲一讲师道尊严的科学性。一、师道尊严可以让老师意识到自己的价值，对老师是一种文化道德约束，并可以有效促使教师不断自觉提高文化道德修养和专业知识水平。二、有助于从小就培养学生尊师重道、遵守纪律的好习惯，并可提高学生的学习效率。心理学家的研究证明，权威的讲授者能够比没有权威的讲授者让听众记得更多、学得更好。

四、救救孩子

道德教育是全方位的，以学校为中心，但不仅仅局限于学校，家庭教育、社会导向也很重要。某种意义上说，社会导向更加重要，因为有什么样的社会导向，就会有什么样的道德教育。有学者指出，中国教育是"培养出这一批批的雷子——雷人的孩子"。对此，学校有责任，家庭、社会、政治都要负很大的责任。

教育事业第一线的老师，也有一定的责任。老师本身如果言论、行为有问题，品质、学问不过硬，也会给学生造成不良影响，甚至害了学生。

救救孩子，当年鲁迅这么呼喊过，现在一批语文老师又发出了这样的呼喊。最近，长江文艺出版社出版了一本《救救孩子，小学语文教材批判》，作者是多位在浙江中小学教语文的一线老师，他们组成了"第一线教育研究小组"，希望能走在教育改革的第一线。该书详细列举出了人民教育出版社、江苏教育出版社和北京师范大学出版的三套使用最广的小学语文教材的种种"毒素"后，惊呼："我们的孩子还在吃毒药！"

书中具体分析了大陆小学语文课本存在"四大缺失"：一、经典的缺失；二、儿童视角的缺失；三、快乐的缺失；四、事实的缺失。《潇湘晨报》在介绍这本书时评论说，当成人化的社会因为功利失去真实时，常识的回归往往是最为艰难的，课文仅是一个缩影。"四大缺失"中，经典缺失是最严重、最致命的缺失。经典教育的缺失，也是快乐缺失的重要原因。事实缺失与之也有一定关系。

卡尔维诺曾说："经典作品是一些产生某种特殊影响的书，它们要么本身以难忘的方式给我们的想象力打下印记，要么乔装成个人或集体的无意识隐藏在深层记忆中。"

判定一种学说的真理性高低的重要标准，是对人性和本性的认识是否到位，其人性论、人生观、哲学观是否正确，对本质与现象即形而上与形而下、天与人、道与器之问题的认知是否准确。这方面，中华文化的认知比西方文化深刻。

儒家经典可以让人更好地认识自己，认识良知本性即生命的本质，认识国家、民族直至个人等相互的构成与位置，从而做一个有尊严的、大写的人，在大是大非的问题面前不迷茫不动摇。而老师，则是引导学生学习经典的引路人。

在抢救孩子的良知行动中，老师作为第一线的抢救员，有必要深入理解儒家经典，全面掌握儒家文化。顺便自我广告一下：自信东海的《论语点睛》是到目前为止众多的解释、解读《论语》的书籍中最为精到的一本。

五、结 尾

《礼记儒行》中，孔子向鲁哀公介绍了十五种儒行的儒者。其中有一种是这样写的：

儒有今人与居，古人与稽，今世行之，后世以为楷。适弗逢世，上弗援，下弗推，谗谄之民有比党而危之者，身可危也，而志不可夺也。虽危，起居竟信其志，犹将不忘百姓之病也。其忧思有如此者。

这是我最喜欢的一种，录在这里与大家共勉。这段话的大意是：

有一种儒者居于今世，思想行为却与古人相合。他现在身体力行，将成为后人的楷模。虽没有遇到明时盛世，上得不到领导者的提拔援引，下得不到民众的支持推举，还有造谣诮谀之徒相互勾结来危害他。他的身体可能受到危害，但意志却绝不改变。虽处危险之境，其一举一动还是要伸展他的志向，而且仍念念不忘百姓的苦难。

"今人与居，古人与稽"，既不脱离时代、脱离现实离群索居，又不在现实中随波逐流讨好今人。任何时候都坚持自古相传的道义标准、仁义原则。外在的生存环境、时代环境难以选择，但做一个什么样的人却是自己可以选择的，所以儒家强调尽心尽性，尽其在我。

这是一个多么有尊严的儒者，多么值得东海、值得老师们学习。让我们都像这位儒者一样，做一个堂堂正正的有尊严的大人。

仁 者 寿
——道德与寿命之关系漫谈

一、孔子的命题

民间和传统的长寿方法很多，俗话说："饭后百步走，活到九十九"；"睡前一杯酒，活到九十九"；"遇事不忧愁，活到九十九"；"饭来少一口，能活九十九。"诸如此类都是长寿之方。但这些方法因人而异，适用于甲的不一定适用于乙。比如喝酒，有的人一辈子好酒照样长寿。

有一个特别根本和普遍适用的长寿法门往往被世人忽略，那就是孔子提出来的一个命题："仁者寿"，仁德之人长寿。有人认为这个寿是指名垂后世，永垂不朽。这个理解也通，但我觉得没必要这么引申，这里的"寿"指的就是真实的肉体生命。

"仁者寿"语出《论语·雍也》，原话是："知者乐水，仁者乐山。知者动，仁者静。知者乐，仁者寿。"意思是说，智慧的人爱水，仁德的人爱山。智慧的人活跃，仁德的人沉静。智慧的人快乐，仁德的人长寿。

《易经》三原则中有变易和不易原则。智是通权达变，仿佛流水，流动不滞，随岸赋形，故曰智者乐水；仁是绝对真理，仿佛大山，屹立不动，故曰仁者乐山。智与仁既有别又相通。仁者必有智，智者不必有仁，但智到了高处也就成了仁。仁是至德，也是大智。

《中庸》中孔子借着对舜帝的赞美又一次强调了"仁者寿"的观点，而且加了个"必"字，态度更加坚决了。孔子说："舜其大孝也与！德为圣人，尊为天子，富有四海之内，宗庙飨之，子孙保之。故大德必得其位，必得其禄，必得其名，必得其寿。"（《中庸》）

据《史记》及王充的《论衡》载，舜帝活了一百一十岁。另外，文王九十岁，武王九十三岁，尧帝一百一十八岁。这几个历史上的圣王都颇为高寿。据韩愈《谏迎佛骨表》介绍：黄帝年百一十岁，少昊年百岁，颛顼年九十八岁，帝喾年百五岁，帝尧年百一十八岁，帝舜及禹年皆百岁，其后殷汤亦年百岁，汤孙太戊在位七十五年，武丁在位五十九年，书史不言其年寿所极，推其年数，盖亦俱不减百岁。周文王年九十七岁，武王年九十三岁，穆王在位百年……

不过我觉得，《中庸》中这个"必"字下得有些武断。在以德为本的社会，大德之人得其位禄名寿的可能性很大，但也不是绝对的。朱熹认为，大德之人能否得其位禄名寿，与"气运"密切相关。上古之时，"天地之气，其极清者，生为圣人，君临天下，安享富贵，又皆享上寿"。后世气运渐乖，至孔子已有德无位。

1948年，世界卫生组织（WHO）给健康下的定义是：健康，是躯体上、心理上和社会适应上的完满状态。1979年，WHO又为健康定义补充了重要的一条："道德健康"。健康不仅包括躯体健康、心理健康和良好的社会适应能力，道德健康也成了健康的要素之一。只有这四方面的良好状态，才可以称得上是完全的健康。

WHO的补充与孔子的命题一脉相承。长寿是健康的重要乃至主要标志，仁者寿而康。

二、为什么仁者寿

（一）孔子的解释

为什么仁者寿呢？《孔子家语》中孔子做了解释，并且加上了"智者寿"的说法。原文如下：

> 哀公问于孔子曰："智者寿乎？仁者寿乎？"孔子对曰："然！人有三死，而非其命也，行己自取也。夫寝处不时，饮食不节，逸劳过度者，疾共杀之；居下位而上干其君，嗜欲无厌而求不止者，刑共杀之；以少犯众，以弱侮强，忿怒不类，动不量力者，兵共杀之。此三者，死非命也，人自取之。若夫智士仁人，将身有节，动静以义，喜怒以时，无害其性，虽得寿焉，不亦可乎？"（《孔子家语·五仪解》）

鲁哀公向孔夫子请教，是智慧的人长寿，还是仁慈的人长寿？孔子回答说：是这样，人有三种死，并不是他寿限到了，而是自己折损掉的。起居没有定时，饮食没有节制，时常过度疲劳或无限度放纵，疾病可以夺命；居下位的人以下犯上，不肯节制嗜好欲望，贪求无厌，刑罚可以夺命；以寡少冒犯人多，以弱小欺辱强大，忿怒时不懂得克制自己，不自量力，不计后果地行动，刀兵可以夺命。以上三种情况，即病杀、刑杀、兵杀，是死于非命和咎由自取。而仁人智士，立身有操守，行动有节合乎道义，喜怒适时，不会伤害自己的心性，得享长寿，自然合理。

仁智者之所以长寿，是因为过的是一种道德的生活，行动有节制，行为合道义，喜怒适时，不容易遭到"病杀，刑杀，兵杀"等意外。"无害其性"的"性"，指生命本性，即良知仁性，包括心理与生理。明代大儒吕坤说："仁者寿，生理完也。"（《呻吟语》）这是从身体机能、机理的角度讲的。

儒家认为，治国之道与治身之道，精神相通。历代圣贤大儒，往往喜欢以养生治身喻安邦定国。董仲舒说：

气之清者为精，人之清者为贤。治身者以积精为宝，身以心为本，国以君为主。精积于其本，则血气相承受；贤积于其主，则上下相制使。血气相承受，则形体无所苦；上下相制使，则百官各得其所。形体无所苦，然后身可得而安也；百官各得其所，然后国可得而守也。夫欲致精者，必虚静其形；欲致贤者，必卑谦其身。形静志虚者，精气之所趣也；谦尊自卑者，仁贤之所事也。故治身者务执虚静以致精，治国者务尽卑谦以致贤。能致精则合明而寿，能致贤则德泽洽而国太平。（《春秋繁露·通国身》）

修身齐家治国平天下，都离不开礼。修身是修之以礼，齐家齐之以礼，治国是治之以礼，平天下是平之以礼。彬彬有礼，是齐家治国的必须，也是治身养生的要点。

（二）岐伯的原则

《黄帝内经》是我国医学宝库中现存成书最早的一部医学典籍，是研究人的生理学、病理学、诊断学、治疗原则和药物学的医学巨著，建立了中医学上的"阴阳五行学说""脉象学说""藏象学说"等系统理论。书中以黄帝、岐伯、雷公对话问答的形式阐述病机、病理，主张养生、摄生、益寿、延年，不治已病治未病。

余闻上古之人，春秋皆度百岁，而动作不衰；今时之人，年半百而动作皆衰，时世异耶？人将失之耶？岐伯对曰：上古之人，其知道者，法于阴阳，和于术数；饮食有节，起居有常，不妄劳作，故能形与神俱，而尽终其年，度百岁而去。今时之人不然也，以酒为浆，以妄为常，醉以入房，以欲竭其精，以耗散其真，不知持满，不时

御神，务快其心，逆于生乐，起居无节，故半百而衰也。(《素问》)

黄帝向岐伯请教人体衰老的原因，问："我听说上古的人都能活到百岁以上，而且动作灵活不显衰老，而现在的人刚到50岁就衰老了，这种差别是由于时代环境的变迁造成的呢，还是由于人们违背了养生之道而造成的呢？"

岐伯回答："上古时代得道的人，会效法自然阴阳变化的规律而起居生活，会遵照正确的养生方法来调养锻炼，饮食有节制，起居有规律，不过度操劳，所以身心和谐，从而活到人类自然寿命的期限，达到百岁以上才逝世。现在的人则不按照自然规律办事，把酒当作饮料来喝，把胡作非为视为正常，习惯于酒醉后行房，纵情色欲而耗竭肾精，耗散真气，不知保持自己的正气强盛，不知调养自己的精神，只图一时快乐，违背了养生之道，所以五十岁就已经衰老了。"

岐伯提出有道之士、得道之人养生方法的总原则是："法于阴阳，和于术数。""法于阴阳"就是按照自然界的阴阳变化规律而起居生活，如日出而作，日落而息，随四季的变化而适当增减衣被等；"和于术数"，意谓根据正确的养生保健方法进行调养锻炼，如心理平衡、生活规律、合理饮食、适量运动、戒烟限酒、不过度劳累等。"法于阴阳，和于术数；饮食有节，起居有常，不妄劳作，故能形与神俱"，这是"知道"的表现。

《吕氏春秋·适音》也指出："人之情，欲寿而恶夭，欲安而恶危，欲荣而恶辱，欲逸而恶劳。四欲得，四恶除，则心适矣。四欲之得也，在于胜理。胜理以治身，则生全矣，生全则寿长矣。"

（三）仁者乐

仁者寿，还因为仁者乐。快乐容易长寿，身体容易健康。

儒学是一门快乐的哲学。《论语·学而》第一章首标三乐。子曰："学而时习之，不亦说乎？有朋自远方来，不亦乐乎？人不知而不愠，不亦君子乎？"

"乐"字乃儒家要旨。学而时习之，乐；朋自远方来，乐；不知而不愠，仍然是乐。"遁世无闷"，"不见是而无闷"，"险以悦，困而不失其所亨，其为君子乎"（《易经》）。有得于道，自得其乐，有朋共乐，外人了不了解、理不理解，有什么关系呢。人与人之间，误会是经常发生的。在漫长的历史时间段里，英雄被庸人误会，君子被小人误解，圣贤德性被误译，很正常。

儒家下学上达，学习可以觉悟"性与天道"。学习的过程固然乐，学习的结果更是乐。旧注云："学之为言效也。人性皆善，而觉有先后，后觉者必效先觉之所为，乃可以明善而复其初也。"《说文》云："学，觉悟也。"《白虎通·辟雍》："学之为言觉也，以觉悟所未知也。"

快乐与道德成正比。西哲说：美德是幸福的桥梁；东海曰：道德是心灵的盛宴。圣贤是最幸福的人。宋儒有个命题叫孔颜之乐，乐在有德、乐在得道也。乐是自性之德。觉自本心，悟自本性，自然乐在其中。那是一种"无所倚"的内乐，自满自足不假外求。在良知光明的基础上，物质利益可为幸福光中添彩，荣华富贵可为快乐锦上添花。

儒家具有强烈的忧患意识，君子忧道，圣贤淑世，但从个人角度着眼，则是仁者无忧。不为外物所转，不被外境所摇，穷亦乐达亦乐，顺亦乐逆亦乐。人不堪其忧，儒者不改其乐。程颢的《秋日偶成》，没有一个乐字，却把儒者的快乐写透了。

闲来无事不从容，睡觉东窗日已红；万物静观皆自得，四时佳兴与人同。

道通天地有形外，思入风云变态中；富贵不淫贫贱乐，男儿到此是豪雄。

程颢是著名理学家。他的门人刘安礼云:"明道先生德性充完,粹和之气,盎于面背,乐易多恕,终日怡悦。从先生三十年,未尝见其忿厉之容。"(《近思录》)《秋日偶成》一诗,将程颢从容自得、逸然自足、怡然自乐之精神状态表露无遗,真可谓道心超乎其外,思想得其环中。这种快乐当然不受贫贱富贵的影响,富贵不淫,贫贱也乐。

儒家礼乐教化,以音乐为教化之具,快乐也是乐教题中应有之义,所谓君子乐而不淫哀而不伤、君子忧道不忧贫,所谓"儒者自有名教可乐",因为儒家之乐,根之于心,本之于仁,有其内在的根源。

"儒者自有名教可乐"这句话是倡言"先天下之忧而忧,后天下之乐而乐"的名臣范仲淹对理学奠基人张载说的。张载年轻时喜谈兵,曾上书谒见当时任陕西招讨副使的范仲淹,范便说了这句话。此后张载潜心《中庸》,兼访阅释老之书,最后建立了自己的哲学体系。

君子都是快乐的人,所谓君子三乐。关于哪三乐,记载不同,随文而异。《孟子·尽心上》:"孟子曰:'君子有三乐,而王天下不与存焉。父母俱存,兄弟无故,一乐也;仰不愧于天,俯不怍于人,二乐也;得天下英才而教育之,三乐也。'"

《韩诗外传》卷九:"子夏曰:敢问三乐?曾子曰'有亲可畏,有君可事,有子可遗,此一乐也;有亲可谏,有君可去,有子可怒,此二乐也;有君可喻,有友可助,此三乐也。'"

《列子·天瑞》:"孔子游于泰山,见荣启期行乎郕之野,鹿裘带索,鼓琴而歌。孔子曰:'先生何以为乐?'曰:天生万物,惟人为贵,吾得为人,一乐也;男贵女贱,吾得为男,二乐也;人生有不见日月,不免襁褓者,吾既已行年九十矣,是三乐也。'"

孔子自称乐以忘忧不知老之将至。最能说明孔子(及颜子)之乐的是下面两段语录:"子曰:饭疏食饮水,曲肱而枕之,乐亦在其中矣。不义而富且贵,于我如浮云。"(《论语·述而》)"子曰:贤哉,

回也！一箪食，一瓢饮，在陋巷，人不堪其忧，回也不改其乐。贤哉，回也！"（《论语·雍也》）

这就是孔颜之乐。"寻孔颜乐处"是宋明理学的重大课题。脍炙人口的《爱莲说》的作者周敦颐是理学大师，也是理学创始者二程的老师。程颢后来在回忆早年周敦颐对他的教诲时说："昔受学于周茂叔，每令寻颜子仲尼乐处，所乐何事。"

东海大半辈子勤读精思、吟咏写作不辍，乐在其中，"南面王之乐吾不易也"，上界神仙之乐吾不易也。有人说我有政治野心，那是眼界太浅、层次太低，难以领会我内心的充实、满足与快乐。说我有"文化野心"还差不多。当然，说我拥有上界神仙之乐是一种形容，不确。我的乐不同于庄禅，洒落中有深沉，笑容中含热泪，至乐中有大悲，有一份深沉的现实忧患和历史责任。有《东海先生歌》自写亦乐亦忧、大忧大乐的那种心态曰：

东海先生，人也何许？不洋不土，非今非古。

善于诗赋，才兼文武。学杂而博，成名无所。

也曾稼穑，也曾商贾。也曾江湖，酒龙拳虎。

客游倦矣，翩然归去。邕江隐迹，陋巷客寓。

食唯求饱，衣不求酷。人不堪忧，我独自足。

深沉哲思，妙悟艺术。闲来吟咏，忙于写作。

笔动风云，神牵万物。字字泪血，句句肺腑。

胸胆开张，民胞物与。宇宙精神，往来无牾。

不移不屈，无惑无惧。湛然心清，浩然气足。

独歌独乐，乾坤独步。儒眼一击，洞穿万物！

三、仁者的人格特征

仁为人之本。仁者寿的仁，是人格的核心。仁者就是人格成熟而健全者，就是"三十而立"的君子，圣贤则是仁之大者。平源堂有"儒道释文化修炼"，其资料中有一句话："养生的核心是树立正确的宇宙观，人生观和价值观"。仁者就是树立正确的世界观、人生观和价值观的人。

仁者有哪些特征和表现呢？

第一，仁者以仁为本。西哲说，人是万物的尺度；东海曰，仁是人的尺度。儒者最高理想是成仁，个人成就圣德，内圣外王同归于仁。所以，仁就是最高价值，是检验真理的最高标准。合乎仁，就是正道善道，正理真理；反乎仁，就是旁门左道，歪理邪说。

古希腊智者说："人是万物的尺度，存在时万物存在，不存在时万物不存在。"东海接着说：仁是人的尺度，仁不存在时人就不存在，就非人化了。孟子说："人之所以异于禽兽者几希，庶民去之，君子存之。"人与禽兽的根本区别在于人有"仁"而禽兽没有，庶民去仁，君子存仁；孟子又指出，无恻隐、羞恶、辞让、是非之心者，皆"非人也"。这"四心"就是仁性的作用，无之则非人。

《尚书》："惟人万物之灵。"人特别灵，就因为有仁性。孟子说："君子所以异于人者，以其存心也。君子以仁存心以礼存心。"君子与众不同在于存仁义之心。同时，仁不仅是人的尺度，也是万事的尺度。《孟子》引孔子之言曰："道二，仁与不仁而已矣。"有道无道，以仁不仁为标准。这都是"仁是人的尺度"的经典依据。

仁性就是良知。所以也可以说，良知是人的尺度，也是万物的尺度。人世间万事万物，包括各种文化、宗教、思想、政治、制度、法律、科学等，都应以良知为本。顺乎良知方向，就是好东西，就有正价值；逆乎良知而行，就是负能量和负意义。此本一立，乾坤大定，一切无不确立。

良知是人的尺度。良知的光明度决定人的大小，良知的存亡区别人与非人。故圣人最大，贤人次之，士君子更次之，小人尚未成人，恶人非人——有人之形，无人之格；有人之身，无人之心。良知也是人世间万事万物的尺度，是分别事物高低、优劣、真伪、善恶、美丑的最高标准。

第二，仁者爱人。亲亲仁民都是爱人的表现，从爱人开始，爱社会，爱民族，爱国家，爱自然，爱值得爱的一切。

爱人，当然包括爱民，唯仁者能真而正地爱民。小人不能爱人，更不能爱民。小人之爱，要么不真，虚情假意，口头为人民服务，实质为人民币服务，打着爱民的幌子，干尽害民的勾当；要么不正，爱也是害，好心办坏事，爱心招大祸。

仁者爱人，爱的对象从父母开始包括所有人类，从个体开始涵盖家庭、社会、国家、天下。仁者爱人，进而爱物，从动物开始，扩到宇宙万物。因此，仁本主义，爱有差等而无局限，真正的大爱无疆。仁，即良知仁性，即性与天道。仁本主义即良知主义，乾元主义。

第三，仁者爱人以德。小人爱人以姑息，无度纵容，仁者不一样，该宽则宽，该严就严。佛教正法是让恶人下地狱，儒家及自由主义的良法，是让罪人下监狱。善善恶恶，惩罪罚恶，中西文明所共同。在政治上，义刑义杀义战，都是大义，正体现了儒家的大仁大爱。有罪不惩，有恶不罚，那是小人之爱，姑息养奸；至于赏罪奖恶，更是恶棍之爱，害人害己！

第四，仁者不忧。《论语·宪问》记载，子曰："君子道者三，我无能焉：仁者不忧，知者不惑，勇者不惧。"子贡曰："夫子自道也！"孔子说："君子所由之道有三条，我都没能达到：仁者不忧愁，智者不迷惑，勇者不畏惧。"子贡说："这正是夫子的自画像啊！"

仁者能够最大限度地避免危险，因为能够见几，能够"居易以俟命"，不会行险侥幸。"君子安其身而后动，易其心而后语，定其交而后求。君子修此三者，故全也。"（《易经·系辞》）

即使遇到危险，仁者也不忧。"子曰：君子进德修业，忠信，所以进德也；修辞立其诚，所以居业也。知至至之，可与几也；知终终之，可与存义也。是故居上位而不骄，在下位而不忧，故乾乾因其时而惕，虽危无咎矣。"（《乾文言》）

仁者不忧，最根本的原因是知命。说："乐天知命，故不忧。"（《易经·系辞》）天命之性即天性，本具常乐我净四德。尽心知性知天，自然乐在其中。

仁者境界最高，进入证境。知者不惑，尚未知命，仍属修境。勇者不惧，一般士君子都能够具备。换言之，勇者不惧但或有惑与忧，智者不惑但或有惧与忧，唯仁者不忧不惑不惧，仁为众德之本，可以涵盖智勇二德。三达德最终归本于仁。君子所由之道，分而言之为三，三达德；合而言之为一，一以贯之，仁道也，仁本主义也。

张载说："仁统天下之善，礼嘉天下之会，义公天下之利，信一天下之动。"（《横渠易说》）东海补充一句：智成天下之务。仁统天下之善，意味着人世间一切善，包括善意、善念、善言、善行，都可以纳入仁的范畴。

孔学、儒学即仁学，仁本主义也可称为唯仁主义、唯仁论。这个仁，非心（意识）非物，超越心物，心物一元。仁心是一种特殊的心，是道心，天地之心。程颢所言"人与天地一物也""仁者以天地万物为一体""仁者浑然与物同体"等，都是唯仁主义的哲学表述。阳明说："心者，天地万物之主也"，"天地无人的良知亦不可为天地矣"。这里的心和良知，就是仁。

孔子自称"我无能焉"，与"若仁与圣，则吾岂敢"是同一意思。可以视为孔子的谦虚，也可以理解为：仁道至高是一个永无止境的过程，永远属于"现在进行时"。

子贡则以为这三德夫子都已经达到，所以无异于夫子自道。

《论语·述而》记载：叶公问孔子于子路，子路不对。子曰："女

奚不曰：其为人也，发愤忘食，乐以忘忧，不知老之将至云尔。"叶
公向子路打听孔子，子路不回答。孔子说："你为什么不说：他的为
人啊，发愤努力时忘了吃饭，自得其乐时而忘了忧愁；不知道自己的
老境将至，如此而已。"

"发愤忘食，乐以忘忧，不知老之将至"，这是孔子的自画像。
乐以忘忧，就是仁者不忧。王阳明说："发愤忘食，是圣人之志如此，
真无有已时；乐以忘忧，是圣人之道如此，真无有戚时。"这里有儒
家的真精神在。

四、古今医学之理

仁者寿亦符合医学之理。医学界有个"维多利亚宣言"，其中提
到健康三要素：一是平衡饮食；二是有氧运动；三是良好的心理状态。
道德高尚者的心理状态都会比较好，良知灿烂的仁者就更不用说了，
绝对第一流。

不少古代名医认为，道德的高低直接关乎生命的寿夭。唐代医
家孙思邈说："百行周备，虽绝药饵，足以延年；德行不克，纵服玉
液金丹，未能延寿。"又说："性既自善，内外百病皆不悉生，祸乱
灾害亦无由作，此养生之大径也。"明代龚廷贤《寿世保元》说，"积
善有功，常存阴德，可以延年。"清代石成金提出："惟善可以延寿命，
避夭折。"

现代行为医学研究表明，人的善恶行为不同，会导致体内心理
生理截然不同的变化。美国耶鲁大学、加州大学和密西根大学调查
研究中心曾得出"善恶影响人的寿命"的实验结论。美国耶鲁大学
和加州大学的研究人员最近得出的结论：品性善良的人健康长寿。

巴西医学家马丁斯经过十年对长寿老人进行研究发现，大凡长
寿者，其 90% 左右的老人都是德高望重者。我国曾经评选出的 286
名 80 岁以上的健康老人，他们长寿的经验，其中最重要的一条，也

是热爱生活、待人宽厚、关心他人、乐于奉献。这从正面证明了仁者寿的观点。

据介绍，美国著名心血管专家威廉斯博士早在 1958 年就对 500 名医科大学生开始进行追踪研究，经过 25 年后，他发现其中对他人"敌视情绪"强或较强的人，死亡率达 96%，在这批人中患心脏病者竟然是他人的 5 倍。巴西医学家马丁斯调查了 583 名贪污受贿、以权谋私的贪官，与清廉者对比，经过长达十年的考察，结果发现：贪官一组有 60% 的人生重病或死亡，而清廉一组生病或死亡的只占 6%。

这个试验从反面证明了仁者寿的观点。汉朝刘向有个观点"贪官折寿"，不是没有科学道理的。

快乐容易健康长寿，相反，不快乐就容易短命。中国人不快乐的原因很多，有外在的，有内在的。吕宁思先生指出，九个原因偷走了中国人的快乐：第一，缺乏信仰。第二，总是和别人比较。第三，对美好的事物不感动。第四，不懂得施舍。第五，不知足。第六，焦虑。第七，压力大、标准高。第八，不敢坚持做自己。第九，得失心强，就是患得患失。九个原因中，有八个半属于内在原因，即智慧和道德问题。

关于道德与寿命的关系，唐代著名禅师、寿星石头希迁以处方形式形象地写道：

好肚肠一条，慈悲心一片，温柔半两，道理三分，信行要紧，中直一块，孝顺十分，老实一个，阴骘全用，方便不拘多少。服用方法为："此药用开心锅内炒，不要焦、不要躁，去火性三分，于平等盆内研碎，三思为末，六菠萝蜜为丸，如菩提子大，每进三服，不拘时候，用和气汤送下。果能依此服之，无病不瘥。切忌言清浊，利己损人，肚中毒，笑里刀，两头蛇，平地起风波，这几点速须戒之。"以前十味，若能全用，可以致上福上寿。

五、何以好人也有不长寿

时常听到人们说，好人不长寿。世间也确实存在这种现象。一些人缘好的、被认为"好人"的人反而短寿。什么原因呢？大多数不长寿的好人，只是一般的"好"，不是仁者、智者的好。道德与智慧密切相关，相辅相成，到了高处，圆满统一。良知，是大道德，也是大智慧。苏格拉底有句名言"美德即智慧"。

也有仁者不长寿的，颜回就是典型的例子。颜回字子渊，春秋时期鲁国人，享年四十岁（据熊赐履《学统》）。他十四岁即拜孔子为师。自汉代起，颜回被列为七十二贤之首，有时祭孔时独以颜回配享。在孔门诸弟子中，孔子对他称赞最多，说他"一箪食，一瓢饮，在陋巷，人不堪其忧，回也不改其乐"，夸他"不迁怒，不贰过""回也，其心三月不违仁"。颜回先孔子而去世，孔子对他的早逝感到极为悲痛，哀叹说："噫！天丧予！天丧予！"

或问：仁者寿，颜回何以不寿？这个问题，西汉就有人问过杨雄。

或问：寿可益乎？曰：德。曰：回、牛之行德矣，曷寿之不益也？曰：德，故尔。如回之残，牛之贼也，焉得尔？曰：残，贼或寿。曰：彼妄也，君子不妄也。（《法言·君子》）

有人问：人的寿命可以增益吗？回答说：增德可以增寿。问：颜回、冉耕的行为够道德的了，为什么没有增寿呢？回答说：正因为他们道德高，才能这个样子。如果他们道德败坏，又怎么能够这样呢？有人说：有的人道德败坏，寿命却很长。回答说：那是些无知妄为的人，能长寿是侥幸。君子是不会心存侥幸无知妄为的。

杨雄认为，颜回正因为德高，才能有这样的寿命，否则将更短命。意思是颜回身体先天不足，能够活到中年已经很不错了。我以为，颜回不长命，或有后天的原因：生活过于贫困，导致营养不良。

另外，颜回好学，不迁怒，不贰过，安贫乐道，修养很高，对孔子学说领悟很深，孔子对他更是寄托了很高的希望，奈何天不假年，没能让他的内在道德更好地体现和发挥出来，既未能立功又未能立言，也没有像孔孟和历代大儒那样传道授业解惑。称其为贤人当不愧，尊其为复圣似高估。我在《圣贤论》中尊孔子、孟子、朱子、王子（阳明）为圣（尧、舜、禹、汤、文、武、周公为圣王），没将颜回列进去。

其实，人世间很多事，有常道、有变、有例外，"仁者寿"也一样。正常情况下，道德意味着荣通、安利、乐易、寿长，缺德意味着穷辱危害忧险夭折，但也不尽然，荀子指出："仁义德行，常安之术也，然而未必不危也；污僈突盗，常危之术也，然而未必不安也。故君子道其常，而小人道其怪。"

奉行仁义道德，常能安全，然而未必没危险；污秽卑鄙强取豪夺，常有危险，但是未必不安全。借用荀子的话说："仁义德行，长寿之术也，然而未必不夭也；污僈突盗，短命之术也，然而未必不寿也。"

六、环境的重要性

对于生命来说，外在生存环境很重要，包括政治环境、社会环境、家庭环境、生态环境等。各种环境第一要安全，第二要优良。如果环境不安全，生命没有保障，精神最好，心灵最美，身体最强壮，也不容易长寿。就像一个故事说的，一个养生家，身体很健康，却被老虎吃掉了。

儒家认为，政治道德，尤其是君王的德行修养，直接影响着老百姓的饮食与起居、健康与财富。儒家政治不仅充满富民精神，而且具有"寿民"功效，使民众普遍长寿。《说苑·政理》记载：鲁哀公问政于孔子，对曰："政有使民富且寿。"哀公曰："何谓也？"孔子曰："薄赋敛则民富，无事则远罪，远罪则民寿。"

贾谊《新书·修政语下》中，周成王问，圣王在上位，让国民富裕是可能的，怎么能让国民长寿呢？寿命长短在于天，怎么能由圣王做主呢？其老师鹖子回答中列举了四种原因，即圣王在上，国民生存长寿的机会就增加了四种。

圣王在位，人民可以避免四种死亡、增加四种生存机会：一是没有不义之战，也没有私斗私杀，人民避免了战争和争斗死亡；二是物质生活有保障，人民避免了饥寒死亡；三是上下各守本分，君主爱民，民众顺服，避免了刑罚死亡；四是圣王使用民力有节制，不影响生产，老百姓不受伤害，没有大病，避免了疾病死亡。

《大戴礼记·盛德》说："圣王之盛德：人民不疾，六畜不疫，五谷不灾，诸侯无兵而正，小民无刑而治，蛮夷怀服。……凡人民疾、六畜疫、五谷灾者，生于天；天道不顺，生于明堂不饰；故有天灾，即饰明堂也。"

疾是大病，疫是瘟疫，灾是水，火为害，明堂是帝王会见诸侯、举行祭祀、宣明政教的场所。圣王穷神知化、敬天保民，政治文明制度合理，可以最大限度地禁戒人祸，并且减少天灾。

传曰：国无道则飘风厉疾，暴雨折木，阴阳错氛，夏寒冬温，春热秋荣，日月无光，星辰错行，民多疾病，国多不祥，群生不寿，而五谷不登。当成周之时，阴阳调，寒暑平，群生遂，万物宁。故曰：其风治，其乐连，其驱马舒，其民依依，其行迟迟，其意好好。（韩婴《韩诗外传》）

成周之时指周成王时。成王康王时代，海内晏然，四夷宾服，被称为历史上四大盛世之首。《周本纪》记载："成王自奄归，在宗周，作多方。既绌殷命，袭淮夷，归在丰，作周官。兴正礼乐，度制于是改，而民和睦，颂声兴。……成康之际，天下安宁，刑错四十余年不用。"

归根结底，政治环境、社会环境、家庭环境、生态环境，都与道德有关，都可以归结为道德环境。

七、仁之利益大矣哉

对于人类来说，水和火为生活所必需，《孟子·尽心》："民非水火不生活。"但仁比水火更重要。水火是身之需，仁是心之本。没有水火不能生活，将丧身；没有仁，人就不成其为人，将丧心。

《论语·卫灵公》记载，子曰："民之于仁也，甚于水火。水火吾见蹈而死者矣，未见蹈仁而死者也。"孔子说："仁对于人来说，比水和火更重要。我见过蹈火蹈水而死的人，没见过蹈仁而死的人。"

仁是形而上与形而下的统一。就本性而言，仁是人之所以为人者，是人之所以生者，肉体与意识都是仁的产物。比起水火来，仁更为人之所需。仁是五常道、三达德之首，众德之本。没有仁，义礼智信勇就没有了依托，各种道德元素都丧失了根本。人类非人化、社会丛林化就是必然的结果。君不君臣不臣，父不父子不子，人不人鬼不鬼，活着也是行尸走肉。

水火有利也有害。水能载舟，亦能覆舟，载舟为利，覆舟为害；火能烧熟食物，也能夺人性命，熟物为利，夺命为害。而仁则是有百利而无一害的。仁者爱人，爱人者人恒爱之；仁者不忧不惑不惧，无入而不自得，虽蛮貊之邦行矣；君子有三乐；自天佑之，吉无不利；朝闻道，夕死可……福德不二，有德者必有其福。得乎道之谓德，这是德之大者，福报是证得常乐我净。孔颜之乐就是指此乐境，此乐无所倚，超越一切包括生死。

《中庸》中孔子说"大德五必得"，指的是三代之时。三代之后，世风浇薄，社会失常，道德与位禄名寿不易相称，有德者未必有位禄名寿，但若着眼本质和长远，道德与功利仍然是相辅相成、水涨船高的，盗贼纵得意一时，难以后续；圣贤虽有志不骋，后福绵绵。

所以，即使从功利角度看，学儒的重要性和道德必要性同样非同小可。人之生也直，罔之生也幸而免。即使在反常时代，还是要坚持正道做一个正常人。反常毕竟不合算，正常终究不吃亏。正人君子，即使置身恶制、恶法、恶社会，很多灾难也是可以避免的。有了一定的儒家修养，就不至于父子相斗、兄弟相残、朋友相害和街头相杀，不至于为了利益以命相搏。仁之利益大矣哉。

现中国流行"君子吃亏论"。因为怕吃亏，人们往往刁蛮，甚至故意喜欢摆出一副"我是流氓我怕谁"的凶样，殊不知这样恰恰最吃亏。无真智而玩小聪明，无真勇而暴虎冯河，不吃亏才怪。很多家长担心把孩子培养成君子会吃亏，是搞反了。

于难行之路、难办之事，君子才容易通行和办好。盖君子讲理，有礼，德才兼备，智勇双全，可以将很多不必要的麻烦"扼杀于摇篮之中"。君子忠信笃敬，有理有礼，人不忍欺，没必要欺；其次有智有勇，不惑不惧，人不敢欺，不容易欺也。骗子不是见谁都欺诈的，盗贼不是见谁都抢劫的，黑社会不是一上来就打打杀杀的。人有时还会被水火所害，却从来没有被仁所害的。至于杀身成仁、舍生取义，那是特殊情况，那不是死，而是永生，求仁得仁，成就大仁。

仁者寿，长寿只是仁义小小的副产品。

以儒为体，中西合璧

——儒家与自由主义关系论

一、对自由主义一定程度的认同

自由、民主、平等、人权等现代文明理念，其实本来蕴藏于儒家义理之中。只是由于历史的局限性，它们未能在古代儒家思想中得到明确和细化，更未能在政治层面落实为具体制度。古代儒家未能突破历史局限、超前发明现代制度，不难理解。在一定的历史阶段，君主制有其相当的传统合理性和民意合法性。

政治性和制度性是儒家文化的关键内容和重要内涵，是儒家外王学的着力点。外王学与自由主义有直接相通处，内圣学则与之间接相通，内圣只有通过政治道德转换为道德政治，才能接上外王。自由、民主、平等、人权等都属于道德的政治，可为新王道和新德治的初级阶段。

（一）自由

自由是自由主义的核心理念，也是儒家文化的内在精神。

在中西文化中，自由精神具体表现有异。伯林将自由分为积极自由和消极自由两种。积极自由是指人在"主动"意义上的"做"的自由，消极自由指的是"被动"意义上的"不做"的自由。"消极自由"强调的是通过制度法律的约束以防范政治权力对自由的侵犯，积极自由强调的是主体活动的主动性和自治性，是个人意志之自由。

孟家的自由精神类似于或偏向于西方哲学意义上的积极自由。盖儒家极为重视个体的作用价值和独立主动。孔子的"为仁由己""我欲仁斯仁至矣""当仁不让于师""三军可以夺帅，匹夫不可夺志也"等话语，就是倡导通过自律自修的内圣工夫体现自由精神。

孟子说"道惟在自得"，突出了自身修行的关键，又说不淫不移不屈、舍生而取义、虽千万人吾往矣等，都是要个体不屈服于强力、不屈服于庸众甚至不屈服于死亡，以追求和保持意志和道德之自由。历代儒家无不重视私欲的克制和道德的践履，重视当仁不让、见义敢为的精神发挥，以高扬良知的伟大与尊严。历代大儒都是充满意志自由和个性尊严的人。

梁启超、牟宗三等曾将儒学尤其是心学与西方自由观念联系起来，狄百瑞教授在《中国的自由传统》一书中曾就宋明理学传统来讨论中国思想史中的自由主义特质。

面对具有一定的历史合理性和传统合法性的君主专制，两千多年来，儒学内部反对专制、呼号民权的声音一直暗潮汹涌。秦汉以来，政治文明不断倒退，儒门中这种声音也越来越强烈，在明末和清末达到高潮。这种声音，明末清初以黄宗羲、顾亭林等为代表，清末以康有为、谭嗣同为代表。

在现代社会，儒家心性传统塑造的内在自由精神，本质上必然导向对专制主义的反对。这种精神与儒家追求维护群体利益、社会利益的精神相结合，必然导向对社会政治自由的追求，这是儒家内圣学说的逻辑发展之必然，也是儒家尊严意识和自由精神高涨到一定程度的必然。

高涨的尊严意识、道德意识、责任意识和使命意识，必定会在行为上体现出来，并在政治上寻找出路。一定的政治道德必然追求相应的道德政治，道德自由必然表现为对政治自由、制度文明的追求。

一旦条件成熟，内圣开出新的现代性的外王政治是顺理成章的事。即儒家的内在自由精神和外在的自由追求必然指向政治性的文明和自由。

由于重视制度建设创新的外王学郁而不张，秦汉以后的儒学传统中"消极自由"的思想资源比较缺乏，因此，在积极自由与消极自由方面，儒家与自由主义正好互相拾遗补缺。

（二）民主

儒家是否具有民主思想在学界存在很大争议，但儒家具有民本思想则为学界共识。民本与民主之间当然存在一定区别，但在原理上不存在思想隔阂和矛盾。

《尚书》中的"民为邦本，本固邦宁"，《诗经》中的"先民有言，询于刍荛"，《孟子》中有关国人曰贤方贤、国人曰可方可的言论，与主权在民思想相接近；孟子"民贵君轻"思想和对汤武革命的赞赏，荀子认为君王不尽职守不行仁义就会被取代，柳宗元的《封建论》中"君由民举"的观点，黄宗羲的《明夷待访录》中关于君臣皆为民立的思想等，都是相当成熟的社会契约论思想。

上自《周易》《尚书》、孔子、孟子，下到龚魏（龚自珍、魏源）康梁（康有为、梁启超），两千多年间，历代儒者关于民本民权的论述连篇累牍，精彩纷呈。梁启超在《古议院考》中指出：

> 《礼记》中讲的"民之所好好之，民之所恶恶之"、《孟子》里说的"国人皆曰贤，然后察之，国人皆曰不可，然后察之"，就是议院的思想基础。"《洪范》之卿士，《孟子》之诸大夫，上议院也；《洪范》之庶人，《孟子》之国人，下议院也"，就是议院制度的雏形。

儒家最高社会理想是"天下为公"的大同，这一理想与现代民主并不相同，但本质一致，血脉相通。可以说，天下为公理想在西方国家已得到局部和初步的实现。民主选举为"天下为公，选贤与能"提供了制度保障，健全的福利制度保证了"老有所终，壮有所用，幼有所长，鳏寡孤独废疾者皆有所养"的落实，博爱精神支配着人们的思想和行为，维系着讲信修睦的人际关系，整个社会互助互济、扶弱救贫、和睦相处。

儒家外王学说与民主政治气息相通。内圣是道德理想，外王是政治正义。圣者尽伦，王者尽制，伦为伦理，制为制度。孔子极称尧舜盛德，寄托其王道理想于尧舜禅让。孔子周游列国推销仁义失败而归，晚年所作《春秋》为外王思想的集中体现。

公羊学是儒学中最具外向性和制度性的学说。公羊学家对《春秋经》的解析未必没有穿凿附会的地方，不一定都是孔子本意，但基本不违儒学原则。董仲舒是公羊学大师，故公羊学在汉代盛极一时，汉朝文物典章制度亦为有史以来最为完备，多为后世王朝所袭用。遗憾的是汉以后公羊学便渐趋衰微，直到清末廖平、皮锡瑞、康有为诸君手中，才又兴旺一时。

要深入理解王道，先要对王字有所理解。许慎在《说文解字》中关于王的解释是"一贯三为王"，董仲舒说："古之选文者，三画而连贯其中谓之王。三者，天地人也，而参通者王也。"王，还有天下归往之意，也是对民意合法性的强调。

公羊学讲"王道通三"，"王三重"。王道通三，通天通地通人，象征着王道政治的三重合法性，民意合法性又最为基础。没有民意价值做基础，传统价值和天道价值就无所依托而成了空中楼阁。

牟宗三说过，君主政治有治道而无政道，政道未能依"天下为公"的儒家最高义理而建，在历史上，尽管儒家不断强调，由于缺乏制度保障，其民本主义和对民意合法性的强调毕竟有虚置架空之嫌。

（三）平等

儒家的平等观筑基于独特的心性论。人人皆有良知，人人良知平等，人人皆可以为圣贤，此乃儒家平等观的形而上学基础。西人说，上帝面前人人平等，并以此作为西方平等观的最高来源；东海曰，良知面前人人平等，并以此作为东方平等观的终极依据。

这里的良知，指的是本心本性，于人身为本心，于生命为本性，于宇宙天为本体。作为"本来面目"而人人皆具的良知，是天赋于人并内在于人的，不像西人所谓的上帝那样超然独立于天地万物之外。

熊十力在《新唯识论》中依据体用不二的本体论，直接推论出平等准则。万物同源，万物一体，意谓万物从一体派生且分享本体之全，故平等是先天规定了的准则，是人类社会最恰当的伦理关系。

人人平等是儒家最高的社会理想。《大学》中"平天下"和《春秋》的"太平世"的"平"字，值得深长思之。外王学追求的是"范围天地之化而不过，曲成万物而不遗"的境界，自利利人，自成成人，利人利物，成人成物，尽人之性，尽物之性，就是曲成万物。

"曲成者，乘变以应物，不系一方者也，则物宜得矣。"（《系辞上注》）在成就他人、成就众人乃至万物的时候，不能强力而为，否则就不是"曲成"。"乘变以应物"体现了变的易理，同时"曲成"和"物宜"思想要求尊重人与物的个性，让万物各得其宜，也体现了某种平等精神。

儒家平等观旁通于道家平等观。道家主张"物固有所可"的差异性平等和"人相忘乎道术"的自由性平等，同时其平等观以"以道观物"为认识根据，是宇宙范围的大平等观。《庄子·秋水》说："以道观之，物无贵贱。""无贵贱"意味没有价值意义上的高低差别，明确表述了万物平等。在《庄子·马蹄》描述的道家理想社会"至德之世"中，"同与禽兽居，族与万物并"，不仅人与人之间完全平等，人与动物、人与万物也平等相处。

其次，儒家平等观旁通于佛教平等观。平等为佛教要义，佛教是平等的宗教，佛教认为众生平等，诸法平等，心佛众生三无差别，秉持一种最广大全面的平等观。吕澂说："平等者为一切佛法之根本，一切学行简言之，致平等而已矣。"

物原出平等，人自分品差。人人平等，是就形而上的"性与天道"而言，并不代表智力、能力、道德、文化等方面的平等，更不指向结果的平等。

儒家追求的是人格——人作为权利和义务主体的资格的平等，是权利、机会、尊严的平等。在现代社会，这种平等必须落实到法律面前人人平等的原则中去，落实到公民的社会、经济、文化、政治权利平等的原则中去。

分权制衡、立法民主、司法独立、公器公用、人权保障、公职选举、言论信仰结社集会自由、推广公民教育、保护私有财产等现代文明，儒家在原则上不仅认可之，而且追求之。至于何时落实如何落实，如何体现中华特色等问题，可以另议，具体的制度设置也有待各界共商。

二、自由主义的不足

孟子曰："人有恒言,皆曰天下国家。天下之本在国,国之本在家,家之本在身。"可以补充二句：身之本在心，心之本在仁。仁，于天为本体，于人为本性，乃是天下国家及人身的根本。对此，自由主义缺乏必要的认知。

自由主义解决的是政治社会层面的问题，范围上只相当于儒家外王学的一个分支——这么说也是方便而言。盖外王必须接受内圣的指导，脱离内圣谈论和追求外王，就会偏离正道沦为异端。对于儒学来说，自由主义尽管良性，属于异端。

自由主义不识人的本性，对人性的对认识甚为肤浅，只知人身之小，不识"法身"之大，其思想体系的偏浅和道德资源的不足是显而易见的，以中华文化的眼光看，属于无本之学。正如东海《荀子论蔽、荀子之蔽及其他》一文所指出：

> 自由主义比较文明，有一定的真理性，却也有蔽，蔽于习而不知本，虽然了解重视人的习性，但为习性所蔽，不识本性；或叫蔽于人而不知天（人，人欲；天，天性），蔽于欲而不知德，尊重人的欲望但不悟良知之奥。

自由主义固然有助于道德的提升，但这种"助"是通过制度建设和底线设置间接完成的。它对于个体的道德人格建设缺乏主动、积极、全面的追求，其"信仰者"很容易从个人主义滑向利益主义、利己主义。

致力于思想启蒙和民主追求无疑是值得敬佩的，但是，由于上述原因，自由主义者在开展思想启蒙和民主追求时，往往启之无道，求之乏力。所谓求之乏力，指的是自由主义者对于民主追求缺乏道德内力，难以超越功利，患得患失，或者形成利益小圈子。在缺乏功利刺激的情况下，容易产生旁观者心态。

所谓启之无道，指的是自由主义者启蒙民众的方式方法和思想深度都有问题。例如，恶意贬斥、盲目反对中华文化，本身就是一种愚昧，断绝了民主的本土文化之根。作为启蒙主体的中国自由群体本身仍有待于文化道德启蒙。

制度改革是一种特殊的公益事业，需要相当强烈的利他、奉献、牺牲精神，不能理解和证悟"天地万物一体之仁"、不能认识生命本质者，必然精神不足。王阳明在《大学问》中写道：

> 大人者，以天地万物为一体者也。其视天下犹一家，中国犹一

人焉。若夫间形骸而分尔我者，小人矣。(《大学问》

儒家亲亲仁民爱物的根、救世利他精神的根就扎在这里。"以天地万物为一体"，想不爱人利他都不可能。以王阳明这一标准衡量，世人大多属于"人之小者"，自由群体也不例外。

这么说并非否认自由主义，相反，我们认为相比其他主义来，自由主义无疑具有相当的文明性、先进性，特别值得儒家汲精取华。

多位自由主义名家表示特别厌恶儒家"为天地立心，为生民立命，为往圣继绝学，为万世开太平"之类狂言妄语中体现的道德傲慢。这种"表示"和"厌恶"，透露的恰是他们自身的文化肤浅和道德傲慢。仁性即天地之心，生民之命，仁学即往圣绝学，仁性贯彻到政治，良知落实为良制，自足以为万世开太平。"四为"方针充分体现了儒家崇高的道德境界和政治理想。

其实，民主追求也不失为一种"为生民立命""为万世开太平"的努力，只是单纯的民主制所能达到的境界大有局限，最多只能算是王道政治的初级阶段。自由主义不识本心，不知天命，其努力的效果终究有限。儒家的道路和方向，才是社会发展、文明进步的最佳道路和方向。

《论语》：仁学纲要^①

一、从文天祥绝笔说起

南宋末年，文天祥抗击元兵，兵败被俘，拒降不屈，殉难于燕京，就义前留下绝笔：

孔曰成仁，孟曰取义，惟其义尽，所以仁至。读圣贤书，所学何事，而今而后，庶几无愧。

成仁取义，是杀身成仁、舍生取义的缩略。"杀身成仁"语出《论语·卫灵公》："子曰：志士仁人，无求生以害仁，有杀身以成仁。"孔子说："志士仁人，没有求生而损害仁，只有杀身来成就仁。"

孔子一般不鼓励你死我活的抗争和奋不顾身的牺牲，认为天下无道之时，君子退而保身、守死善道是最佳选择。所以主张"邦无道，危行言孙"，"无道则隐"，并说"宁武子，邦有道则知，邦无道则愚。其知可及也，其愚不可及也"（《论语·公冶长》），称赞蘧伯玉"邦无道则卷而怀之"的智慧。

但孔子并非主张苟且偷生。如果求生可以更好地成德传道，当

---

① 本节为《论语点睛》自序《学儒乃大丈夫事》摘要。

然要求生；如果求生有害于仁，那么，志士仁人就应该选择杀身成仁。

"志""智"二字古时可通用，俞氏《群经平议》引《礼记·缁衣》《列子·汤问》有关"志"字各注，都当"知"或"智"字解。可见，杀身成仁，在儒家不仅是大勇，也是大智。孟子说："可以死，可以不死，死伤勇。"什么时候可以死，选择正确的死法，是需要相当的智慧。

另外，某些古注对"杀身成仁"做广义解释，认为禹王胼胝治水、诸葛亮鞠躬尽瘁死而后已、五十四岁即死军中等，都属于杀身成仁。

仁，是人之本性，具有先天性和超越性，是生命存在的原因和源头。朱熹说："仁者，天地生物之心，而人得以生者，所谓元者善之长也。"（《中庸章句》）南轩说："夫仁者，人之所以生者也。"（《论语解》）这些都是从形而上角度释仁。

仁是先天与后天、超越与内在、形上与形下的圆满统一，体用不二，天人合一。就人类而言，本性为天，肉体身和意识心为人，天人合一。孟子对此理解透彻。他说："仁也者，人也；合而言之，道也。"人与仁互为表里，人是仁的作用，仁是人的本质。仁，形而下为人，形而上为天，二者合而为道。

"形色，天性也""万物皆备于我"，表达的都是这个意思。宇宙生命系统是全息的，仁性不仅"全息"着人间一切事物、而且"全息"着宇宙万物，"范围天地之化而不过，曲成万物而不遗"。"万物皆备于我"，实质上是万物皆备于仁性。

由于天人不二，现象生命（肉体和意识）是本质生命（仁性）的显化，所以一般情况下保身就是保仁，求生也是求仁。不过，天人不二而又有别，在特殊情况下，保身与卫道也会产生不可调和的矛盾，那么，杀身以成仁就成了儒者最好的选择。

孔曰成仁，这个仁字，是儒学的最高原则。儒家称仁义礼智信为五常道，五大道德元素相辅相成，最后归结于仁，即义礼智信四德都必须服从于仁。儒学，可以称为仁本主义学说，简称仁学。仁也是《论语》的核心义理。

二、再说仁

《论语》以仁为核心展开。仁字在《论语》中出现 109 次之多。

仁，于天则"天行健"，于人则"性本善"，于个体为内圣修养，于社会为外王实践。仁即《易经》之乾元，《大学》之明德，《中庸》之诚，程朱之天理，阳明之良知，佛家称之为真如、如来藏，禅家称之为本来面目。不同圣贤和派别理解或有差异，所指的则是同样的"东西"。

仁，即体即用，全体大用，体用不二。"天地万物一体之仁"之语，不仅将社会与个体、政治与道德打成一片，而且将人与天、器与道、现象与本质、有限与无限、形下与形上、此岸与彼岸通而为一，真可谓极高明而道中庸，极广大而尽精微。

《论语》说仁，皆就作用和表现而言，不及仁之体即"性与天道"，但又句句处处不离"性与天道"。说深，境界广大，意蕴精微，妙哉圣言；说浅，妇孺皆懂，天下普适，大哉《论语》。

"克己复礼""非礼勿视，非礼勿听，非礼勿言，非礼勿动""仁者，其言也讱""出门如见大宾，使民如承大祭。己所不欲，勿施于人。在邦无怨，在家无怨"说的都是仁在不同领域、不同层面的作用和表现。下面挑选《论语》部分论仁的章节予以阐解。

有子曰："孝悌也者，其为仁之本与？"（《论语·学而》）

有子认为，孝悌是仁的根本性要求。

孔子以仁为本，为儒家最高原则和核心道德，也是孝悌的根本。孝悌则是仁的表现。有子之言与孔子有所不同，但不违孔学，因为范畴不同。有子的意思是说，孝悌是仁的基础性表现，不孝不悌，仁就被架空了，空洞化了。

东海多次强调，仁是万德之本。有人抬出《论语》中"孝悌也者，其为仁之本与"为据，认为孝悌比仁更重要。他不知道，有子所说的"本"与东海所说的"本"不是一个层面的。从根本上说，"仁为孝悌之本"，即仁德是孝悌的内在依据，不仁就不可能有真孝悌。

另外，儒家爱有差等而无局限，"亲亲仁民爱物"。孝悌尽管重要，仅属"亲亲"范围，儒者还有文化社会责任要"尽"。《荀子·子道》以入孝出悌为仁之小行，道理就在这里。各种责任如何平衡，在它们产生冲突时如何做出合适均衡的选择，是对德智的一大考验。

子贡曰："如有博施于民而能济众，何如？可谓仁乎？"子曰："何事于仁！必也圣乎！尧舜其犹病诸！夫仁者，己欲立而立人，己欲达而达人。能近取譬，可谓仁之方也已。"(《论语·雍也》)

子贡说："如果有人广泛施惠于民，能周济众人，怎么样？可以称为仁者吗？"孔子说："何止是仁者，那必定是圣王了！尧舜还怕有所不足呢。那仁者，自己想要成就就会帮助他人成就，自己想要通达就会帮助他人通达。凡事都能推己及人，可以说是践行仁的方法吧。"

何事于仁，何止是仁。事是"止"的假借字事。据学者王力《上古韵部及常用字归部表》考证，"事"与"止"上古音皆入"之"部。一说，何事于仁当解为：怎样才能做到仁。病，忧虑，犯难，有所不足。《广雅释诂》："病，犹难也。"

能近取譬，能就自身打比方，推己及人，近指切近的生活，自身。

"何事于仁，必也圣乎"，孔子此言不是说博施济众非仁，而是指其事非仅仁者所可能，仁者无位，不能博施济众，这只有得位的圣人才有可能。此处圣字作有德有位言，相当于圣王。但就算是尧舜那样德位双全的圣王，要博施济众，也可能会感到力不足。博施济众事无限量，只能尽力而为。

"己欲达而达人"的"达"，意谓通达道理和道德。《广雅释诂》："达，通也。"《抱朴子外篇·刺骄》称："夫古人所谓通达者，谓通于道德、达于仁义耳。"《论语·雍也》孔子称"赐也达""己欲达而达人"，《宪问》篇"君子上达""下学而上达"，《子路》篇"《诗》三百，授之以政，不达"，《孟子·尽心》篇"不成章不达"，《春秋左传·宣公四年》"仁而不武，无能达也"等，其中的"达"，皆做如是解。

《左传·昭公七年》孟僖子曰："吾闻将有达者曰孔某，圣人之后也，臧孙纥有言曰：对人有明德者，若不当世，其后必有达人。今将在孔某乎？"达人这个概念出于此。此时孔子年三十五岁，被孟僖子称为达人。儒家穷达自有标准。《大戴礼记》记载：

> 弟子问于曾子曰：夫士何如则可以为达矣？曾子曰：不能则学，疑则问，欲行则比贤；虽有险道，循行达矣。今之弟子，病下人，不知事贤，耻不知而又不问，欲作则其知不足，是以惑暗。惑暗终其世而已矣，是谓穷民也。

"不能则学，疑则问，欲行则比贤"等，是一般性的达，上达天道则是最高级别的达，是达的高境界，圣人是最大的达人。

> 樊迟问仁，子曰："爱人。"问知，子曰："知人。"（《孔子·颜渊》）

仁爱有各种层次，如家庭之爱、朋友之爱、民胞之爱及自然万物之爱。仁爱有各种表现方式，礼是体现仁爱的最重要的政治形式。

孟子说达则兼爱天下，仁者达了，有了地位和机会，就应该将仁爱落实到政治和制度中去。

爱要有根，仁为爱之根，唯仁者才能爱人，包括利人、立人和达人。仁者爱人，就是道德上的仁本位和政治上的人本位。仁者爱人，以人为本，进而爱家、爱国、爱社会。

仁者爱人，包括所有的人。仁爱君子理所当然，仁爱小人乃至恶人，启其愚蒙，开其智慧，化之以文，导之以德，也是仁者份所当为。儒家深深知道，无论恶习如何深重，任何人的本心都是天之所命，与圣贤同等珍贵和庄严。唤醒和觉悟他们，是先知先觉者和良知之士的责任。

子夏曰："博学而笃志，切问而近思，仁在其中矣。"（《论语·子张》）

子夏说："广泛学习，坚定志向，切实提问，就所学多思考，仁就在其中了。"子夏认为，能够做到博学笃志切问近思，就可以成就仁德了。《中庸》说："博学之，审问之，慎思之，明辨之，笃行之。"与本章近义，可以参看。

本章点明了知识、立志、学问、思考与道德的关系。知识的积累、立志的坚定、学问的切磋、思考的深入，相辅相成，循序渐进，是抵达最高道德的桥梁。有德而无知无智，德也高不到哪里去。仁者必须是博学审问、慎思明辨的人。

非学无以明道，无以解悟仁道的奥秘。《雍也》说："君子博学于文。"好学、博学是必须的。《劝学》是《荀子》一书的首篇，全面阐述了学习的重要性和关键性，较系统地论述了学习的理论和方法。《劝学》开宗明义："君子曰：学不可以已。"

专心致志即专心致志，志向坚定。孔子说："可与共学，未可与适道，未可与立。"所以博学必继之以笃志，才可以适道，才有望与立。诸葛亮《诫子书》说："非学无以广才，非志无以成学。"只有好学和立志，才能博学而笃志。

一些古注解志为"识"，笃志为厚记、强记之义，也通，但不中肯。这里的笃志，应与《中庸》的笃行相近，都不属于知识范畴。笃行侧重于行为，指实践之深入；笃志侧重于意志，指立志之坚定。朱熹说："君子不学，则夺于外诱而志不笃。"志不笃，即意志、立场不坚定。

切问的切，或谓切身、切近义。邢昺疏："切问者，亲切问于已所学未悟之事，不泛滥问之也。"或谓恳切义。刘开《论语补注》："盖所谓切问者，乃切切偲偲之切，谓恳到也。审问致详，反复就正，极其周密恳到，而不敢以率意出之，故谓之切问。"其实两义可以相通。切问既不是泛泛的咨询，也不是虚虚的请教。

颜渊问仁。子曰："克己复礼为仁，一日克己复礼，天下归仁焉。为仁由己，而由人乎哉？"颜渊曰："请问其目。"子曰："非礼勿视，非礼勿听，非礼勿言，非礼勿动。"颜渊曰："回虽不敏，请事斯语矣。"（《论语·颜渊》）

颜渊问仁。孔子说："约束自己、恢复礼乐就是仁。有一天能够约束自己恢复礼乐，天下就回归仁道了。践行仁道依靠自己，哪能依靠别人呢？"颜渊说："请问践行仁道的条目。"孔子说："不合礼的不看，不合礼的不听，不合礼的不说，不合礼的不做。"颜渊说："我虽不聪敏，请让我按照这个话去做吧。"

或问："孔子说：一日克己复礼，天下归仁焉。这也说得太玄乎了。克己复礼有那么大的神通吗，你一克己复礼，天下就纷纷归仁了。如果这么简单，咱请一个大儒来克一下己、行一下礼，天下就太平了，岂不是好。"

儒家极高明而道中庸，何至于这么幼稚儿戏又玄乎搞怪。礼，是各种文物典章制度的总称，统括政治社会道德规范，包括祭祀、军旅、冠婚、丧葬、朝聘、会盟等方面的仪式。克己是内圣学，复礼是外王学，恢复礼乐制度，重建王道政治。孔子这句话集内圣外王之全，是儒家文化的总括和纲要。如果文化人、政治家能够严格要求和约束自己，努力恢复礼乐制度，就有希望天下重归仁道，再获升平。

周礼是小康之礼的最高。在大道不行、大同渺茫的时代，小康不失为一种比较现实而值得追求的社会理想，故孔子对周礼颇崇尚，在《论语》中多次谈到。《八佾》："子曰：周监于二代，郁郁乎文哉，吾从周。"《泰伯》："周之德，其可谓至德也。"《阳货》："如有用我者，吾其为东周乎！"《述而》："甚矣！吾衰也！久矣，吾不复梦见周公。"

克己是道德修养，复礼是政治实践，克己是独善其身，复礼是兼善天下；克己是为了成己之性，成就自己的仁德，复礼是为了成人之性曲成万物，仁及天下国家。克己是复礼的内在基础，复礼是克己的外王实践。克己可以为复礼提供道德力量，复礼的努力可以让克己更加到位。

克己复礼一体同仁，而克己是更加根本性的，是外王的基础，仁道的根本。复礼有待于一定的外在条件，克己则无所倚，一切全靠自己，所以孔子接着强调"为仁由己"。

礼虽属于外王范畴，也是内圣追求的重要条目和辅助工具，具有约束自己的功能，所谓"博学于文，约之以礼"。所以，接下去孔子告颜渊以"四勿"（非礼勿视等）。"四勿"属于克己工夫。

仲弓问仁。子曰："出门如见大宾，使民如承大祭。己所不欲，

勿施于人。在邦无怨,在家无怨。"仲弓曰:"雍虽不敏,请事斯语矣。"(《论语·颜渊》)

仲弓问仁。孔子说:"出门如同接待贵宾,差遣国民如同承当重大祭祀。自己不愿意接受的,也不会施加给别人。在邦国没有怨,在家族没有怨。"仲弓说:"我虽不聪敏,请让我按照您的话去做吧。"

仲弓,冉雍,字仲弓。颜渊、仲弓同样问仁,孔子回答颜渊时目光是天下,回答仲弓时指向的是家邦,可见他们的造诣和境界有所不同,孔子对他们的期望也有所不同。

"己所不欲,勿施于人"体现的是恕道,是儒家处理人际关系及政治关系的重要原则。仁,积极方面表现为立人达人,消极方面表现为推己及人,恕人。恕,如心也,可以概括为四个字:将心比心。

注意,己所不欲,勿施于人,不能反向推出"己所欲,施于人"——那也是违反恕道的。最好的东西也不能凭权势和暴力强加于人,你以为好的东西别人不一定喜欢。真理不能强加,服务不能强行,道援不能强施,都要征求他人的意见。

《大学》说:"所恶于上毋以使下,所恶于下毋以事上;所恶于前毋以先后,所恶于后毋以从前;所恶于右毋以交于左,所恶于左毋以交于右,此之谓絜矩之道。"这也是恕的表现。

政治更要讲恕道。孟子说:"得天下有道:得其民,斯得天下矣。得其民有道:得其心,斯得民矣。得其心有道:所欲,与之聚之;所恶,勿施尔也。"(《孟子·离娄上》)又说:"古之人所以大过人者,无他焉,善推其所为而已矣。"(《孟子·梁惠王上》)"所欲与之聚之",即是"推其所欲以及于人",忠德也;"所恶,勿施尔也",即是"推其所不欲而勿施于人",恕道也。

韩婴说:《韩诗外传》卷三云:"昔者不出户而知天下,不窥牖而见天道,非目能视乎千里之前,非耳能闻乎千里之外,以己之情量之也。己恶饥寒焉，则知天下之欲衣食也；己恶劳苦焉，则知天下之欲富足也。知此三者，圣王之所以不降席而匡天下。故君子之道，忠恕而已矣。"

同时，最好的道路也要有民意的合法性，即尊重民意，取得国民的基本认可和一定授权。国民普遍欢迎，应该当仁不让，否则就应独善其身，尽我所能地说法传道，以培养人才、启迪民智为己任。

恕道强调尊重他人的自由和权利，强调宽容。然复须知，恕道不是无条件的，它以中道为基础，与"以直报怨"和"大复仇"的义理并列。若连灭国杀父大仇也宽容之、饶恕之，放弃理所当然和天下公认的赔偿，甚至亲人和国民尸骨未寒便急着向宿敌示好，那可与恕道毫不相干。

仁必有恕，不仁必无恕，恶人恶势力不可能讲恕道。所以恶发展到极致，不仅会将善良逼得走投无路，恶与恶之间也会自相残杀。这也是"恶必败"定律的要因之一。古今中外恶人之间、恶势力内部，从来是相互利用的关系，没有真正的宽容团结可言。

司马牛问仁。子曰："仁者其言也讱。"曰："其言也讱，斯谓之仁已乎？"子曰："为之难，言之得无讱乎？"（《论语·颜渊》）

司马牛问仁。孔子说："仁人说话特慎重。"（司马牛）说："说话特慎重，这就叫作仁了吗？"孔子说："事做起来难，说起来能不慎重吗？"

司马牛，姓司马名耕，一名犁，字子牛，宋国大夫桓魋（tuí）的弟弟，孔子弟子。讱（rèn），言语钝讷，引申为说话慎重。《论语集注》："讱，忍也，难也。仁者心存而不放，故其言若有所忍而不易发，盖其德之一端也。"

"其言也讱"就是讷于言。孔子说："君子欲讷于言而敏于行。"

(《里仁》)又说:"庸德之行,庸言之谨,有所不足,不敢不勉,有余,不敢尽。言顾行,行顾言,君子胡不慥慥尔。"(《中庸》)这也是切言的表现。

切言与辩才不矛盾。如果借孔子之言批评好辩善辩的孟子其言不切,就缠夹了。仁者既慎于言,深思熟虑,言不妄发;又勇于言,摧邪显正,弘传真理。在此基础上尽量善于言。

《史记·仲尼弟子列传》说司马牛"多言而躁",可见孔子这一段话具有针对性。朱熹说:"夫子以牛多言而躁,故告之以此。使其于此而谨之,则所以为仁之方,不外是矣。牛意仁道至大,不但如夫子之所言,故夫子又告之以此。盖心常存,故事不苟,事不苟,故其言自有不得而易者,非强闭之而不出也。"(《论语集注》)

东海有联自勉曰:君子于言无所苟,大人处世要全真。

子罕言利,与命与仁。(《子罕》)

孔子很少谈论利益,肯定天命,肯定仁道。

仁是人之本性,是天之所命。命与仁是一而二、二而一的,角度不同而已。《论语》言仁最多,但都是具体而言,对于仁的形而上层面"性与天道"则确实罕言之,弟子们也罕闻之。或者说,孔子是通过伦理、道德、政治、文化等具体问题的阐述间接地指示通往"性与天道"的路径,所谓下学上达。这方面老子累言之,释尊极言之,佛教千经万论,所言无非都是这个。这是儒释道三家的重大不同点。

"罕言利"是儒家共同特点。孟子谒见梁惠王时也说过:"何必曰利?亦有仁义而已矣。"这不是反对和否定利益,而是要以仁义道德来统率、指导利益追求。公众利益、社会利益、天下国家的利益,都已涵于仁义之中。

儒家强调义利之辨,在言利的时候,必将道德放在第一位。《大禹谟》说："正德利用厚生惟和"，正德是第一位的。"孔子言义，不多言利，故云子罕言利。若言利则必与命并言之，与仁并言之。"（《论语补疏》）

荀子说："义胜利者为治世，利克义者为乱世。上重义则义克利，上重利则利克义。"（《荀子·大略》）"义胜利"是道义占上风，利益居下位，是治世的特征；"利克义"是利益第一位，道义靠边站，是乱世的共性。领导层重视利益，利益就胜过道义；领导层重视道义，道义就胜过利益。这与孔子"德风德草"章同义。

关于义利，董仲舒有一句名言："正其义不谋其利，明其道不计其功。"东海曾拟改之为：先正其义再谋其利，先明其道后计其功。其实没有必要，因为儒家讲道义，并非排斥利益和事功，而是见利思义，以义导利，道明义正，利功自在其中矣。

董仲舒在《春秋繁露》多次言及义利之辨，如："正也者，正于天之为人性命也。天之为人性命，使行仁义而羞可耻。非若鸟兽然，苟为生，苟为利而已。"（《竹林》）仁义之性即人的天命之性，即天性，是人之为人的本质所在。正其义，就是"正于天之为人性命也"，就是《大禹谟》所说的"正德"，否则就像禽兽，只为活着而活着，只为利益而活着。

人之仁性，天之所命，命与仁，是一而二、二而一的，角度不同而已。对于性与命，孔子罕言，老子累言，释尊则极言之，佛教千经万论，所言无非都是这个。这是儒佛道三家的重要不同点。

三、君子之学

《论语》是君子之学。"君子"一词在书中共出现 107 次，这些言论涉及君子人格的界定、培养、表现及与小人的差别等。《论语》中的君子，偶尔以位论，主要以德论。"君子怀德"，德是君子的主要特征。

"文质彬彬，然后君子""君子坦荡荡""不重则不威""敬而无失""泰而不骄""望之俨然，即之也温，听其言也厉""正其衣冠，尊其瞻视"，这些是君子的精神风貌；"博学于文，约之以礼""就有道而正焉""无友不如己者,过则勿惮改""内省不疚""君子求诸己""君子之过也，如日月之食"，这些是君子的修养方法。

论言行关系，君子言行一致，并特别重视践履工夫，"敏于事而慎于言""讷于言而敏于行""耻其言而过其行"；论义利关系，君子先义后利，道义挂帅，"君子义以为上""君子喻于义，小人喻于利"；论人际关系，君子讲究恕道，追求和谐，"己所不欲，勿施于人""己欲立而立人，己欲达而达人""成人之美，不成人之恶""人不知而不愠""周而不比""和而不同""矜而不争，群而不党"。

君子在注重自立自达、尽己之性的同时，强调立人达人、尽人之性和尽物之性。对君子来说，格致诚正修齐治平，都是明明德、致良知的方式和渠道。换言之，一切科学实践、道德实践和政治社会实践，都是对仁的践履和成仁的途径。

君子除了文化责任，还要主动担起家庭、社会责任及政治责任等，亲亲仁民爱物，仁爱无止无涯，境界无限广大。"入则孝，出则悌"是亲亲；"谨而信，泛爱众"和"亲民""齐家治国平天下"是仁民。

子路问君子。子曰：修己以敬。曰：如斯而已乎？曰：修己以安人。曰：如斯而已乎？曰：修己以安百姓。修己以安百姓，尧舜其犹病诸？"（《宪问》）

修己的境界做到最好，就是内圣，安人的事业做到最好，就是外王。安百姓是安人的极至，连尧舜都未必做得很好。本章是孔子对儒家理想的概括。子路说"如斯而已乎"，看得简单了，所以孔子提醒他：要真正把"修己以安人"工作做好、做圆满，可不容易，尧舜其犹病诸！

修己安人，一体两面，修己是安人的内在基础，安人是修己的外在表现，修己又是更为根本的，没有不修己而能安人的。人能不能安，有没有大范围安人的机会，不完全取决于自己，能不能修己则完全在于自己。

儒学是经世致用的入世之学，需要实践和担当。修身要身体力行，从事上和具体的人生社会政治实践中去修。王阳明说："人须在事上磨，方立得住，方能静亦定，动亦定。"道德需要立功立言去彰明，内圣应以外王追求去体现，道德学养必须落实到各种实践中去，才能功德圆满。儒者是不能逃避文化重光、道德重建、制度重造等一系列责任的。孔子一生奔波列国，屡屡逢凶遇难，所为何来？明乎此，才能理解孔子、理解儒家。

圣德无极限，王道无极限，都是无限上升的过程。如果自以为德性已圆不必修养，或者说治道已足不再努力，那绝不是圣者和王者。

以直置诸枉，能使枉者直；草上之风必偃。小人居上位，君子会"无道则隐"，小人会进一步恶化。若绝大多数官员都是贪官恶吏，体制无疑逆淘汰，领导无疑非君子。相反，君子居上位，下面小人也会君子化，政治和社会将逐步文明化。另外，君子在位，见到制度落后政治无明，必会积极主动想方设法地改良之。

社会恶化"非一朝一夕之故"，是渐变而成的。要改良社会，必须从根本上下手。这个根本，就是《论语》的核心宗旨：人格塑造和道德建设，尤其是政治道德的建设——这是道德政治的前提和制度文明的基础。

子曰："君子上达，小人下达。"小人唯器，舍本逐末，所以成就也小；君子不器，追求根本，所以成就必大。因此，小人渐流而下，只求下达于器；君子渐进而上，直到上达于道。注意，君子不反对逐末，只反对舍本。

下学上达，就是实事求是。实事求是，通过现象认识本质，通过实践寻求真理。一切科学政治实践都统于道德实践，都属于实事求是。极而言之，宇宙万物包括人的肉体意识都属现象，道体即良知本性、乾元本体则是本质，是最高真理。

君子并非儒家最高境界。君子有了上达的基础和追求，但还处于"上达"的初始阶段，相当于"而立"。后面的路还长着呢。

子曰："吾十有五而志于学，三十而立，四十而不惑，五十而知天命，六十而耳顺，七十而从心所欲不逾矩。"（《为政》）

本章是孔子自述一生的进学次第、心路历程、道德轨迹和修养境界。明儒顾宪成《讲义》说："这章书是夫子一生年谱，亦是千古作圣妙诀。"顾氏以为，孔子自十五志于学，至四十而不惑，是修境（修养的过程和境界），五十知天命，是悟境（觉悟的境界），六十耳顺至七十从心，是证境（证悟的境界）。此说大有道理。

十五岁开始专心求学，三十岁学有根柢。"而立"立个什么？立人格，立志。志者，士心也。那可不是现代人所"立"的小人之心、名利之心、富贵享乐之心、称"王"称霸之心，也不仅仅是"年十五而志于学"的求学之心。那是向道之心，行仁取义之心。

夫子曰："可与立，未可与权。"三十而立，能够"守经"了，尚不能"达权"。

四十而不惑，成为一个智者了，遇事可以行权了，无可无不可。不惑，是指一切不惑，如有择法之眼，不惑于异端外道；有知人之明，不惑于小人奸徒；看问题能看本质，不惑于各种表面现象。严辨义利、是非、正邪、善恶、人禽之别，辩才无碍，都是"不惑"中应有之义。

五十而知天命。天命，天之所命，指本心本性。孔子五十学《易》，乃知天命。知天命，是觉知"天命之谓性"之理，离"率性之谓道"的境界仍有距离，人生习气改变和消除起来不容易，须逐渐完成。

六十而耳顺，证道了，一切逆耳之言无不乐闻，所谓"谤誉皆可乐"也。或者说，再没有什么言语会逆耳，会让自己不高兴。

耳顺，也可以解释为：顺从良知（天命）。五十知天命，六十顺天命，又进一步了。《系辞传》："易曰：自天佑之，吉无不利。子曰：佑者助也。天之所助者，顺也。"这里的"顺"有顺天之意。

七十而从心所欲不逾矩，顺心率性而为，无不合乎法度，起心动念，都在"道"上。这是孔子自我完善的最高境界，身与道俱，圣人境界。也可以说，这是儒家的即身成道。

世人的心性大都受环境影响，被物欲污染，遭恶念所遮，被妄念所蔽，所谓从心所欲，从的不是真正的本心而是习心，所谓率性而为，率的不是纯粹的自性而是习性。职是之故，一般世俗之人哪有资格讲什么从心所欲率性而行？便是英雄豪士，心性不纯，一旦随心率性，难免逾矩悖道。

从心所欲不逾矩，这是孔子经过志学、而立、不惑、知天命、耳顺等阶段和状态之后，直到七十岁才达到的境界。到了这样的境界，人的心理已从必然王国臻于自由王国，人的生命已与整个宇宙秩序合而为一，即自我生命价值和自然宇宙价值的融合统一。

儒家内圣之学是一种"为己""返己"之学，返到粹然至善的良能良知之心，从心所欲，自然一切不逾矩；返到毫无渣滓的本然至善之性，率性而行，自然一切合乎道。七十而从心所欲不逾矩，这句话也从另一个角度说明了法律和制度的重要性。孔子尚且要到七十才能进入从心所欲不逾矩之境，一般人终身难以抵达，如果缺乏良法良制的约束，有机会从心所欲，必然逾越各种"规矩"。

有人问过我一个非常利益主义的问题：做小人有利可图，做君子有什么好处？我的回答是：《易经》早就指出，义者利之和。道德是根本性、综合性的利益。君子，就是义人、道德的人。君子坦荡荡，无愧无忧，身心和谐，这是"小好"；成贤成圣，则是大好，如孔子，君子之大者，一生逢凶化吉，遇难呈祥，望重寿高，德泽绵长，岂不美哉，人生的成功、幸福和辉煌，莫大于此。

小人都是利益主义者。利益一旦主义化，必然违背道义，也会伤害利益。一切围绕利益转，唯利是图取之无道，似乎聪明其实愚昧。只顾眼前利益不顾长远利益，只知表层利益不知根本利益，害人，最后会害了自己，或因小失大，或为利丢命。古今多少小人为财富为特权（特殊利益）弄得身败名裂或家破人亡，何利之有，何乐之有？

在当下社会环境中，《论语》具有特别重大的意义和价值。作为提升道德修养、培养正人君子的人格主义圣典，《论语》正是泛滥成灾的物质主义、利益主义和享乐主义的对症之药，可以为现中国社会道德、政治道德的重建添砖加瓦，为制度转型和政治文明提供内在驱动力。

四、知命之学

《论语》始于对学习的重视，终于对知命的强调，"不知命，无以为君子也"。

学者觉也，学习的根本目的，是为了觉悟天命。

孔子又说："君子有三畏：畏天命，畏大人，畏圣人之言。小人不知天命而不畏也，狎大人，侮圣人之言。"（《季氏》）

是否知天命，是君子和小人的根本性区别。儒家的天，或指自然的天，或指象征的天，或指道体的天。道体流行，是谓天命，人之良知，作为本性，即天之所命，天命之性。关于"天命"，《论语》中出现过两次，另一次在《论语·为政》里。子曰：五十而知天命。畏天命必知天命。知之方能畏之，畏之自然知之。

大人是圣人有位者，是良知政治上最圆满的实践者。《乾凿度》引孔子："易有君人五号……大人者，圣明德备也。"《史记索隐》引易乾卦向秀注："圣人在位，谓之大人"；孟子"大人者不失其赤子之心者也"，赵岐注："大人谓君。"孟子说，有天爵，有人爵，大人是天爵与人爵的统一。

《易经》中，合言则圣人与大人无异；分言则作易称圣人，实践易德称大人。《周易·文言传》："夫大人者，与天地合其德，与日月合其明，与四时合其序，与鬼神合其吉凶。先天下而天弗违，后天而奉天时。"显然，这里的"大人"是与圣人同级者。不同的是，大人有机会成就外王事业的辉煌。

孔子将畏天命视为君子美德，并将之作为划分"君子"与"小人"的第一分界线。小人不畏天命，行险侥幸，败坏自己的本性，破坏人与人、人与社会、人与自然之间的关系。

"不知命，无以为君子也。"这里的君子就德而言，而且涵盖圣贤，即大君子。贤人以下的君子，未必解悟本性良知奥秘，更未必证得，但至少信其存在知其真实，否则不足以成为一个君子。易言之，君子是建立了良知信仰的人。知命的君子，才能既尽心尽力又听天由命。

天命之谓性，命，天之所命，即人之本性。知命，即是知天命知本性；天，指天道天理；性，指本性良知。知命，就是把握了天理良知的奥秘，就是明心见性，明了生命之真相、宇宙之实相。司马迁有句名言："究天人之际，通古今之变，成一家之言。"知命，就是深究天人之际。

知命，是真正的自知之明，知道了自心本性的光明。知道不是证悟，却是证悟的起步。信解行证，知命，相当于"解"，理解。知命，知道人性有本习之别，本性至善而习性易恶，掌握存养克己工夫，时时注意让良知做主。

子路入，子曰："由！知者若何？仁者若何？"子路对曰："知者使人知己，仁者使人爱己。"子曰："可谓士矣。"子贡入，子曰："赐！知者若何？仁者若何？"子贡对曰："知者知人，仁者爱人。"子曰："可谓士君子矣。"颜渊入，子曰："回！知者若何？仁者若何？"颜渊对

曰:"知者自知，仁者自爱。"子曰:"可谓明君子矣。"(《荀子·子道》)

使人知己，知人，都是智慧；自知，是更大的智慧。有自知之明的人，是良知光明的君子。

性有本性和习性之别。先天之性（天命之性）为本性，后天之性为习性。本性至善，习性易恶。习性有善习、恶习、无记习三种，一般人善习难养而恶习易成，习性容易滑向恶的一面。这是儒释道三家主流共同认可的，也可以说是共识——不同于对本性证悟和"至善"的理解，儒家以"生生"为至善、佛教以"空寂"为至善、道家以"虚静"为至善。三家众多的修炼法门归根结底都是对治人类各种恶习以求复归本性的。

性善论并不否认恶习的顽固（正因为恶习顽固，所以修炼不易），只是认为善才是更加根本而根深蒂固的，性恶论也不否认人性中有善的一面，只是错把习性当作本性了。

王国维在文中列举了中国哲学史中的性善论、性恶论，自以为是地认为它们都能持之有故、言之成理又都可以驳倒，故认为性善性恶是不能讨论的。他说:

至执性善、性恶之一元论者，当其就性言性时，以性为吾人不可经验之一物故，故皆得而持其说。然欲以之说明经验或应用于修身之事业，则矛盾即随之而起。余故表而出之，使后之学者勿徒为此无益之议论也。（王国维《论性》）

把这么重要的哲学问题居然归于"无益之议论"！

五、《论语点睛》介绍

学儒必须读经，儒家经典是儒学主体，也是中华文化主体，儒家的核心原则、宗旨要义都在其中。儒者未必诸经皆通，四书五经，至少要初通一经，具备一定的经学修养。[①] 这样，学问才有根基，思想才有头脑。

儒家强调通经致用。通经是通晓儒学经典通达大经大法，致用是经世应务，立功立言，道援天下。两者相辅相成，这就是儒家的体用不二和全体大用。自古儒者的问题都出在这里，或不通经明体，或不致用达用。注意：通权达变、随机应变、因地制宜、与时俱进等也是儒家经典精神，蕴于权道、义德、时中原则之中。

历代大儒都通经，一通百通，故致起用来特厉害。辩才无碍、办事能力强等，无非"经"的作用、"用"的体现。像王阳明、曾国藩，书生领军举世无双。至于圣人，发言就是经典，更是全体大用。尧舜禹汤文武周公，无不功业赫赫；由于条件所限，孔孟事功不彰，但"文功"盖世，千秋万代皆蒙德泽。

四书五经，以《论语》最为深入浅出、雅俗共赏，为儒家入门必读、深造必研。孟子说过，自古圣人未有高过孔子的。那么，记载孔子言论最多最集中的《论语》当然是儒家正经，并可视为"四书"中的第一书。程颐说："学者当以《论语》《孟子》为本，《论语》《孟子》既治，则六经可不治而明矣！"又说："学者先须读论孟，穷得论孟，自有个要约处，以此观他经，甚省力。论孟如丈尺权衡相似，以此去量度事物，自然见得长短轻重。"（《二程遗书·卷十八》）

或说：一部《论语》小学生也会几句；《论语》要旨是个中国人都能说出来。东海哂之：何言之易也？即使儒式王朝，能通一经，就是名儒了。多少人学儒一辈子，未必懂得"一以贯之"的"一"的真实相。《论语》大量圣言，八岁孩童或会说，八十老翁不能行。当然，能说不能行，没有践履工夫，说也是空泛说，说不到深处和实处。

---

① 经学即指研究儒家经典、注解其字句、解释其意义、阐明其义理的学问。

　　《论语》以仁为核心展开。仁者，人之本。仁是每一个人的本性、即生命本质和本质生命。借用康德"物自身"的说法，人的肉体和意识都属于现象，本性则属于人这种"物"的"物自身"。从本质上或"人自身"说，每一个人都是天生的儒家。

　　然而，人人习性不同犹如其面，千殊万异千奇百怪，每个人的本性不同程度地受到习性的遮蔽和污染。只有经过一番艰苦卓绝的克己复礼、自我修炼的工作，才有可能转染成净、去习归本，才有机会明自本心、识自本性。人坏起来没有底，好起来不封顶，可以成佛成圣。

　　仁作为众德之首，不仅将社会与个体、政治与道德打成一片，而且将人与天、器与道、现象与本质、有限与无限、形下与形上、此岸与彼岸通而为一，真可谓极高明而道中庸，极广大而尽精微。

　　儒者人之需，儒家是每一个人的家。同时儒家不仅尽己之性自我成就，并且自立立人，尽人之性，尽物之性，极裁成天地辅相万物之大用。对于儒家来说，格致诚正修齐治平，都是明明德、致良知的方式和渠道。

　　要正确、充分地把《论语》这部教材用好，首先必须对它有正确的理解和全面的领会。现在一些学者，对儒学一知半解都谈不上，纯属外行，却纷纷"替儒说道"或拿经典开涮，以种种曲解误导读者。儒家经典本来破障开智，经过大量外行自以为是的解释之后，作用负面化，变成设障增愚了。

　　由于古今文字的差异、历史环境背景的不同和读者智慧水平阅读能力的区别等原因，对《论语》，不仅一般人士会错解，便是古今大儒大师也会出偏出差。

　　明清四大高僧之一蕅益大师做过《论语点睛》。蕅益将儒家的"仁"诠释成佛教的如来藏性而为《论语点睛》之思想核心。智旭《四书蕅益解序》说："解《论语》者曰点睛，开出世光明也。"可见蕅益是借儒家这部经典阐发出世思想。

儒家仁性与佛家佛性所指相同，都是指人之本性。佛说："一切众生皆有如来智慧德相，但以妄想执着不能证得。""妄想执着"即习性障碍，非常深重牢固，世人不能成为真人至人（道家）、佛菩萨（佛家）和圣贤（儒家），就是为其所障；"如来智慧德相"即本性，儒佛道千经万论方法各异，根本目的无非教人信此解此行此证，证得其中无相光明。

但两家对"这个东西"的解悟认证有所不同。概乎言之，两家性体皆"无灭"，此其同；儒家"生生"，佛家"无生"，此其异，是两家根本性区别所在。仁性既不易又变易，既寂然不动又感而遂通，既空寂又生生，大生广生天行健……儒家所证较佛教的圆教更圆。详见拙文《无相大光明论》和拙著《大良知学》。

儒佛可以求同，但不能不辨异。以佛理解释儒经不是不可以，前提是把握住儒家的仁义原则，包括民本、人道、仁政、德治、经权、中庸等思想，否则难免偏离儒家根本。蕅益站在佛教立场上为《论语》点睛，"以世间儒书作佛教出世之阶"，把《论语》佛教化了。即使某些"点"上不乏深刻，但在"面"上、整体上无法做到准确中肯，在关键所在无法起到画龙点睛的作用。点《论语》之睛的工作，只能由儒者来完成。

《论语点睛》完成后，曾提供给孙齐鲁、格筠、洪秀平、马培路、黎文生、朱明江、老黄、米湾等儒友先睹，收获了不少商榷修改意见，本书可以说是集体智慧的结晶。

特别要隆重鸣谢的是孙齐鲁、格筠、马培路、朱明江四位。他们从头到尾阅读一遍，做了认真的校订，挑出了许多错别字以及一些翻译上义理上的差错。本书汲取了一些颇有启发的意见。一些学术性较强的观点则不予采入，有机会另文商榷吧。

学佛是大丈夫事，学儒更是大丈夫事。被孔孟降服，是我此生最大的幸运，儒家是吾人永远的归宿、快乐和幸福。但愿本书有助于天下后世更多的人被孔孟降服、向儒家归根。

皈儒，是从器归向道，从用归向体，从现象归向本质；皈儒，是从物归向人，从身归向心，从习心归向本心。皈儒，是回归"性与天道"，回归真正的自我，回归安身立命的永远的家。皈儒，可以进一步导良习心，改善肉体，改良社会，善待万物，更好地观察各种现象，发挥良知作用。

古人说，先为豪杰，再为圣贤；又说，天下唯豪杰，圣贤立地成。豪杰和狂狷，如果有生之年不能临门一射归本儒家，那实在是太遗憾了，于个人、于社会都是千古大憾。清儒潘平格说：

狂狷气魄大，若无圣贤大学问大道理，终按抑此气魄不得。一闻圣贤大学问大道理，恰如以楔合楔，恰恰入得；又如以盖合底，恰恰合得，全不见其大，全不见其气魄。气魄之大，转而为力量之真。(《潘子求仁录辑要》)

《涅槃经》有三兽渡河喻：兔浮水面，马才没身，象直到底。儒学研究者，相当于兔；一般儒家信仰、实践者，相当于马；信仰到高度、实践到深处，于儒学透彻理解，于良知圆满认证，便成圣贤，相当于象。用佛教话说，这是彻法源底。

原则上说，人人良知平等，人人都可以成德成圣，但由于习性的遮蔽污染，在一期生命中，能够成就仁德者毕竟是少数，其中狂狷豪杰之士又最容易百尺竿头更进一步，证入良知这一大光明藏，为生命找到永恒的归宿。

儒家不需要为清朝背黑锅

清末以来多数学者将清朝衰败和灭亡的原因归结于儒家。其实完全搞反了，清朝的衰败，恰恰是偏离了儒家政治正道所致。清朝的问题在于政治上的满族主义和君本位倾向，民族歧视和文字狱等恶果都根源于此。

扬州嘉定的屠杀和文字狱是清朝两大污点，沉重地拉低了清朝的文明度。仁义不足，故开国多杀戮，治国太狭隘，都有违儒家义理。

尊儒是清朝的成功和清初的兴旺的根本原因。多尔衮虽非儒家，但他尊孔尊儒，重用儒家，颇受儒家影响。清入关前已祭孔，入关后第二个月，多尔衮即派人祭孔，并成为定例。顺治二年六月，多尔衮"谒先师孔子庙，行礼"，并尊奉四书五经为最高经典，列为士子必读必考书。

顺治进一步尊儒，为康乾盛世打下了扎实的文化道德根基。"迨帝亲总万几，勤政爱民，孜孜求治。清赋役以革横征，定律令以涤冤滥。蠲租贷赋，史不绝书。践阼十有八年，登水火之民于衽席。虽景命不融，而丕基已巩。"（《清史稿》）

他不顾满洲亲贵大臣的反对，倚重汉官，迅速而牢固地树立起儒家的意识形态地位。他亲政后的第二个月，即遣官赴孔子故乡阙里祀孔子，号召臣民尊孔读经。九年九月，他亲率诸王大臣等到太学隆重释奠孔子，亲行两跪六叩礼。他谕学官、诸生说："圣人之道如日中天，讲究服膺，用资治理。尔师生其勉之。"他赞美说："天德王道备载于书，真万世不易之理也。"

接着康熙在位六十一年零十个月，是秦汉以后在位时间最长的皇帝。他自幼好儒家，乐学不倦，《清史稿》称他："圣学高深，崇儒重道。几暇格物，豁贯天人，尤为古今所未觏。而久道化成，风移俗易，天下和乐，克致太平。"日本人对他也极为推崇，翻译了《圣谕》，称之为"上国圣人"。

康熙治下，清帝国成为当时世界上幅员最辽阔、经济最富庶、人口众多的帝国。《全球通史》评价："康熙有理由这样自信。他统治的大清帝国是世界上最强大、最富庶的国家，就连那些自命不凡的欧洲来访者都不得不承认这一点。"反孔反儒的柏杨也说他是"中国历史上最英明的君主之一"。

清朝国子监设率性、修道、诚心、正义、崇志、广业六堂作为讲习所，学习内容以四书五经为主兼习书法，还可选修诸子和《十三经》《二十一史》。设置不错，却也不够科学和全面。如率性、修道、诚心、正义、崇志没必要细分，可以合而为一，不如依大学八条目，分为格致、诚正、治平三堂。

汤斌是清初理学名臣、著名清官，曾陪顺治读书，给康熙讲课，做太子师傅，官至工部尚书。他一生清廉，所到之处，体恤民艰，弊绝风清。后与李光地一起被康熙帝斥为伪道学。雍正十年平反并入祀贤良祠。乾隆元年谥文正公，道光三年从祀文庙。《国闻备乘》载：

汤文正公斌抚吴莅任时，夫人公子皆布衣，行李萧然如寒士，日给惟菜韭。公一日阅簿，见某日市只鸡，愕问曰：吾至此未尝食鸡，谁市此者？仆以公子对。公怒，立召公子责之曰：汝谓苏州鸡贱于河南耶？汝思啖鸡，便可归去，世无有士不能咬菜根而能作百事者。并答其仆而遣之。

类似汤斌这样的儒者，清朝层出不穷。到了晚清，依然有不少高官清廉节俭成风。胡思敬在《国乘备闻》中"督抚奢俭"篇分别介绍了晚清高级干部的奢俭情况。袁世凯、端方、唐炯、唐绍仪等奢侈，左宗棠、阎敬铭、陶模、李秉衡及于荫霖丁宝桢"皆以清操自励"，又"秉衡与鄂抚于荫霖为密友，敬铭与东抚丁宝桢为姻亲，四人皆有俭德，唯疾恶太甚，小人多不便之"。

《国乘备闻》中"翁师傅晚境"这则纪实让人感慨万千："晚年罢官家居，薄田数顷，不足供家用，岁暮大困。无子，有侄曰曾桂，当同龢在军机时，一手挈之以起。时任浙江藩司，缺甚腴，因贻书告贷。苏、杭相距只一日程，竟置书不答。翁同龢愤甚，检书画朝珠数事付质库，始获度岁。"

翁同龢历任户部、工部尚书，军机大臣等，为同治光绪两朝帝师，门生故吏遍天下，在京师贵幸用事者听说老师和老领导一贫至此，凑了些钱托翁的同乡和弟子孙雄转交，结果孙"尽干没之，不以告同龢"。翁是大书家，楹联尤值钱，"同龢没后书名大噪，一值二十金。以曾为帝师入枢府，不便鬻技自给"。

以儒学为意识形态又为"整个华夏种族在人格智力与骨气上"提供了底线。能出现康乾之盛，能有效抗击洪杨帮，衰落时还能孕育洋务派和改良派，涌现众多仁人志士，非偶然也。

清政优点明显。例如，清朝对宗室的约束极为严格。《国乘备闻》载："旧制，皇族不得离城，不得经商，不得置产，不得外任，防范极严。后此例稍破，郎中文瀛、御史惠铭皆以京察一等简放道府以去，而经商置产者无闻。生齿既众，贫富不均，专恃公禄赡养，坐食无所事事，窘甚，多不能自给。"可见，即使到了晚清，清朝对宗室的约束大体仍在。

清朝皇族虽然清贵，清贫者众。如溥伦还是宗室近支，家境就很清寒。《国乘备闻》中记载了一个宗室贵妇陪酒的故事："尝有友人入内城赴宴，各征一妓侑酒。门外车马阗咽，忽见一艳妆少妇，年约二十许，乘红托泥车扬鞭竟入。问从何来？曰：王府街宗室某宅。及入座，遍拜座宾，即侑酒者也。"

君主权力及财权也受到一定制约。"文宗北狩，行在提款过多，宝鋆坚不奉诏。穆宗大婚，内务府告匮，假之部库，部臣力争，谓府部界限甚清，不可牵混从事。孝钦初兴园工，游百川、屠仁守先后入谏，几罢者数矣。李鸿章等虽善迎合，不能不藉海军报效之名，掩饰国人耳目。是用财之权，君主亦不能专也。"

《国闻备乘》载："总管太监李莲英有养子四人，福恒、福德、福立、福海，各捐郎中，分列户、兵、刑、工四部候补，亟请于孝钦谋实授。一日，刑部尚书葛宝华入见，孝钦以福海托之，宝华曰：与以小乌布则可，补缺当遵部例，臣何敢专？孝钦默然，不敢言破例也。"孝钦者，慈禧也。

清朝各部郎中以下的官员，实际负责办事之人称为"乌布"，属低级官吏。慈禧太后想帮亲信太监李莲英的四个养子谋官，被刑部尚书葛宝华以"补缺当遵部例"的理由驳回，只能给予"乌布"低级职位。晚清尚且如此，之前可知；慈禧和李莲英尚且如此，他人可知。

清朝堪称儒家政权中最差劲的一个，但仍有底线，不低于60分，有一定的文明性、宽容性。建政以来，大儒、大德、贤臣、清官、仁人、义士层出不穷，中期之前还能受到各国一定的尊重。到了晚期，体制内还能够出现包括光绪帝在内的洋务派、改良派和立宪派，试图救国救世。

晚清儒家群体领导的戊戌变法是中国宪政追求的发端。康有为在《上清帝第六书》、代拟《清订立宪开国会折》，《请君民合治满汉不分折》提出定宪法、开国会、行三权鼎立之治，建议光绪帝"上师尧舜禹三代，外采东西列强，立行宪法，大开国会，以庶政与国民共之，行三权鼎立之制"。

大学士孙家鼐劝光绪："若开议院，民有权而君无权矣。"光绪答："朕但欲救中国耳，若能救民，则朕无权何碍？"变法失败，宪政追求遭受重大挫折，但一蹶又振。日俄战争前后，众多开明之士和清朝中央地方大员，包括军机大臣瞿鸿暨、两江总督周馥和湖广总督张之洞都要求立宪。

《镇国公载奏请宣布立宪密折》中指出："宪法之行，利于国，利于民，而最不利于官"，"宪法既立，在外各督抚，在内诸大臣其权必不如往昔之重，其利必不如往日之优，于是设为疑似之词，故作异同之论，以阻扰于无形。彼其心非利有所爱于朝廷也，保一己私权而已，护一己之私利而已"。

或说立宪有损君权，载泽指出立宪有三大利：皇位永固，外患渐轻，内乱可弥；或说立宪利汉不利满，他说："方今列强逼迫，合中国之力尚不足以御之，岂有四海一家自分畛域之理？"，"不为国家建万年久长之祚，而为满人谋一人一家之私有"，"忠于谋国者决不出此。"

光绪三十一年六月十四日上谕，派员考察各国宪政；光绪三十四年八月一日，清政府颁布了《钦定宪法大纲》。宪法保障国民诸多权利，包括参政、言论、著作、出版、集会、结社以及人身权利不受侵犯等。但清廷坚持以九年为预备立宪期，导致立宪派的大规模请愿抗议，要求立即召开国会，组织内阁。

清廷接受了资政院关于取消皇族内阁、召开国会的建议。于十月三十日连发三道上谕，表示要"誓于我国军民维新更始，实行宪政"。并立即释放政治犯，开放党禁，命令资政院起草宪法，在颁布宪法前拟定重大信条十九条，宣誓于太庙。《十九信条》采英国虚君共和制，比《钦定宪法大纲》更为先进。

或说"满清乃是部落政权，不能期待部落政权会自我更化"云云，非也。部族政权比家族政权品质差些，自我更化能力也差些，但不至于差得太多。光绪康有为的维新变法尽管因为种种原因失败了，不能否认那是清朝自我更化的努力。

晚清宪政运动当然是内忧外患形势所迫，却也相当真诚，光绪康谭集团不用说了，慈禧也颇有诚意。如果康谭智慧手段略高，或者光绪大权在握，或者光绪慈禧任一位寿命略长，或者革命党具备汤武精神，真正以民为本，中国都有立宪成功之望。

因此，不应将把清朝偏离儒家造成的种种问题栽到儒家身上，儒家不需要为清朝背黑锅！

儒家对西方的历史影响

　　历史上的中国，不仅是周边国家的宗主国，也是不少西方人心目中的理想国，至少充满理想色彩。儒家对西方文艺复兴运动起到相当的启迪和推动作用，而文艺复兴正是西方现代文明的背景，故可以说，儒家对西方文明有过重大影响。换言之，西方现代文明含藏着儒家文化和中华文明的元素。

　　元明为中华偏统政权，处于儒家文明的衰退期，但对同时期的西方来说，依然颇有新鲜感和超前性。李约瑟在《中国科学技术史》中说："早在公元 2 世纪，关于儒家的一些传说似乎已传入欧洲。"我认为，儒家对西方产生重大政治社会影响和对文艺复兴运动的推动，应自 13 世纪意大利人马可·波罗肇端。

　　《马可·波罗行记》相当详实地记载了元朝政事、战争、宫廷、节日、游猎和大都的经济文化风情风俗等情况，盛赞元朝的文明强大和昌盛富庶，让西方人有机会一窥如画似梦的东方文明盛景。

　　接着，门多萨神父编写、1583 年出版的《大中华帝国史》，对中国的人伦道德、政治制度、思想文化、地理风物、军事武装等进行了全方位的描述，系统地塑造了中华帝国神话般的形象，有溢美也有中肯的认知，让西方人意识到，庞大的中华帝国在文明的许多方面都优于欧洲，并可能成为欧洲努力的方向。

　　《大中华帝国史》描述了中国人的外貌与秉性，中国人都身体健康、心灵手巧、聪明开化。"他们都是伟大的发明家,勤劳而工巧。""中国人是心智最高的人种。他们有一套自己关于天地起源,人类诞生的看法。""他们是个喜欢宴乐的民族,什么时候都避免悲伤。"中国人不喜欢战争,等等。

门多萨说广东人像柏柏尔人皮肤较黑,内陆的中国人像日耳曼人。在中国居住的还有摩尔人、蒙古人、缅甸人与老挝人,偶尔也能见到欧洲人。所有臣民在天子统治下生活在和平的帝国秩序中,拥有一种可想而知的幸福。他认为中国最令人仰慕的是政治制度,中国皇帝是世界上最令人好奇的人物。

明朝时,耶稣会传教士利玛窦为西方提供了更为真实的中华文明的信息。他说:"中国政府的治国能力超出其他所有的国家。他们竭尽所能,以极度的智慧治理百姓。若是天主在这本性的智慧上,再从我们天主教的信仰而加上神的智慧的话,我看希腊的哲学家柏拉图,在政治理论方面也不如中国人。"

《利玛窦中国札记》站在神本主义立场上对明朝赞叹不已,所描述的中华帝国俨然一个由哲人王治理的"现实乌托邦":

标志着与西方一大差别而值得注意的另一重大事实是,他们全国都是由知识阶层,即一般叫作哲学家的人来治理的。井然有序地管理整个国家的责任完全交付给他们来掌握。军队的官兵都对他们十分尊敬并极为恭顺和服从,他们常常对军队进行约束,就像老师惩罚小学生那样。……更加令外国人惊异的是,在事关对皇上和国家的忠诚时,这些哲学家一听到召唤,其品格崇高与不顾危险和视死如归,甚至要超过那些负有保卫祖国专职的人。也许这种情操来自于:人们有了学问,心灵也就高尚了。

《利玛窦中国札记》第六章是"中国的政府机构"。他写道:"虽然我们已经说过中国的政府形式是君主制，但从前面所述应该已经很明显，而且下面说得更清楚，它在一定程度上是贵族政体，……如果没有与大臣磋商或考虑他们的意见，皇帝本人对国家大事就不能做出最后的决定。"

利玛窦还相当深入地介绍了科举制，内容涉及考期、考场、考官、科考内容规则、录取方式、授职仪式等事项。他说："标志着与西方一大差别而值得注意的一大事实是，他们全国都是由知识阶层的人来治理的。井然有序地管理整个国家的责任完全交给了他们。"

利玛窦赞美孔子："中国哲学家中最有名的是孔子。这位博学的伟大人物，诞生于基督纪元前551年，享年70余岁。他既以著作和授徒，又以自己的身教来激励他的人民追求道德。他的自制力和有节制的生活方式，使他的同胞断言他远比世界各国过去所有被认为是德高望重的人更为神圣。"

尽管在利玛窦看来儒学并不符合基督教义，可它却是异教中最完美的。他认为，四书五经"着眼个人、家庭及整个国家的道德行为，而在人类理性的光芒下对正当的道德活动加以指导"，是"为着国家未来的美好和发展而集道德教诫之大成"。他与人合作用拉丁文注释四书，以帮助在华教士学习和了解儒学。

继利玛窦之后又一位西方传教士曾德昭，为东学西渐做出了卓越贡献。他于1613年（明末）来到中国传教同时学习中文，在中国一共待了二十二年之久，著有《中华大帝国史》，介绍了明朝政治制度、法律、政府结构、生活方式、语言文字、物产、民俗等，对科举制描述尤为详细。

曾德昭特别强调了科举制"自由报考、公平竞争"的原则。他写道："普通老百姓不分职业，均可投考"，但"军士、保镖、法警、恶棍、刽子手及称作忘八的妓女监护人"被摒弃在外。

他与利玛窦一样也把科举的三种学位（即秀才、举人、进士）

比作西方社会的学士、硕士和博士。他说："那些仅仅是学生，没有取得任何学位的人，本身没有任何特权，只被人尊称为绅士。大家把他们敬为国家之灯，中国人知道应如何尊重确实值得尊重的人。"

利玛窦及其继承者们认为，中国实现了柏拉图"作为真正牧民者的哲人占统治地位"的理想。从《利玛窦中国札记》之后一个半世纪间，西方不少文本对中华文明同样做了高度肯定和赞美。

腓内斯在《巴黎至中国旅行记》中赞扬"中国为哲人政治"，拉莫特·勒瓦耶在《论异教徒的德行》中将孔子与苏格拉底并列。拉莫特·勒瓦耶说："孔子的崇高美德甚至使君王决不发出与他（孔子）的戒律不符的命令，皇帝的文武百官都势必是孔子的信徒，因此可以说，只是哲学家们在统治这样一个大帝国。"

中国启蒙派所反对的儒家和孔子，却为西方启蒙派所敬仰。文艺复兴以来启蒙哲学家们心醉神驰的美好东方，建立在两个基本观念之上：一是性善论；二是道德理想通过政治实践达成社会公正与幸福。他们认为这是中国形象的核心意义，也是他们心目中新型政治伦理、社会理想的最高尺度。

坚决反对法国和欧洲君主专制的百科全书派领袖霍尔巴赫，高度推崇儒家君主制，认为："在中国，理性对于君主的权力发生了不可思议的效果，建立于真理之永久基础上的圣人孔子的道德，却能使中国的征服者亦为其所征服"，孔子学说"使野蛮征服者对此亦须保持尊敬，而以之为政府施政的目标"。

伏尔泰在《哲学辞典》中列举了孔子七句圣言，赞美道："东方找到一位智者……他在公元前六百余年便教导人们如何幸福地生活。"他叹息："我们不能像中国人一样，这真是大不幸。"

罗伯斯庇尔在他起草的1793年的《人权和公民权宣言》中写道："自由是属于所有的人做一切不损害他人权利之事的权利：其原则为自然，其规则为正义，其保障为法律；其道德界线则在下述格言中：

己所不欲，勿施于人。""己所不欲，勿施于人"正是孔子圣言，体现了恕道原则。

德国莱布尼茨认为儒文化对西方做出了重大贡献。他研究发现《易经》阴阳爻二进制与他的二元算术完全一致，据此深信中国哲学具有充足的科学根据。他还宣称，在道德和政治方面中国人也优于欧洲人。日本学者五来欣造说："儒教不仅使莱布尼茨蒙受了影响，也使德意志蒙受了影响。"

莱布尼茨批判某些夜郎自大的欧洲学者："我们这些后来者，刚刚脱离了野蛮状态就想谴责一种古老的学说，理由只是因为这种学说似乎首先和我们普通的经院哲学的概念不相符，这真是狂妄至极！"

1670 年前后，英国政治家坦普尔爵士断言："由最好的人管理的政府就是最好的政府。哲人是最好的人，哲人政治是最好的政治""伟大古老的中华帝国"就是榜样。

1672 年，闵明我神父从中国回到欧洲，写了 100 万字有关中国的著作。在闵明我看来，中国在所有方面都是优秀的。他建议欧洲所有君主仿效中国皇帝，国王必须有修养，请哲学家辅佐政务，听从他们的建议；欧洲应该模仿中国的政治与经济制度，尊重农民，将农业当作立国之本。

1721 年，莱布尼茨的学生、德国著名哲学家沃尔夫在哈雷大学做了"关于中国人道德哲学的演讲"，他说："中国古代的帝王是真正具有哲学家天赋的人。我曾经提到伏羲和他的继承者。伏羲创立了各门科学和中华帝国，由于这些哲人王的智慧与努力，中国的政体成为世界上最优秀的政体。在统治艺术上，从古到今，中国超越了所有其他的国家。"

李约瑟称孔子为"全中国的无冕皇帝"。他认为孔学并不限于人文科学领域，在自然科学领域也有重要成就："在历法领域中，数学在社会上属于正统的儒家知识的范畴。""在历史上，不定分析被称为'大衍术',这是从《易经》中一个难解的陈述句'大衍之数五十'得来的。"

或说儒家政治为"孔教乌托邦",这是对中华的无知,无知于中华文化真理、历史真相和文明辉煌。向西方介绍中华的各种文本或有溢美,却非空想和虚构。乌托邦是空想主义,儒家文明则是实实在在的历史存在。

传统实践篇

尊重言论权是儒家的优良传统

一

言论自由，即国民通过语言表述各种思想和见解的自由，意味着没有言论罪、思想罪和文字狱。言论自由是现代政治文明不可或缺的概念，《中华人民共和国宪法》第二章第三十五条规定：

中华人民共和国公民有言论、出版、集会、结社、游行、示威的自由。

尊重异议、异端和民众的言论权，维护言论自由，不仅是现代文明的基本准则，也是儒家道德原则和政治原则题中应有之义。言论权、言论自由之类概念，古代当然没有，中西方都没有，但对言论权的学术尊重和对言论自由的政治维护，则体现在诸多儒家经典和政治实践中。

《毛诗序》曰："上以风化下，下以风刺上，主文而谲谏，言之者无罪，闻之者足以戒，故曰风。"名言"言者无罪，闻者足戒"就出自于此，堪称言论自由的古典表达。孔子曰："诗可以怨"。怨刺执政、批判恶政是百姓与生俱来的权利，也是儒家源远流长的传统。

孔子说："君子和而不同，小人同而不和。"是否尊重世间事物的多样性和差异性，是君子小人的区别之一，世间事物当然也包括各种思想观点，不同思想观点的言论权受到尊重，才有和谐可言。

《中庸》说"道并行而不悖"，体现了儒家的学术宽容和对外道的尊重。不同派别的道理有其各自的轨道，可以相互批判，不妨和平共存。《论语》里，记载了不少与孔子观点有异的隐士，孔子对他们都相当尊重；孟子主张性善，却收主张"性无善恶"的告子为徒。历代儒者倡导三教合一和兼修佛道者众。

儒家强调以德服人。"以力服人者，非心服也，力不赡也；以德服人者，中心悦而诚服也，如七十子之服孔子也。"（《孟子·公孙丑上》）以德服人的要旨是以理服人，理论问题理论解决。在思想上以力服人则是缺德非礼的表现，也是理不如人的最好证明。需要借助暴力强行推销的道理，一定是假冒伪劣产品。

在《孝经》里，孔子认为，儿女和臣子应该拥有独立的道德判断，应该依据道的标准表达独立的思想和意见。这也从侧面反映了孔子对异议的态度。

儒家恕道贯穿个人、家庭、社会、政治等各个领域。儒家反感极权主义防民之口、控压异议的恶行，不愿被剥夺言论信仰自由，当然也不应该以暴力和强制手段侵犯剥夺异端异议的言论权，相反，若有了一定权力，还应该予以维护。

儒家不唯民意，在具体工作中也不一定唯民众意见马首是瞻，但绝不会防民之口，剥夺民众言说批判的权利。儒家民本思想用现代话语可以表述为两大政治原则：一、人民利益为重；二、主权在民。尊重民众发言权当然是题中应有之义。

《尚书·皋陶谟》："天聪明自我民聪明，天明畏自我民明畏。"《尚书·泰誓》："天视自我民视，天听自我民听"；"天矜于民，民之所欲，天必从之"；《荀子》："天之生民，非为君也；天之立君，以为民也"；《吕氏春秋·贵公》："天下非一人之天下也，乃天下之天下也。"贾谊《新书》："闻之于政也，民无不为本也。国以为本，君以为本，吏以为本。自古至于今，与民为仇者，有迟有速，而民必胜之。"

上述言论都是民本原则的古典表达。以民为本，当然不允许防民之口，不允许以言治罪。

二

对国人言论权的态度和对异议异端的宽容度，直接体现着政治文明的程度。这正是儒家政治和中华文明的重大特色。

据《左传·襄公十四年》记载，春秋时师旷对晋侯说：

自王以下，各有父兄子弟，以补察其政：史为书，瞽为诗，工诵箴谏，大夫规诲，士传言，庶人谤，商旅于市，百工献艺。故《夏书》曰：遒人以木铎徇于路。官师相规，工执艺事以谏。天之爱民甚矣。岂其使一人肆于民上，以从其淫而弃天地之性？必不然矣。

可见，君主制的儒家政治框架下，从王族父兄子弟、史、瞽、工、大夫、士、庶人，都有相当的言论权。

《诗·大雅·板荡》曰："询于刍荛。"《尚书·洪范》曰："汝则有大疑，谋及乃心，谋及卿士，谋及庶人，谋及卜筮。汝则从、龟从、筮从、卿士从、庶民从，是之谓大同。"庶民的话语权当然得到尊重。

"黄帝立明台之议者，上观于贤也，尧有衢室之问者，下听于人也；舜有告善之旌而主不蔽也；禹立谏鼓于朝而备讽矣；汤有总街之庭以众人诽也；武王有灵台之复而贤者进也。"（《管子·桓公问》）尧舜禹汤武都是儒家圣王，他们以明台、衢室、总街之庭、灵台作为邀请各界人士讨论时政和听取他们批评建议的场所。这可以视为远古时代的舆论观。

三代天子听政，百官谏议、亲戚补察、士民传语，群策而后帝王斟酌决定。周公立明堂，不筑墙，以示政事公开透明，又缘人情以制礼，采民歌以观政，定为制度。"天子学乐辨风，制礼以行政。"(《大戴礼记·小辩》)

尧舜禹汤文武周公，无不虚怀若谷、广开言路，广泛听取各方面的建议和批评。《吕氏春秋·不苟论》说："尧有欲谏之鼓，舜有诽谤之木，汤有司过之士，武王有戒慎之鼗。"《说文》说："放言曰谤，微言曰诽。"谏言和诽谤之语，当然不可能句句正确没有错误，当然不是只允许"正确言论的自由"。

舜设"纳言"之官，以忠实传达上下之言。孔《传》曰："纳言，喉舌之官，听下言纳于上，受上言宣于下，必以信。"

以庶人为主体的国人，对于君主和执政大臣的评论和批评可以直言不讳。例如，宋襄公在泓之战大败于楚，"国人皆咎公"(《左传·僖公二十二年》)；秦穆公死后以子车氏的三个儿子殉葬，"国人哀之，为之赋《黄鸟》"(《左传·文公六年》)；鲁襄公四年，鲁军吃了败仗，"国人诵之曰：'臧之狐裘，败我于狐骀。我君小子，朱儒是使。朱儒朱儒，使我败于邾！'"(《左传·襄公四年》)国人以民谣批评了鲁君和有关将领。

以上三例，都说明国人对君主和大臣有批评之权。

孔子曰："天下有道，则庶人不议。"(《论语·季氏》)此言从侧面说明了"庶人议政"乃为儒家社会的传统。天下有道，指政治文明制度合理，庶人自无非议，绝非禁止庶人议政。反过来，天下无道则庶人议之。

魏源在《古微堂集·治篇》中进一步重申"庶人议政"思想，认为除了诤谏之臣，更重要的是倾听庶民百姓的意见。魏源援引《论语·季氏》中的话说，只要庶民的意见能够通于朝廷，朝廷又能够不断改进工作，庶民的议论自然就少了。让庶民都来关心国家大事，他们就会勇于指出政事的不足。通篇大意是，执政者只要广开言路，尽量全面地听取各方意见，就能目明耳聪做好国家大事。

三

三代时庶人不仅有自由议政的权利，而且有权参与国家大政决策。《周礼》："小司寇掌外朝之政，以致万民而询焉，一曰询国危，二曰询国迁，三曰询立君。"国有危、迁国都、立新君等国家大事，都要征求万民的意见。

《尚书·盘庚》载："盘庚教于民，由乃在位以常旧服，正法度。曰：无或敢伏小人之攸箴！王命众，悉至于廷。"

大意是，盘庚开导臣民（民众），又教导在位的大臣遵守旧制，正视法度。他说："不要有人敢于凭借小民的规劝，反对迁都！"王命令众人，都来到朝廷。当时有贵族试图利用民众意见反对迁都，民意的重要性可见一斑。

《左传·鲁定公八年》："卫侯欲叛晋……公朝国人，使贾（王孙贾）问焉，曰：'若卫叛晋，晋五伐我，病何如矣？'皆曰：'晋五伐我，犹可以能战'，乃叛晋。"

鲁宣公十二年，郑国被楚军围攻时，"卜临于大宫"，即卜问若哭于郑太祖之庙是否有利，结果吉利，于是"国人大临"，表示守城决心，使得楚军退兵，"楚子退师，郑人修城"（《左传·宣公十二年》）。

春秋后期，吴军攻入楚国，命人召见陈怀公，让陈表示态度，是跟从吴国还是跟从楚国。"怀公朝国人而问焉，曰：'欲与楚者右，欲与吴者左。'陈人从田，无田从党。"（《左传·哀公元年》）

以上三事，都是国人（以庶人为主体）参与国家大政决策的例子。

春秋中期，郯国君主的嗣立受到国人态度的巨大影响。依礼，太子继位顺理成章，但郯太子因与国人不和，未能继位而逃到鲁国。鲁文公十一年（前615年），"郯大子朱儒自安于夫锺，国人弗徇。十二年春，郯伯卒，郯人立君。大子以夫钟与郯邦来奔"（注：见《左传·文公十一、文公十二年》)。

春秋各国，君主嗣立后，多与国人相盟，以取得国人支持。如齐景公嗣立后，"崔杼立而相之，盟国人于大宫"(《左传·襄公二十五年》)；又如郑简公曾经"盟国人于师之梁之外"(《左传·襄公三十年》)，以期得到国人拥戴。春秋中期郑国发生内乱，"子驷帅国人盟于大宫，遂从而尽焚之"(《左传·成公十四年》)，靠"帅国人盟于大宫"取得国人支持而占据优势。

以上事例，可见春秋时各诸侯国对国人意见的重视和国人意见在政治生活中举足轻重的作用，不仅仅拥有言论自由而已。

《孟子·梁惠王下》记载：

王曰："吾何以识其不才而舍之？"曰："国君进贤，如不得已，将使卑踰尊，疏踰戚，可不慎与？左右皆曰贤，未可也；诸大夫皆曰贤，未可也；国人皆曰贤，然后察之；见贤焉，然后用之。左右皆曰不可，勿听；诸大夫皆曰不可，勿听；国人皆曰不可，然后察之；见不可焉，然后去之。左右皆曰可杀，勿听；诸大夫皆曰可杀，勿听；国人皆曰可杀，然后察之；见可杀焉，然后杀之。故曰，国人杀之也。如此，然后可以为民父母。"

国君对人之进退和惩罚，国君左右、诸大夫和国人的意见都应该得到尊重，保障言论权就是必需的前提。

《孟子·万章章句上》有关于尧舜禹禅让一事的讨论，并提出了一个重大的政治问题：君权谁授？孟子的学生认为，君权君授，即下一代君权是由上一代天子授予。孟子的看法则不一样，强调君权天授。因为"天视自我民视，天听自我民听"，民意代表天意，天授即是民授。

舜之所以最终"践天子位"，是因为"天下诸侯朝觐者，不之尧之子而之舜；讼狱者，不之尧之子而之舜；讴歌者，不讴歌尧之子而讴歌舜",意味着其天子的权力来自民授。后来,禹将益推荐给上天。禹逝世后,益避禹之子于箕山之阴。朝觐讼狱者不之益而之启,曰:"吾君之子也。"讴歌者不讴歌益而讴歌启,曰:"吾君之子也。"

民意对天子权位具有最终的裁定权,是政治合法性的最高依据。民众理所当然、礼所当然拥有言论权。

四

春秋时著名政治家子产"不毁乡校"的开明做法,曾经得到孔子高度评价,认为这就是仁的表现。这件事载于儒家经典《春秋左传》:

郑人游于乡校,以论执政。然明谓子产曰:"毁乡校,何如?"子产曰:"何为?夫人朝夕退而游焉,以议执政之善否。其所善者,吾则行之;其恶者,吾则改之。是吾师也。若之何毁之?我闻忠善以损怨,不闻作威以防怨。岂不遽止?然犹防川也:大决所犯,伤人必多,吾不克救也;不如小决使道,不如吾闻而药之也。"然明曰:"蔑也今而后知吾子之信可事也。小人实不才。若果行此,其郑国实赖之,岂唯二三臣?"仲尼闻是语也,曰:"以是观之,人谓子产不仁,吾不信也。"

当然,民意尤其是局部具体的民众意见和要求不一定正确,不一定合情合理合法,但是,子产会认真倾听。"其所善者,吾则行之;其所恶者,吾则改之。是吾师也。"民众喜欢的我就推行,民众讨厌的我就改正,这是我们的老师呀。"我闻忠善以损怨,不闻作威以防怨。"我听说尽力为善以减少怨恨,没听说依仗威势来防止怨恨。这些话都体现了对民众言论权的尊重。

子产算不得儒家,当时也颇受非议,但他仁厚慈爱、轻财重德,爱民重民,因才任使,在政治上颇多建树,不乏儒家道德精神,被清朝王源推许为"春秋第一人"。

孔子说，仅仅从"不毁乡校"这件事看，我就不相信"子产不仁"。孔子从不轻许人以"仁"，但竟以"仁"许子产，可见孔子对子产"不毁乡校"、维护庶人言论权的行为是多么认同和赞许。

或以为"郑人游于乡校，以论执政"，只不过民众聚在乡下学校发发牢骚而已。这是不知"乡"的本意。周制，有乡有遂。郊内为"乡"，是"国人"居住的地区；郊外为"遂"，为"野人"居住之地。乡以下为州，每州设州长一人，中大夫。

《周礼》规定行政区依次为乡、州、党、族、闾、比，五家为比。古籍相传，以五比为闾，四闾为族，五族为党，五党为州，五州为乡，是乡有一万二千五百家，州有二千五百家。先儒谓乡以教为主，遂以耕为主，故励教化、兴贤能之事，乡详而遂略。

鲁昭公四年，"郑子产作丘赋。国人谤之，曰：其父死于路，己为虿尾。以令于国，国将若之何？子宽以告。子产曰：何害？苟利社稷，死生以之。且吾闻为善者不改其度，故能有济也。民不可逞，度不可改。《诗》曰：礼义不愆，何恤于人言。吾不迁矣。"（《左传·昭公四年》）

国人意见尖锐，不仅批评子产，而且羞辱其父。子产一方面坚持"制订丘赋制度"，表示只要于国有利，死也得做；另一方面表示民众的指责咒骂没有关系。并引用诗经的话说：礼仪和道义都没过失，何必在意别人说话。林则徐诗"苟利国家生死以，岂因祸福避趋之"或许典出于此。

过了三年，子产改革措施大见成效，郑国歌谣赞美道："我有子弟，子产诲之。我有田畴，子产殖之。子产而死，谁其嗣！"大意是，我有子弟，子产教诲他们。我有田地，子产想办法让它们丰收。子产死了，谁来继承他的德政呢？

五

与"子产不毁乡校"相反的做法是周厉王的"吾能弭谤"。厉王贪财好利，横征暴敛，耽于享乐，残暴骄慢，民众怨声载道。周厉王的办法是设立卫巫监察国人，一有国人言论不利于王则杀。各地诸侯不来朝，国人敢怒不敢言，道路以目。厉王很高兴，告诉召公说："吾能弭谤矣，乃不敢言。"召穆公的回答很著名，特录如下：

是障之也。防民之口，甚于防川。川壅而溃，伤人必多，民亦如之。是故为川者决之使导，为民者宣之使言。故天子听政，使公卿至于列士献诗，瞽献曲，史献书，师箴，瞍赋，矇诵，百工谏，庶人传语，近臣尽规，亲戚补察，瞽史教诲，耆艾修之，而后王斟酌焉，是以事行而不悖。民之有口，犹土之有山川也，财用于是乎出；犹其原隰之有衍沃也，衣食于是乎生。口之宣言也，善败于是乎兴，行善而备败，其所以阜财用衣食者也。夫民虑之于心而宣之于口，成而行之，胡可壅也？若壅其口，其与能几何？（《国语·召公谏厉王止谤》）

这段谏言介绍了天子应该怎样听政，说明"防民之口甚于防川"的道理，将尊重民众言论权的重要性讲得很清楚。可厉王仍然不听，变本加厉。终于，国人忍受不了，奋起反抗，袭击厉王。厉王出逃，最终死于彘地。

厉王又何尝真能弭谤，对他的大量批评讥刺千古流传。

《诗经·大雅·荡之什·桑柔》就是"芮良夫刺周厉王昏乱无道"的。《毛诗序》云："芮伯刺厉王也。"芮良夫即芮伯。芮是国名，伯爵，姬姓，良夫是其名。王符《潜夫论·遏利》引鲁诗说云："昔周厉王好专利，芮良夫谏而不入，退赋《桑柔》之诗以讽，言是大风也，必将有遂，是贪民也，必将败其类。王又不悟，故遂流王于彘。"

全诗十六章，前八章八句，讽刺厉王好利暴虐，导致民不聊生，激起民怨。后八章六句责同僚，亦指出厉王用人不当。同僚应该就是荣夷公。该诗第十四章提出严厉警告：

嗟尔朋友，予岂不知而作。如彼飞虫，时亦弋获。既之阴女，反予来赫。

大意是，可叹你们这些同僚，我岂不知你们的作为？你们就像那些飞鸟，时候一到，就会被捕获。意思是说你们不会有好下场。我已熟悉你们底细，你们何苦还对我威吓。

该诗第十五章写道：

民之罔极，职凉善背。为民不利，如云不克。民之回遹，职竞用力。

大意是，民众之所以失去准则，是因为执政者推行苛政违背道理。尽做不利人民事，好像还嫌不够。民众走上邪僻之路，是因为你们尚力而不尚德。

《诗经·大雅》中的《板》《荡》诗亦是刺厉王之作。据《毛诗序》说《荡》为召穆公所作。《毛诗序》云："《荡》，召穆公伤周室大坏也。厉王无道，天下荡然无纲纪文章，故作是诗也。"

清钱澄之《田间诗学》云："托为文王叹纣之词。言出于祖先，虽不肖子孙不敢以为非也；过指夫前代，虽至暴之主不得以为谤也。其斯为言之无罪，而听之足以戒乎？"

魏源《诗序集义》云："幽（王）厉（王）之恶莫大于用小人。幽王所用皆佞幸，柔恶之人；厉王所用皆彊御掊克，刚恶之人。四章'怓怓''敛怨'，刺荣公（厉王宠信的臣子）专利于内，'掊克'之臣也；六章'内奰外覃'，刺虢公长父（也是厉王宠信的臣子）主兵于外，'彊御'之臣也。厉恶类纣，故屡托殷商以陈刺。"

这是儒家圣经对暴政暴君的批判。

以儒文化为指导思想的时代或国度，有两个特色：臣民们对无道君主的容忍度相对比较低。一是贤臣辈出，敢怒敢谏甚至敢骂，虽有佞臣终究少数；二是国民弗忍，奴性稀缺，不敢言而敢怒，对于暴君及其暴行，就要诉诸暴动。充斥于春秋史记的国人暴动，同时也说明了平民阶层的政治影响力之大非同小可。

六

暴政可分为两种类型。一种是"个人性"的，如桀纣、厉王和隋炀，主要是君主的责任，制度不健全是次要原因；另一种是制度性和文化性的，以法家（商韩派）导出来的秦王朝为典型。

东海说过，异端泛滥没关系。"杨墨之言盈天下"，经过孟子一辟，很快就历史性地退潮了。怕就怕异端特别是恶性异端与政治结合，获得了政权和独尊地位，那问题就大了，浩劫就在所难逃。如法家得志于秦国，秦国又得了天下，所付出的民族、历史代价之大，非言语可以形容也。

在对待言论方面，法家特别苛刻严酷，其钳制舆论、镇压异议的暴行，与儒家的开明宽容形成鲜明对比。

商鞅变法"行之十年"之后，"秦民初言令不便者有来言令便者，卫鞅曰'此皆乱化之民也'，尽迁之于边城。其后民莫敢议令"（《史记·商君列传》）。民众对于政令，批评也不行赞扬也不行，凡"议执政之善否"者，全部迁发到边城去。

秦王朝的严酷，到焚书坑儒时发展到顶峰。秦始皇采纳李斯的建议，下令焚烧《秦记》以外的列国史记，对不属于博士馆的私藏《诗》《书》等限期交出烧毁，有敢私下谈论《诗》《书》的处死，以古非今的灭族，禁止私学。这是焚书。

焚书第二年，两个术士（术音述，通假，术士即述士，即儒士，取自"述而不作"之意，参见刘向《说苑》"坑杀儒士"，又参见唐陆德明《经典释文》："述"亦作"术"）侯生和卢生，私下批判秦始皇并亡命而去。秦始皇得知此事，大怒，派御史调查，审理下来，得犯禁者四百六十余人，全部坑杀。这是坑儒。两件事合起来，史称焚书坑儒。与商鞅有所不同的是，秦始皇从来没有剥夺过"赞美的自由"和"颂圣的自由"。

法家和秦始皇之恶，遭到了儒家永久性的批判。

七

个别所谓的儒者认为儒家并不尊重异议异端的言论权，主要证据有二，一是孔子诛杀少正卯，二是《礼记》中《王制》中的一段话：

> 析言破律，乱名改作，执左道以乱政，杀。作淫声、异服、奇技、奇器以疑众，杀。行伪而坚，言伪而辩，学非而博，顺非而泽，以疑众，杀。假于鬼神、时日、卜筮以疑众，杀。此四诛者，不以听。

关于少正卯，东海在《大良知学》中已有"孔子不杀少正卯"的结论，因为少正卯只是寓言人物，当时道墨法诸家都假托过孔子之名、编撰过孔子故事以申述己意。兹不赘。

关于"四诛"。孔子修诗书定礼乐序周易作春秋，其中春秋有缺失，乐经已遗失，礼经情况最复杂。《周礼》《仪礼》作于何时何人，夫子亲定本为何，大小戴所编《礼记》是否掺杂了春秋战国一些礼法规范，皆无确论。《礼记·王制》中这段话，东海就怀疑非"周礼之正宗"，为后人掺入。"行伪而坚，言伪而辩，学非而博，顺非而泽"是《荀子·宥坐》中孔子诛少正卯的罪名，而少正卯此人为荀子虚构。

无论如何，有一点可以确定，先秦的礼制、礼仪、法度很多已经不适用于后世，更不适用于现代。

礼之精神万古常新，礼之形式与时偕宜。三代皆君主制，其礼皆圣王所制，然不相同。况时移世易古今大异，法度不同礼所当然。某些儒者泥古不化，或妄图复君主制时代之礼于今，或例举古礼中某些具体内容反对宪政追求，正是夫子反对的复古主义："生乎今之世，反返古之道。如此者灾及其身者也。"

楚狂儿说："行伪而坚，言伪而辩，学非而博，顺非而泽，以疑众，杀。"这句的重点，应该是"以疑众"，妖言惑众制造动乱。云云，亦不无道理。言论无罪，但若因煽而动，造成了重大后果，则必须接受一定的法律制裁，某些王朝在这方面过严，也是历史局限性所致。

还有人以"非礼勿言""非法不言"和"修辞立其诚"三言反对言论自由，风马牛不相及。"非礼勿言"是克己复礼的"四目"之一，"非法不言"是针对卿大夫的，"修辞立其诚"是针对君子的，都是道德要求而非法律规范。儒家躬自厚而薄责于人，礼不下庶人，岂能拿来要求他人和民众，岂能拿来作为侵犯、剥夺言论权的理由哉？

不由得想起孔孟之言。孔子说："恶似而非者，恶莠，恐其乱苗也；恶佞，恐其乱义也；恶利口，恐其乱信也；恶郑声，恐其乱乐也；恶紫，恐其乱朱也；恶乡原，恐其乱德也。"孟子曰："吾岂好辩也哉？我不得已也，我不得已也！"

言论权不仅是基本人权，是人格尊严、社会自由的重要保障，也是儒家的生命线，是复兴儒家文化、弘扬道德真理的"基层建筑"。儒家文化不怕辩论争鸣、不怕贬低歪曲和批判，四书堂堂五经煌煌，真理高也；泰山岩岩铁骨铮铮，真气足也。

礼乐制度论

一、人道政为大

儒家关心现实，关怀社会，孔孟周游列国目的正在于此。

《论语》中说孔子"君命召，不俟驾而行"。听到国君召唤，没等车备好，就急匆匆地赶着上路了。这充分体现了孔子的敬业精神。孔子说："沽之哉！沽之哉！我待贾者也"，表达了他用世之心的急迫。

《孟子·滕文公下》："周霄问曰：古之君子仕乎？孟子曰：仕。传曰：孔子三月无君则皇皇如也。出疆必载质。公明仪曰：'古之人三月无君则吊。'"孟子在魏国时，与周霄讨论出仕。孟子认为，士人出仕做官，好比农民耕田，是他们自己的职业。"士之失位也，犹诸侯之失国家也。"

"三月无君则吊"，意思都是闲居三月，就心神不宁，自我哀悼。古人云："得君行道。"在君主时代，只要得到君主的赏识，才有机会"行道"：推行仁政王道，实现济世仁民、道援天下的政治抱负。

当然，儒家"跑官"，跑之有道，不能乱来，不能有失尊严。孟子接下去强调，儒家出仕必须遵守的道德规范，"古之人未尝不欲仕也，又恶不由其道。不由其道而往者，与钻穴隙之类也"。如果不以合礼的方式出仕，就为人所不齿。

孔子说：人道政为大。孔子不仅把人道与政治紧密联系起来，而且视政治为人世间最重要的问题，为人伦、人事的关键和首要，真可以说悠悠万事，唯此为大。这句话出自《礼记·哀公问》：

孔子侍坐于哀公，哀公曰："敢问人道谁为大？"孔子愀然作色而对曰："君之及此言也，百姓之德也，固臣敢无辞而对？人道政为大。"

鲁哀公问出"人道谁为大"这个问题，让孔子非常高兴，悲欣交集，感叹说这是百姓的福德、百姓的幸运啊。

人道这个概念的含蕴深广。其古义，或指男女交合。《诗·大雅·生民》"以弗无子，履帝武敏歆"汉郑玄笺："心体歆歆然，其左右所止住，如有人道感己者也。"孔颖达疏："谓如人夫妻交接之道。"或指人伦，伦理关系、社会规范和为人之道。《礼记·丧服小记》："亲亲、尊尊、长长，男女之有别，人道之大者也。"或指人事，与天道相对应。《易·系辞下》："《易》之为书也，广大悉备，有天道焉，有人道焉，有地道焉。"子产说："天道远，人道迩。"注意，人道与天道是概念对应，不是对立。天人合一，人道天道，一体同仁，不能割裂更不对立。

王船山说："人道，立人之道。"孙敬轩说："人道，治人之道。"治人重在政治，立人重在道德。王船山的解释更准确，可见儒家也是一种人道主义。

人道主义是起源于欧洲文艺复兴时期的一种思想体系，提倡关怀人、爱护人、尊重人，做到以人为本、以人为中心的这样一种世界观。对人道的理解和定义中西有异，但原则上是相通的，都是指以爱护人的生命、关怀人的幸福、维护人的尊严、保障人的权益为原则的立人治人之道。

儒家仁本主义，可以涵盖西方人道主义这个概念。或者说，儒家是中国式的人道主义。仁者爱人，爱人就是仁道；人道政为大，政治是仁道最重要的体现方式。

《论语·微子》有个故事，充分说明孔子对政治的重视和关注。

子路从而后，遇丈人，以杖荷蓧。子路问："子见夫子乎？"丈人曰："四体不勤，五谷不分，孰为夫子？"植其杖而芸。子路拱而立。止子路宿，杀鸡为黍而食之，见其二子焉。明日，子路行以告。子曰："隐者也。"使子路反见之，至则行矣。子路曰："不仕无义。长幼之节不可废也，君臣之义如之何其废之？欲洁其身而乱大伦。君子之仕也，行其义也。道之不行，已知之矣。"

大意是，子路从孔子行而落后了，遇见一位老人，用木杖挑着竹器。子路问道："您看见我老师了吗？"老人说："四肢不知勤劳，五谷不能分辨，谁是老师？"老人把木杖插在地上去除草。子路拱手站在一旁。老人留子路住宿，杀鸡做黍米饭给子路吃，让两个儿子出来相见。第二天，子路赶上孔子，告诉了这件事。孔子说："这是位隐士。"孔子让子路返回去看老人。到那里，老人已经走了。子路说："不仕不义。长幼礼节不可废弃，君臣之义如何能废弃呢？只想洁身自好，却乱了大的伦理。君子之所以要出仕，是要尽他的义务。至于道之不能行，已经知道了。"

"子路曰"这段话估计是孔子所授，欲以告丈人者，丈人不在，子路遂对丈人二子言。儒家强调五伦：父子有亲，君臣有义，夫妇有别，长幼有序，朋友有信。荷蓧丈人有二子，可见仍讲究父子亲情和长幼礼节。孔子认为仅此还不够，所以想进一步开示。

君臣以义合。出不出仕，可以因人而异，因时代环境和个人情况的不同而异，但不能一概反对出仕，一概以不仕为高。世易时移，君臣一伦随着君主制的结束早已不存在，但道理是一样的。在任何时代，人除了家庭生活，还应该有社会政治生活，还应该承担一定的社会政治责任。

另外，儒家欣赏隐士和道家的洁身自好、清高自由的精神及不合作态度，但不认同其某些观点。庄子说"不谴是非，以与世俗处"，"与其是尧而非桀，不如两忘而化其道"，而儒家致力于教化世俗引导社会及政治改良，严辨华夷、王霸、义利、善恶、正邪之别，在大是大非问题上寸土不让。"是尧而非桀"正是儒者本分也。朱熹《论语集注》说：

> 盖丈人之接子路甚倨，而子路益恭，丈人因见其二子焉。则于长幼之节，固知其不可废矣，故因其所明以晓之。伦，序也。人之大伦有五：父子有亲，君臣有义，夫妇有别，长幼有序，朋友有信是也。仕所以行君臣之义，故虽知道之不行而不可废。然谓之义，则事之可否，身之去就，亦自有不可苟者。是以虽不洁身以乱伦，亦非忘义以殉禄也。

"虽不洁身以乱伦，亦非忘义以殉禄"这句话体现了儒家政治态度的中庸，既不认同荷蓧丈人不问政治、洁身自好，也不为禄忘义、以道殉人。

二、礼为政之本

儒家的政治性又重点表现于礼。《礼记·哀公问》中，孔子又指出："为政先礼，礼其政之本与？""民之所由生，礼为大。"把礼视为政治的根本，民生的首要。儒家德治的德，不是空洞的，而是集礼乐刑政为一体。易言之，礼制，涵盖礼乐政刑。

礼制建设，先秦是西周最美，秦后以汉朝为盛。

三代之礼，同中有异，后代对前朝礼制，既有继承仿效，又有斟酌损益。周礼，精神与夏商周一脉相承，具体规范设置上也大量吸收了夏商的精华，在三代礼制中最为完美。故孔子赞叹：郁郁乎文哉，吾从周。

春秋时代，孔子以前的人如师服、内史过等，与孔子同时的人如叔向、晏婴、游吉等，论礼很多。论礼最多的首推孔子。他们所论之礼，《礼记》所说之礼，主要是周礼。

孔子时代，礼崩乐坏，孔子一生栖栖遑遑周游列国，终究未能复礼，便在晚年，将礼制的原则和精神藏纳在《春秋》中。这本外王学经典在汉朝受到特别的尊崇，地位就相当于现在的宪法。《春秋》大义全面地反映到政治、经济、文化、法律等各个领域。

汉朝有"春秋决狱"的做法，指司法官根据《春秋》之义理作为决断复杂、疑难案件依据的一种特殊审判方式。在司法审判的实务中，董仲舒等人提倡以《春秋》等儒家经典为指导，还组织编辑《春秋决事比》（又称《春秋决狱》），收录232个以《春秋》决案的典型案例，在整个汉朝的司法审判中，《春秋决事比》实际上成为当时的判例法。这是儒家王道精神在司法领域的反映。

汉朝在儒家经典特别是《春秋》的指导下建设的国家机关制度、职官管理制度、学校与察举、财政、监察、法律、军事的设置与内容等，其大框架一直延续到清朝。在民主制出现之前，可以说儒家的各项制度一直具有相当的先进性。

制度是礼之大者，是最重要、最大的礼，"礼，时为大"，就是说，制度，必须与时俱进，合乎时宜。《礼运》曰："变而从时"；《礼器》曰："礼，时为大。尧授舜、舜授禹、汤放桀、武王伐纣，时也。"可见礼经是以改制为随时之宜的。康有为说得好：

孔子之法，务在因时，当草昧乱世，教化未至，而行太平之制，必生大害。当升平世而仍守据乱，亦生大害也。譬之今当升平之时，应发自立自主之义，公议立宪之事，若不改法，则大乱生。（《中庸注》）

《易经》的易字，有不易、变易、简易三义（又有学者加上交易之义），认为乾坤万物的变化都符合这三个规律。可以说，变易、变化、变革乃是易经三大原则之一。所谓"唯变所适，是其常典"，所谓"神无方而易无体"（神妙而没有固定规则，变化而没有固定模式），所谓"穷则变，变则通，通则久"。通什么？"顺万物之情，通天下之志。"（《系辞上注》）

《易经》有《随卦》与鼎革二卦。"随"是随时，随着时机、时代的变化而变化，"随时之义大矣哉"。"革，去故也；鼎，取新也。"革是革故，革去旧的东西；鼎是鼎新，树立新的东西。都是强调变。《鼎卦》注云："革去故而鼎取新，取新而当其人，易故而法制齐明……革既变矣，则制器立法以成之焉。变而无制，乱可待也。""变故成新，必须当理"，革故鼎新，必须是合乎天理人情，合乎正义良知。

《革卦》彖辞曰："文明以说，大亨以正，革而当，其悔乃亡。"意思是说，改良也好，革命也好，无论怎么改变，都必须是正当的，符合文明的原则，这是对"革"的规范性要求和原则性规定。

三、乐为礼之辅

礼乐制度分礼和乐两个部分，两者相辅相成。礼为主，乐为辅，乐从属于礼。《礼记》曰："移风易俗，莫善于乐。"《乐记》说："乐在宗庙之中，君臣上下同听之则莫不和敬；在族长乡里之中，长幼同听之则莫不和顺；在闺门之内，父子兄弟同听之则莫不和亲。"

《乐记》将礼、乐、刑、政作为实现王道的要素相提并论，礼乐相辅相成。礼重秩序，乐重和谐。

注意，快乐之乐与音乐之乐、礼乐之乐不同义，但有其内在关联性。孔子说："言而履之，礼也；行而乐之，乐也。"义理付诸实践，就是礼，快乐地实践，实践而快乐，就是乐。这才是礼乐制度的真义。孔子主张寓教于乐，说"兴于诗，立于礼，成于乐"，以音乐来陶冶性情修养人格，让人们相亲相爱和睦融洽。

因此，音乐也具有相当的道德性和政治性。"乐者，先王所以致神祇、和邦国、谐百姓、安宾客、悦远人者。"

《礼记·乐记》认为，礼与乐相辅相成，交互为用。二者一个强调同，一个强调异："乐者为同，礼者为异。同则相亲，异则相敬"；一个讲和，一个讲序。"乐者，天地之和也；礼者，天地之序也。和，故百物皆化；序，故群物皆别。"

礼与乐有不同的政治作用和社会影响："礼义立，则贵贱等矣；乐文同，则上下和矣"；"乐由中出，礼自外作。乐由中出故静，礼自外作故文。……乐至则无怨，礼至则不争"；"故乐也者，动于内者也；礼也者，动于外者也。乐极和，礼极顺，内和而外顺，则民瞻其颜色而弗与争也，望其容貌而民不生易慢焉。"

周代的音乐领导机构"大司乐"是世界上出现最早、规模最大的音乐教育和表演机构，主要教授学员们学习六代乐舞与小舞。《周礼·春官宗伯》中明确记载了最高乐官"大司乐"的职务要求："大司乐掌成均之法，以治建国之学政，而合国之子弟焉。"

孙诒让《周礼正义》谓："周大学之名，见此经（《周礼》）者唯成均，见于《礼记》者由又有辟雍、上庠、东序、瞽宗，共五学，此外又有小学。后世唐高宗曾改国学为成均监。"董仲舒说："五帝名大学曰成均。"大司乐教学科目主要有乐德、乐语、乐舞（大舞）和小舞四种，都有伦理道德内容。

音乐与政治相通。《乐记》指出："治世之音安以乐，其政和；乱世之音怨以怒，其政乖；亡国之音哀以思，其民困。声音之道，与政通矣。"

班固《汉书·艺文志》论乐："《易》曰：先王作乐崇德，殷荐之上帝，以享祖考。故自黄帝下至三代，乐各有名。孔子曰：'安上治民，莫善于礼，移风易俗，莫善于乐。'二者相与并行。"

《吕氏春秋·音初》说："闻其声而知其风，察其风而知其志，观其志而知其德，盛衰、贤不肖、君子小人，皆形于乐，不可隐匿。故曰：乐之为观也深矣。"

《庄子·天下》说："黄帝有《咸池》，尧有《大章》，舜有《大韶》，禹有《大夏》，汤有《大濩》。"这些都是治世之音的典型。

子谓《韶》："尽美矣，又尽善也。"谓《武》："尽美矣，未尽善也。"（《论语》）韶也称大韶，上古虞舜时的一组乐舞。古注，韶就是绍（继承），舞乐表现了"舜绍尧之道德"。武也称大武，《诗经·周颂》中有《武》篇，为武王克殷后作，是赞颂武王武功的乐舞歌词。

美，形容声容之盛；善，指美之实质。舜继承尧的事业，达到天下大治，武王伐纣救民，其功一也，所以其音乐都尽美。不过，舜之德，性之也，又以揖逊而有天下；武王之德，反之也，又以征诛而得天下，所以有所不同。

即使是仁义之师，即使是为了天下百姓发动的义战，毕竟动用过武力，终究不够完美和理想。钱穆说："舜以文德受尧之禅，武王以兵力革商之命，故孔子谓舜乐尽美又尽善，武乐虽尽美未尽善。盖以兵力得天下，终非理想之最善者。"（《论语新解》）

周礼规定："天子八佾，诸公六佾，诸侯四佾。"古代舞队的行列，八人为一行，叫一佾。天子的舞队用八佾（六十四人），诸公六佾，诸侯四佾，士二佾。《论语》记载："孔子谓季氏，八佾舞于庭，是可忍也，孰不可忍也？"按季氏的职位，只能用四佾，但他擅自僭用了天子乐舞的规格，以大夫而僭天子之礼，此事可容忍，何事不可忍。或者说，此事尚忍为，何事不忍为。

礼尽管"时为大"，可以因时制宜地进行变革，但在一定阶段中，礼一旦制成，就有相当的严肃性，"各级领导"必须严格遵守，即使礼的某些内容及形式已经过时需要改革，在改之前也必须得到充分尊重。

《论语》本章及以下各章"'相维辟公，天子穆穆'，奚取于三家之堂""呜呼！曾谓泰山不如林放乎""禘自既灌而往者，吾不欲观之矣"及"不知也"等言论，都表示了孔子对君主和贵族带头违反礼制、破坏政治道德秩序的劣行的反感，表示了孔子对礼崩乐坏的无道政治的深痛。

本章所谓季氏，具体何人，各家所说不同。马融《论语训说》以季氏为季桓子。《韩诗外传》以季氏为季康子。《左传》《汉书刘向传》和崔述则认为是季平子，是也。

《论语》记载："三家者，以《雍》彻。子曰：相维辟公，天子穆穆，奚取于三家之堂？"

三家，指春秋后期掌握鲁国政权的三家贵族孟孙氏（仲孙氏）、叔孙氏和季孙氏。他们是鲁桓公之子仲庆父（亦称孟氏）、叔牙、季友的后裔，又称"三桓"。三家中以季孙氏的势力最大。

《雍》，是《诗·周颂》中的一篇，天子祭祀宗庙的仪式举行完毕后，在撤去祭品收拾礼器的时候，专门唱这首诗。"雍"亦作"雝"。"彻"同"撤"，撤除。"相维"句：《诗·周颂·雍》中的句子，意谓四方诸侯都来助祭，天子主祭，场面庄严肃穆。"相"指傧相，助祭者。"辟"指君王。天子大祭，同姓异姓诸侯皆来助祭，故统言辟公。穆穆，庄严肃静，形容至美至敬。天子行祭礼，诸侯来助祭，天子穆穆然，至美至敬。

本章也是孔子对鲁三家政治僭越和非礼的批判。

孔子又说："师挚之始，《关雎》之乱，洋洋乎，盈耳哉！"从太师挚的序曲，到《关雎》的尾声，多么美盛啊那充满耳朵的乐曲！

周朝盛行的"六代之乐"及乐德、乐语、乐舞等内容本来记于《乐经》，可惜《乐经》"失于秦火"。儒家六经，乐经失传，实在是中华文化的巨大损失。好在不少乐制的内容可以在"三礼"中的礼仪制度中看到，而专述乐义的《乐记》也保存在《礼记》之中。另外，古代的乐是歌乐舞三位一体的，周乐的歌词部分在《诗经》中还有保存，如《周颂》。

四、音乐与国运

音乐与国运密切相关。《乐记》指出："治世之音安以乐，其政和；乱世之音怨以怒，其政乖；亡国之音哀以思，其民困。声音之道，与政通矣。"

《乐记》又说："宫为君，商为臣，角为民，徵为事，羽为物。"五音象征五行，五行是物质基础，万物之宗，"宫乱则荒，其君骄；商乱则陂，其官坏；角乱则忧，其民怨；徵乱则哀，其事勤；羽乱则危，其财匮。五者皆乱，迭相陵，谓之慢。如此则国之灭亡无日矣！"

《吕氏春秋》说："亡国戮民，非无乐也，其乐不乐。溺者非不笑也，罪人非不歌也，狂者非不武也，乱世之乐有似于此。"（《吕氏春秋·大乐》）亡国之人，刑戮之民，不是没有音乐，而是其音乐不快乐。溺水者会发笑（溺水者喉咙里发出咯咯咯的声音，听上去像笑声），罪人会唱歌，疯狂的人看上去很勇武。乱世音乐类似于此。

《吕氏春秋·侈乐》指出乱世音乐的特征："乱世之乐与此同：为木革之声则若雷，为金石之声则若霆，为丝竹歌舞之声则若噪。以此骇心气、动耳目、摇荡生则可矣，以此为乐则不乐。故乐愈侈，而民愈郁，国愈乱，主愈卑，则亦失乐之情矣。"

演奏木制、革制乐器的声音像打雷，演奏铜制、石制乐器的声音像霹雳，演奏丝竹乐器歌舞的声音像喧哗。这样的声音可以惊扰人的精神，震动人的耳目，摇荡人的性情，但如果作为音乐则不能使人快乐。所以音乐越是放纵，民众就越是抑郁，国家越是混乱，君主地位越是卑下，这样就失去音乐的本意了。

史书中一些关于音乐与国运关系的记载，证实了儒家的见识和古人的判断。

《资治通鉴》记载了一个隋代音乐家万宝常的故事。隋文帝杨坚开皇初年（公元 581 年），郑泽等人重定乐律，制黄钟调。演奏后，文帝问万宝常意见，万答："此乃亡国之音，岂陛下之所宜闻？"文帝听了很不高兴。万宝常制作演奏的雅乐，"其声雅淡，不为时人所好"，受到朝廷高官和太常寺的联合排斥诋毁，未能行于世，郑泽等人制定的乐律还是成为大隋帝国新修订的雅乐。"万宝常听太常所奏乐，泫然泣曰：乐声淫厉而哀，天下不久将尽！时四海全盛，闻者皆谓不然；大业之末，其言卒验。"（《资治通鉴·隋纪二》）

《至正直记》记载，蒙古有首民歌叫《阿剌来》，文天祥被俘后的北上途中，于舟中听到蒙古军人歌唱此曲，惊问："此何声也？"众答曰："起于朔方，乃我朝之歌也！"文天祥仰天长叹："此正黄钟之音也，南人不复兴矣。"

《乐记》指出："郑卫之音，乱世之音也；桑间濮上之音，亡国之音也。"

五、法律本于礼

德治不是空洞的，必体现为礼制，包括礼乐刑政。道之以德，齐之以礼，禁之以法。德主刑辅，道德挂帅，刑法为辅。儒家刑法也是很严峻的。

周穆王游历各地时，见到某些诸侯任意施刑，遂命吕侯（亦称甫侯）以"明德慎罚"为原则"作修刑辟"，对周初刑法改革修正，重新制定了一部法典。因为是吕侯主持修订，故称之为《吕刑》。吕侯又做过甫侯，所以又叫《甫刑》。

《尚书》中的《盘庚》《微子》《金滕》《康诰》《梓材》《多方》《立政》诸篇虽有关于古代刑法的记述，都是鳞爪，唯《吕刑》专门论述刑法，堪称我国历史上最早的系统刑法文献。

《吕刑》原本已失传。今文《尚书》中现存《吕刑》一篇，是关于这次法律改革的记录和诰词。诰词中，穆王详细叙述了刑的源流，说明了当时刑法总共有三千条，而且制定了赎刑的条例，强调要依法定罪和刑罚中正。

诰词分三大段。第一段详述刑法源流，告诫各诸侯国君勤政重德慎刑，并强调刑法必须以德为本。第二段说明刑法的种类、条目以及断狱之法。第三段说明惩办贪污和公平中正的重要意义。本文八个"中"字，为《吕刑》立下了司法准则。

以德为本，以"中"为准，刑法可分为"祥刑"和"虐刑"。

苗民弗用灵，制以刑，惟作五虐之刑曰法，杀戮无辜，爰始淫为劓刵椓黥。越兹丽刑，并制罔差，有辞。民兴胥渐，泯泯棼棼，罔中于信，以覆诅盟。……皇帝哀矜庶戮之不辜，报虐以威，遏绝苗民，无世在下。

"苗民"不遵守政令，用刑罚来制人，制定了五种酷虐之刑以为法律。杀害无罪的人，开始滥用劓、刵、椓、黥等刑罚。于是施行杀戮，毁弃法度，不区分具体案情。这就是"虐刑"。

"罔有馨香德，刑发闻惟腥"，没有芬芳的德政，"虐刑"所发散的只有腥气。

"皇帝哀矜庶戮之不辜，报虐以威，遏绝苗民，无世在下"意谓皇帝哀矜庶民无辜被害，于是报"为虐者"以威，用刑罚处置施行虐刑的人，将"苗民"诛灭，使他们没有后嗣留在世间。

《墨子·尚贤下》曾引用《吕刑》片段："古者圣王既审尚贤，欲以为政，故书之竹帛，琢之盘盂，传以遗后世子孙。于先王之书《吕刑》之书然：'王曰：于！来！有国有土，告尔祥刑。在今尔安百姓，何择非人？何敬非刑？何度非及？'能择人而敬为刑，尧舜禹汤文武之道可及也。是何也？则以尚贤及之。"

能够选择贤人谨慎用刑，就叫祥刑。"德威惟畏，德明惟明"二句曾为《礼记·表记》所引,郑玄说:"德所威则人皆畏之,言服罪也;德所明则人皆尊之,言得人也。""典狱非讫于威,惟讫于富。"主管刑罚的官,不是始终依靠刑威,而是终于仁厚。这就是"祥刑"。

《尚书·吕刑》中记载,触犯刑法的人可以上交一定财物而免除一定的刑罚。1975 年陕西岐山县董家村出土了一件西周中晚期青铜器——训匜,在其上铭文 157 字,记述了周王重臣伯阳父依据当时的刑法处理了一件案子,因诬告上级训,一位任牧牛的小官被判处鞭打 1000、黥面、免职,也可按照当朝法典交金(铜)300 锾鞭打 500 处理。训最后收到了金,制作了这件青铜器。整个事件诉讼程序严格,法律程序完整。

儒家刑法归本于礼。孔子说克己复礼为仁。个人修养重在克己,政治领域重在复礼。政治和礼制以仁为本。孔子说:

> 孔子对曰:"古之为政,爱人为大。所以治爱人,礼为大。所以治礼,敬为大。……是故君子兴敬为亲。舍敬,是遗亲也。弗爱不亲,弗敬不正,爱与敬,其政之本与?"
>
> 古之为政,爱人为大。不能爱人,不能有其身。不能有其身,不能安土。不能安土,不能乐天。不能乐天,不能成其身。

仁者爱人,政治以爱人为重,故"为政,爱人为大";不同的人有不同的表现形式、态度和方法,怎么表现,都要遵守礼的规范,故"爱人,礼为大";礼本于敬,故欲治礼,先要持敬,故"治礼,敬为大"。兴敬为亲,对于亲人要有尊敬之心,相敬则亲,不敬等于抛弃亲人。没有爱心则不亲,没有敬心者不正,故爱与敬是"政之本"。爱与敬都是仁的表现,都是仁心所发。

为政者不能爱人,就会出大问题。一是"不能有其身"。孟子曰:"夫能爱人,则人爱之,而身安定矣。""不能有其身"即身不安定。

二是"不能安土"。郑玄注:"不能安土,动移失业也。"不能爱人则所至皆仇,故不能安土,社稷难保。三是"不能乐天",不能乐行天道。郑玄注:"不能乐天,不知己过而怨天也。"四是"不能成其身",不能成就道德良知。良知,法身也。

这两段话,把仁爱、尊敬、政治、礼制、亲亲、仁民等统一起来了。

儒家教育论

一、儒家对教育的重视

儒家教化是以礼制为平台、以儒经为依据开展文化工作，包括政治导向、道德示范和文化教育，是政教风化、教育感化、环境改良等有形无形手段的综合运用，历史上被视为正风俗、治国家的重要国策。

《诗·周南·关雎序》："美教化，移风俗。"《孝经》："先王见教之可以化民也，是故先之以博爱，而民莫遗其亲，陈之于德义，而民兴行。先之以敬让，而民不争；导之以礼乐，而民和睦；示之以好恶，而民知禁。"

教化和教育两个概念有重叠又有区别。在儒家话语中，教化包括政教风化和教育感化。《礼记·经解》："故礼之教化也微，其止邪也于未形，使人日徙善远罪而不自知也，是以先王隆之也。"将教化视为礼的功能，而礼属于政治范畴。

教育从属于教化，是教化的核心，有一定的学术性和专业性。这个概念最早见于《孟子·尽心上》："君子有三乐，而王天下不与存焉。父母俱存，兄弟无故，一乐也；仰不愧于天，俯不怍于人，二乐也；得天下英才而教育之，三乐也。"

儒家有三统：道统、政统、学统。学统又是基础性的一统，是传承和弘扬道统、建设和维护政统必不可缺的基础，而学统的延续有赖于教育的开展。《论语》第一篇"学而篇"，说的就是"为学"。用朱熹的话说，为学"乃入道之门、积德之基、学者之先务也"。儒家的思想路线就是依赖教育而展开的。

《礼记·学记》开头就强调了教育的重要性和关键性：

> 君子如欲化民成俗，其必由学乎！
>
> 是故古之王者，建国君民，教学为先。《兑命》曰：念终始典于学。其此之谓乎！

大意是说，有道德和地位者想要教化百姓国民，形成良风良俗，就一定要重视设学施教。古时候的君主建设国家、管理人民，都是以教育为最优先的工作。《尚书·兑命》说：要自始至终常常想到学习。将教育的功能概括为"建国君民，教学为先"与"化民成俗，其必由学"两大方面。

典，常。《孔疏》："学之法，念始念终，常在于学。"蔡沈："始之自学，学也，终之教人，亦学也。一念终始，在在于学，无少间断。"这句话见于《尚书·说命》，《说命》是商高宗武丁任命傅说为相的命辞，同时记述了傅说对武丁的进言。这句话就是要求傅说、武丁学习古圣之训，效法先王之道。

孔子之前历代王朝，没有儒家之名，却有儒家之实，历代圣王都很重视教育。教育本是政府的事，政教合一，教化、教育和政治浑然一体。章学诚《文史通义·原道中》说：

> 教之为事，羲轩以来，盖已有之。观《易·大传》之所称述，则知圣人即身示法，因事立教，而未尝于敷政出治之外，别有所谓教法也。虞廷之教，则有专官矣；司徒之所敬敷，典乐之所咨命；以

至学校之设，通于四代；司成师保之职，详于周官。然既列于有司，则肄业存于掌故，其所习者，修齐治平之道，而所师者，守官典法之人。治教无二，官师合一，岂有空言以存其私说哉？

西周之时，学在官府，号"王官之学"，天子之学有五：南为成均、北均上庠，东为东序，西为瞽宗，中为辟雍。即王都东西南北中五方均有大学，其中以辟雍为最尊，故统称之。

《周礼·春官宗伯》："大司乐掌成均之法，以治建国之学政，而合国之子弟焉。凡有道者、有德者使教焉，死则以为乐祖，祭于瞽宗。"

《学记》介绍："古之教者，家有塾，党有庠，术有序，国有学。"古时候教学的地方，一家设有塾，一党设有庠（五百家为党），一遂设有序（一万两千五百家为遂），一国设有太学。

《诗经·周颂·振鹭》曰："振鹭于飞。于彼西雍。"西雍即辟雍，可知大学是在王城郊区之西。《诗经·大雅·灵台》曰："经始灵台，经之营之。"而下文曰"于论鼓钟，于乐辟雍"，可知辟雍与灵台都是大学的称谓。

《五经通义》："天子立辟雍者何？所以行礼乐，宣教化，教导天下之人，使为士君子，养三老，事五更，与诸侯行礼之处也。"

《白虎通》载：

乡曰庠，里曰序。庠者，庠礼义；序者，序长幼也。《礼·五帝记》曰：帝庠序之学，则父子有亲，长幼有序，善如尔舍。明令必次外然后前民者也，未见于仁，故立庠序以导之也。教民者，皆里中之老而有道德者，为右师，教里中之子弟以道艺、孝悌、行义。立五帝之德，朝则坐于里之门，弟子皆出就农而后罢。示如之，皆入而复罢。其有出入不时，早晏不节，有过，故使语之，言心无由生也。若既收藏，皆入教学，立春而就事，其有贤才美质知学者，足以闻其心，顽钝之民亦足以别于禽兽，而知人伦，故无不教之民。孔子曰：以不教民战，是谓弃之。明无不教民也。

西周官学有小学大学之分，教学次第从小学升大学。《王制》记载："天子命之教然后为学。小学在公宫南之左，大学在郊。天子曰辟雍，诸侯曰泮宫。"意谓诸侯国接受天子办理文化教育事业的命令，然后设立学校。小学设在王宫南方的左边，大学设在郊外。天子设的大学叫辟雍，诸侯设大学的叫泮宫。

《公羊》"宣公十五年"注曰："父老教于校室，八岁者学小学，十五岁者学大学，其有秀者移于乡学，乡学之秀者移于庠，庠之秀者移于国学，学于小学。"

据《大戴礼记·保傅》注曰，王侯太子入国学之小学的年龄是八岁。《公羊》注：礼，诸侯之子八岁受之少傅，教之以小学，业小道焉，履小节焉。《白虎通·辟雍》说："古者所以年十五入太学何？以为八岁毁齿，始有识知，入学学书计。七八十五，阴阳备，故十五成童志明，入太学，学经术。"都说是八岁入小学。

据《文献通考·学校考》认为，公卿以下的子弟，未必一开始就能入国学之小学，而是先学于家塾，长至十三岁左右，才能入国学之小学就读。而国之太子年八岁即可入国学之小学。

西周之时，设在王都的小学大学总称为国学，设在王都郊外六乡行政区中的地方学校，总称为乡学。乡学也称为乡校。如《左传·襄公三十一年》所记，郑国的乡学即称之为乡校。疏云："校为学的别名。"

据了解，《诗》《书》《春秋》《周礼》《礼记》五经中有许多关于西周的教育制度的记载，在金文中亦有明证，非虚构也。黄宗羲说：

学校，所以养士也。然古之圣王，其意不仅此也，必使治天下之具皆出于学校，而后设学校之意始备。非谓班朝，布令，养老，恤孤，讯馘，大师旅则会将士，大狱讼则期吏民，大祭祀则享始祖，行之自辟雍也。盖使朝廷之上，闾阎之细，渐摩濡染，莫不有诗书宽大之气。天子之所是未必是，天子之所非未必非，天子亦遂不敢自为非是，而公其非是于学校。(《明夷待访录·学校》)

黄宗羲认为，"古之圣王"设立学校的目的，除了培养士君子，更有参政议政、指导政治、引导舆论等作用，达到"必使治天下之具皆出于学校""公其非是于学校"的功效。

春秋礼崩乐坏，官学衰落，私学兴起。儒家大宗师孔子非常重视教育，堪称民间教育第一人，弟子三千，贤人七十二。孔子说："自行束修以上，吾未尝无诲焉!"(《论语·述而》)；又说："有教无类。"(《论语·卫灵公》)

孔子是圣人，也是最伟大的"中华特色"的思想家、哲学家和教育家。有人说把孔子视为思想家、教育家是贬低了孔子。此言差矣，圣德不是空洞的。孔子思想包括关于教学内容、治学态度、教学经验和方法等思想，都是其圣德的体现。

与孔子一样，孟子历代圣贤和大儒也都非常重视教育工作，很多人一生一世致力于此，以讲学和著述为乐。孟子把"得天下英才而教育之"视为人生三大乐事之一，收了不少弟子，师生仿效孔子周游列国，与孔子一样不为当时各国君主所用，遂退隐与弟子一起著书。

汉武帝时独尊儒术，立五经博士，重新恢复儒学的王官学地位，之所以"立五经博士"，是因为《乐经》已于秦后遗失了。

后来朱熹将《大学》《中庸》《论语》《孟子》编为"四书"。朱熹去世后，朝廷将"四书"定为官书。南宋以后，"四书""五经"成为儒学的基本书目和儒生的必读书。

二、儒家对老师的尊重

儒家对教育的重视，特别体现在对老师的尊重上。《尚书·秦誓》说："天佑下民，作之君，作之师，惟曰其助上帝，宠之四方。"将师与君并列，赋予师以崇高的地位。

《学记》把教人"为长""为君"之道作为教师的任务，并且强调为师便可"为君"，"为师"是"为君"的条件，给予了教师以极高的地位。"能为师，然后能为长；能为长，然后能为君。故师也者，所以学为君也。""当其为师，则弗臣也。"

荀子把师与天地君祖并列："天地者，生之本也；先祖者，类之本也；君师者，治之本也。"荀子认为师的地位如何，直接关系着国之兴亡："国将兴，必贵师而重傅；贵师而重傅，则法度存。国将衰，必贱师而轻傅；贱师而轻傅，则人有快，人有快，则法度坏。"

《白虎通·王者不臣》说"王者有暂不臣者五"，其中之一就是"授受之师"，"不臣授受之师者，尊师重道，欲使极陈天人之意也"。故《学记》曰："当其为尸，则弗臣也；当其为师，则弗臣也。"《学记》整段话是：

凡学之道，严师为难。师严然后道尊，道尊然后民知敬学。是故君之所不臣于其臣者二：当其为尸，则弗臣也；当其为师，则弗臣也。大学之礼，虽诏于天子无北面，所以尊师也。

儒家尊师，从国家领导人开始做起。"不臣于其臣者"，意谓对于下属不把他当作下属看待。北面称臣，行下属礼节。而为师者对于君主和天子不用北面称臣。汉郑玄："尊师重道焉，不使处臣位也。"如"武王东面，尚父西面"，王在宾位，师尚父主位。

《吕氏春秋·劝学》云："故为师之务，在于胜理，在于行义。理胜义立则位尊矣，王公大人弗敢骄也，上至于天子，朝之而不惭。"

注："天子朝师，尊有德，故不惭。"又《尊师》云："天子入太学，祭先圣，则齿尝为师者弗臣，所以见敬学与尊师也。"

黄宗羲在《明夷待访录》的《大学》中设想：

太学祭酒，推择当世大儒，其重与宰相等，或宰相退处为之。每朔日，天子临幸太学，宰相、六卿、谏议皆从之。祭酒南面讲学，天子亦就弟子之列。

尊师重道，尊师是因为重道，因为老师是传道授业解惑者。天有天道，地有地道，君有君道，父有父道，师有师道。师严然后道尊，师严因为道尊，教师的尊严来自道德的尊严。

朱熹《观书有感二首》之一写道：半亩方塘一鉴开，天光云影共徘徊。问渠哪得清如许，为有源头活水来。东海化用一句：问师哪得尊如许？为有心头道德高。

师尊因为道重，重道先于尊师，故当仁不让于师。何谓道？在天为乾元，在人为良知。道的尊严就是良知的尊严。传道即传授孔孟之道，又称先王之道、中庸之道，也就是仁义之道、良知之道。

有道之师应该具有三大标准。

一是自正其身，以身作则。良好的道德品质，是教师的首要条件，即"正己"是行教的先决条件。正人先正己。"学高为师，身正为范"，身正，就是要求老师自正其身。

孔子说："其身正，不令而行；其身不正，虽令不从。"又说："苟正其身矣，于从政乎何有？不能正其身，如正人何？"为政之道就是为师之道。"子帅以正，孰敢不正？"是政治正义，也是教育正义。

《易经·蒙卦》说："蒙以养正，圣功也。"教育童蒙走上正道成为正人君子，是神圣的功业。那么，作为启蒙者的老师，自己当然必须立身中正。孟子继承发展了孔子"正人先正己"的思想，主张教师必须首先端正自己，用正道教育学生，即"教者必以正"。

儒家对师德的要求特别高。作为"传道授业解惑"的主体，自身必须在道德上起模范带头作用。《尚书》曰："以教祇德。"诗云："尔之教矣，欲民斯效。"《白虎通》说："教者，效也。上为之，下效之。"《说文解字》："教，上所施，下所效也"；"育，养子使作善也。"在道德层面，教育就是上行下效。

二是学而不厌，诲人不倦。

为人师表，既要有品德资格，还要有学问资格。孔子说："默而识之，学而不厌，诲人不倦，何有于我哉？"又说："若圣与仁，则吾岂敢！抑为之不厌，诲人不倦，则可谓去尔已矣。""学而不厌，诲人不倦"八个字，体现了孔子求知求学的勤勉和教育弟子的热忱。

孔子自谦不是圣人不配称仁，不过做到了"学而不厌，诲人不倦"而已。其实要做到这八个字，大不易。只有以学为乐，乐在其中，才能"学而不厌"；只有学而不厌，进德修业，温故知新，才具备诲人的资格。

孔子说："夫仁者，己欲立而立人，己欲达而达人。"诲人，就是立人与达人的重要手段和方法。孔子一生爱好是讲学诲人，取得了丰硕的成果："孔子以诗书礼乐教，弟子盖三千焉，身通六艺者七十有二人。"

三是热爱教育，热爱学生。

孔子说："爱之能勿劳乎？忠焉能勿诲乎？"孔子说："关爱他，能不为之忧劳吗？忠于他，能不给予教诲吗？"

"劳"，勤劳，操劳，有二解，一是勉励他人勤劳，二是为他人忧劳，都通。"诲"，这里的含义较广，教导子弟固然是诲，规劝朋友、规谏长上都有诲的意义。朱熹引苏轼语："爱而勿劳，禽犊之爱也；忠而勿诲，妇寺之忠也。爱而知劳之，则其为爱也深矣；忠而知诲之，则其为忠也大矣。"

　　"忠",是尽心竭力,立心中正。古人所忠很广泛,《论语》开篇就以"为人谋而不忠乎"作为三省内容之一,后儒才逐渐以君主为忠的主要对象。即使是忠君,孔子也有前提:"君待臣以礼",本章又强调"忠焉能勿诲乎?"忠于朋友,必要时就要诲之;忠于君,当然也要教诲他,将他引上正道。忠于教育事业,也是一种儒家强调的忠。孟子以"得天下英才而教育之"为人生一大乐趣,乐此不疲。

　　孔子主张师生平等,对所有学生不分亲疏、一视同仁。他说:"当仁,不让于师。"他与学生在一起讨论问题,鼓励学生发表自己的意见,所以弟子敢于向他提出各种各样的问题甚至反对意见。刚直的子路常对孔子提出批评意见,并进行激烈的争论,孔子并不因此而厌恶子路。漆雕开未听孔子之言去出仕,孔子不但不批评,反而高兴。这都反映了孔门平等的师生关系。孔子对来自不同"国家"、不同出身、不同年龄的学生,都同样要求和对待,儿子孔鲤也不例外。

　　弟子陈亢以为孔鲤从孔子那里得到什么特殊传授,经调查没有,于是高兴地说:"问一得三,闻《诗》、闻《礼》、又闻君子远其子也。"孔子主张父子亲亲,对孔鲤应与他人不同,但在师生关系上,他把学生与儿子同样看待。

　　对曾经犯过错误的孩子,孔子十分宽宏呵护。

　　互乡难与言。童子见,门人惑。子曰:"与其进也,不与其退也,唯何甚?人洁己以进,与其洁也,不保其往也。"

　　孔子说过:"不可与言而与之言,失言。"互乡这个地方的人,习于不善,难与言善。见其童子,门人疑孔子"不可与言而与之言"。孔子如是以答,也是"有教无类"的意思。《孟子·尽心下》曰:"夫子之设科也,往者不追,来者不拒。苟以是心至,斯受之而已矣。"说的也是这个意思。

孔子堪称热爱学生的楷模。不仅在品德、学业上关心学生进步，对子路、子贡、宰我等都曾有严厉的督促批评，而且在生活上对他们关怀备至。原宪家贫，孔子就给予物质生活上的照顾，使他能致力于学习。学生生病，孔子亲往探视，如"伯牛有疾。子问之，自牖执其手，曰：'亡之！命矣夫！斯人也而有斯疾也！斯人也而有斯疾也！'"颜渊不幸病死，孔子极其悲痛，"哭之恸"。

孔子对弟子们的关怀爱护，也赢得了学生对他发自内心的敬爱。诚如孟子所言："以德服人者，中心悦而诚服也，如七十子之服孔子也。"当鲁大夫叔孙武叔故意诽谤孔子时，子贡就竭力维护老师说："无以为也！仲尼不可毁也。他人之贤者，丘陵也，犹可逾也；仲尼，日月也，无得而逾焉！"孔子死后，弟子们如丧考妣，以丧父之礼待之，服丧三年，子贡守庐达六年之久。这都反映了孔门师生间真挚的情谊。

三、儒家教育的宗旨

儒家教育目的和宗旨有二：内圣外王。培养仁人，内求圣境；成就仁政，外求王道。

儒家教育首先是教人做人，做一个真正的人，仁人，君子人。"古之学者为己"，让学者找到自己，找到生命的本质、生活的意义，从而建立君子人格，实现人生价值。

儒学是人格主义哲学，儒家教育的重心是人格教育。孔子的"成人之教""为仁由己"，孟子的"自得之学""尽心知性知天"，张载的"大其心则能体天下之物"，程颢的"仁者，以天地万物为一体，莫非己也"等，都是从发展个体人格、弘扬主体精神、实现自我价值入手的。

《礼记·学记》记述了儒家学习的功用、方法、目的、效果，并论及教学为师的道理，与《大学》所学的道术相为表里，故甚为宋代理学所推崇，以为《礼记》除《中庸》《大学》之外，唯《学记》《乐记》最近道。其中，介绍了古代大学"九年制教育"的方法、次第、所能取得的功效和达到的目的：

> 比年入学，中年考校。一年视离经辨志，三年视敬业乐群，五年视博习亲师，七年视论学取友，谓之小成。九年知类通达，强立而不反，谓之大成。夫然后足以化民易俗，近者说服而远者怀之，此大学之道也。记曰：蛾子时术之，其此之谓乎！

离经辨志、敬业乐群、博习亲师、论学取友，知类通达、强立而不反，都是君子的修养。通过九年制教育，学者知识学问不断丰富，觉悟境界不断提高，道德人格不断提升，直到"大成"境界：知识通达，触类旁通，君子人格确立，良知信仰坚定，难以退转了。

内圣有了基础，就可以追求外王事业了，用子夏的话说，可以"学而优则仕"了；学业大成之后，就"足以化民易俗，近者说服而远者怀之"了。

《大学》八条目，格致诚正修齐治平，内圣外王贯通一体。教化人民，移风易俗，附近的人心悦诚服，远方的人向往归附。这是儒家教育的第二大目的：学以致用，促进社会和谐、建设政治文明。

《论语》记载：

> 子路问君子。子曰："修己以敬。"曰："如斯而已乎？"曰："修己以安人。"曰："如斯而已乎？"曰："修己以安百姓。修己以安百姓，尧舜其犹病诸！"（《论语·宪问》）

修己的境界最高，就是内圣，安人的事业做好，就是外王。安百姓是安人的极致，连尧舜都未必做得很好。本章是孔子对儒家人格理想和政治理想的最高概括。

修己安人，一体两面，同时修己又是更为根本的。修己是安人的内在基础，安人是修己的外在表现，没有不敬人、不安人而能敬己修己的，更没有不敬己、不修己而能敬人安人的。

儒学是经世致用的入世之学，需要实践和担当。修身要身体力行，从事上、从具体的人生、社会、政治实践中去修。王阳明强调"人须在事上磨，方立得住，方能静亦定，动亦定"。道德需要事功去彰明，内圣应以外王去体现，道德学养必须落实到各种实践中去，才能功德圆满。儒者是不能逃避制度改良、道德重建、文化重光等一系列历史社会责任的。孔子一生奔波列国，屡屡逢凶遇难，所为何来？明乎此，才能理解孔子，理解儒家。

另外，圣德无极限，王道无极限，都是无限上升的过程。如果自以为德性已圆，不必修养，或者说治道已足，不再努力，那绝不是圣者和王者。

建设合乎道德理想的"人的社会"与培养具有一定的文化道德素养的"社会的人"是相辅相成的。儒家教育本质上既非社会本位，也非个人本位，而是道德本位，人格本位，仁本位。

四、儒家教育的内容

孔子曰：入其国，其教可知也。其为人也温柔敦厚，诗教也；疏通知远，书教也；广博易良，乐教也；洁静精微，易教也；恭俭庄敬，礼教也；属辞比事，春秋教也。(《礼记·经解》)

这里的教，就是教育、教化之义。儒家教化，由诗教、书教、乐教、易教、礼教、春秋教组合而成。《诗》《书》《礼》《易》《乐》《春秋》六经为儒家正经，也是儒家教育的基本内容。

《学记》介绍了先秦儒家大学的教学内容：

大学之教也时，教必有正业，退息必有居学。学，不学操缦，不能安弦；不学博依，不能安诗；不学杂服，不能安礼。不兴其艺，不能乐学。

大学施教的方法，是顺着时序而教，所授都有正常科目，如春秋教礼乐，冬夏教诗书。学生下课和放假时都有指定的研究课业。（宋人断句改为：大学之教也，时教必有正业，退息必有居学。句读略有不同。）学习要有次序，不从操缦这些小曲学起，琴瑟就弹不好；不懂譬喻，诗就学不好；不学会洒扫应对，礼节就行不好，对于艺术没兴致，就缺乏学习的乐趣。

可见大学的学习有乐、诗、礼、艺等内容。

《学记》还提到："大学始教，皮弁祭菜，示敬道也。宵雅肄三，官其始也。"皮弁，朝服；祭菜，以苹藻之菜祭祀先王先师，属于礼的范畴；宵雅即《小雅》，肄是学习。"宵雅肄三"，意谓练习《诗·小雅》中《鹿鸣》《四牡》《皇皇者华》三首诗歌，属于诗的范畴。

《周礼》载，大司乐教国子以乐德、乐语、乐舞，"师氏以三德教国子：一曰至德以为道本；二曰敏德以为行本；三曰孝德以知逆恶。教三行：一曰孝行以亲父母；二曰友行以尊贤良；三曰顺行以事师长"。

《周礼·保氏》记载："保氏掌谏王恶，而养国子以道，乃教之六艺：一曰五礼，二曰六乐，三曰五射，四曰五驭，五曰六书，六曰九数。"另外保氏还负责教"六仪"：祭祀之容、宾客之容、朝廷之容、丧纪之容、军旅之容、车马之容。保氏：古代职掌以礼仪匡正君主，教育贵族子弟的官员。国子：公卿大夫等贵族子弟。

五礼，指吉礼、凶礼、军礼、宾礼、嘉礼。当时婚嫁、丧娶、入学、拜师、祭祀自古都有礼乐之官；六乐，指云门、大咸、大韶、大夏、大濩、大武等古乐。周朝设立掌管音乐的官吏，并负责宫中庆贺燕飨之乐。乐，包含音乐、舞蹈、诗歌等内容。

"射"是射箭，可分为体育性、比赛性及军事性的射箭技术训练。五射，五种射箭方法，所谓白矢、参连、剡注、襄尺、井仪（兹不详释）；御是驾驶交通工具的技术，古代以马车为主。《周礼·地官保氏》："乃教之六艺……四曰五驭。"郑玄注："五驭：鸣和鸾，逐水曲，过君表，舞交衢，逐禽左。"

"书"指书法，即书写，识字，文字。六书，周礼并未说明，后人猜测可能是：象形、指事、会意、形声、转注、假借；数指算法，九数即九九乘法表，古代学校的数学教材。

《周礼》中，平民同样有接受教育的机会。《大司徒》记载：

以乡三物教万民而宾兴之：一曰六德：知、仁、圣、义、忠、和。二曰六行：教、友、睦、姻、任、恤。三曰六艺：礼、乐、射、御、书、数。

……

因此五物者民之常。而施十有二教焉：一旦以祀礼教敬，则民不苟。二曰以阳礼教让，则民不争。三曰以阴礼教亲，则民不怨。四曰，以乐礼教和，和民不乖。五曰以仪辨等，则民不越。六曰以俗教安，则民不愉。七曰以刑教中，则民不虣。八曰以誓教恤，则民不怠。九曰以度教节，则民知足。十曰以世事教能，则民不失职。十有一曰以贤制爵，则民慎德。十有二曰，以庸制禄，则民兴功。

先秦儒家政权政教合一，官师不分，教化天下。《周礼》中大小司徒、师保之属皆属地官，"十二教"是大司徒的职责，"十二教"内容广泛而具体，涉及民生的各个层面。教化与政治浑然一体。

小司徒为大司徒之佐，即副手，协助大司徒的工作，其职责之一是"掌建邦之教法"，管辖乡大夫和州长、党正、族师等官吏。乡大夫之职是"各掌其乡之政教禁令。正月之吉，受教法于司徒，退而颁之于其乡吏，使各以教其所治，以考其德行，察其道艺"。州长"各掌其州之教治政令之法"，党正"各掌其党之政令教治"。

这里提到的教，都是指教化、教育，内容包括六德、六行和六艺。可见当时教育的普及程度之高。

需要说明的是，《周礼》是否周公手作已不可考，具体成书年代和作者众说纷纭。东海认为，《周礼》作者未必是周公，但一定是位"集五帝三代之大成"的儒家大人、大政治家。《周礼》的指导思想完全是儒家的，其礼制无疑姓"周"（周朝和周公）。或许周公没能完全落实，或许后人带有理想色彩的附加，但该经大体上体现了周公的礼制蓝图。成书时间以西周的可能性较大，至少不晚于春秋，是中国最早和最完整的官制记录，也是世界古代最完整的官制记录。

《王制》记载：

> 司徒修六礼以节民性，明七教以兴民德，齐八政以防淫，一道德以同俗，养耆老以致孝，恤孤独以逮不足，上贤以崇德，简不肖以绌恶。

陈澔在这一节下注云："此乡学教民取士之法也，而大司徒则总其政令者也。"

> 六礼：冠、昏、丧、祭、乡、相见。七教：父子、兄弟、夫妇、君臣、长幼、朋友、宾客。八政：饮食、衣服、事为、异别、度、量、数、制。（《礼记·王制》）
>
> 乐正崇四术，立四教，顺先王诗书礼乐以造士。春秋教以礼乐，冬夏教以诗书。王大子，王子，群后之大子，卿大夫元士之适子，国之俊选，皆造焉。凡入学以齿。（《礼记·王制》）

乐正，国学总教官。孔颖达说："诗书礼乐四者，以其为人所共由，则曰四术；以其为教于学，则曰四教。"后，君主，指诸侯。凡入学以齿，意谓入学以后，只以年龄长幼为序，不以身份论高下。

春秋礼崩乐坏，官学不再。孔子致力于儒家教育在民间的恢复，以《诗》《书》《礼》《易》《乐》《春秋》六经教学弟子。《史记·孔子世家》说："身通六艺者七十有二人。"

司马迁的《史记·孔子世家》中说："孔子以诗、书、礼、乐教，弟子盖三千焉。"《易》《春秋》二经是孔子晚年才研究或编定的。这两门课大概只有孔子晚年的弟子中的"高才生"才有机会学习。

《论语·述而》说"子以四教：文、行、忠、信。"孔子从文学、德行、忠实、诚信四个方面教育学生。这可以视为孔子的教学方针。文，文学也；行，德行也；政事主忠；言语主信。《集注》引程子曰："教人以学文修行而存忠信也。忠信，本也。"

"文"字多义，因文章语境不同而异。或指文采，如"其旨远，其辞文""言之无文，行之不远"；或统道统、礼制、学问而言，如"文王既没，文不在兹乎？"这个"文"最为蕴深意广，相当于儒文化、中华文化的"文"。本章和"行有余力，则以学文"的"文"，指文学、学问、文化知识。

子曰："兴于《诗》，立于礼，成于乐。"（《论语·泰伯》）

孔子说："用《诗》来鼓舞人，用礼来建立人，用乐来完成人。"所言是为学的次第也是教育次序，先教《诗》，再教《礼》，后教《乐》。《困学纪闻五》引《子思子》曰："夫子之教必始于《诗》《书》而终于《礼》《乐》，杂说不与焉。"（《孔丛子杂训篇》同）

儒教，诗教也、书教也、乐教也、易教也、礼教也、春秋教也。六经教育，通通都是儒家教育的内容。

五、诗教的重要性

诗教，原意指《诗经》教育。

诗为"义之府"，《诗经》每一篇都有其意义象征和道理阐发，如《关雎》以象征手法讨论妃匹之事理，《求木》以象征的手法讨论持禄之事理，《汉广》以象征手法讨论知常之事理，《鹊巢》以象征手法讨论女德之事理，《甘棠》即以象征的手法讨论"保民"之事理等。

《诗大序》："诗者，志之所之也。在心为志，发言为诗。情动于中而形于言，言之不足，故嗟叹之，嗟叹之不足，故永歌之，永歌之不足，不知手之舞之，足之蹈之也。"

孔子生平对诗教特别重视。他曾对儿子伯鱼说："女为《周南》《召南》矣乎？人而不为《周南》《召南》，其犹正墙面而立也与！"意谓一个人如不学《周南》《召南》，就好像正面对墙壁站着。比喻无所见识，不能办事。

《周南》《召南》，即《诗经》十五国风中的第一、第二部分。《周南》的诗计有《关雎》等十一篇，《召南》的诗计有《鹊巢》等十四篇。周是周公，召是召公，南是周召二公所分得的采邑，其地在禹贡雍州岐山之阳，即今陕西岐山以南，称为南国，二公将文王的教化自北方施行到南方，在这南方二地采得的民歌，分别称为《周南》《召南》。

《周南》《召南》讲夫妇之道的诗篇最多，可以风天下，正夫妇，称为正风，实道人伦教化之本。普通人不学，不能齐家，为人君者不学，不能治国平天下，所以孔子告诉伯鱼，不能不学。

《论语·阳货》记载：

子曰：小子何莫学夫诗。诗，可以兴，可以观，可以群，可以怨。

迩之事父，远之事君。多识于鸟兽草木之名。

　　孔子称呼诸弟子说："小子们，何不学诗呢？"接着说学诗的益处，诗可以兴、可以观、可以群、可以怨，近可以事父，远可以事君，还能记得很多鸟兽草木的名称。"小子"是孔子称呼他的弟子。"何莫"当"何不"讲。"诗"指诗经三百篇。

　　"诗可以兴。"兴，兴起，激发感动。这里指激发人的意志和感情。好的诗歌可以使人受到感动，而兴发爱憎的感情，可以在潜移默化中陶冶情操。周礼春官太师教六诗，名为"风、赋、比、兴、雅、颂"。毛诗序说诗有六义，即是周礼所说的六诗。孔颖达正义说，风、雅、颂是诗篇之异体，赋、比、兴是诗文之异辞。诗篇异体即指诗经的国风、小雅、大雅、周鲁商颂不同的诗体而言。诗文异辞是指风雅颂各诗文皆以赋比兴为之修辞而言。

　　赋比兴，赋是铺陈善恶，诗文直陈其事；比是比方于物；兴，郑康成以为，兴是取善事以喻劝之。郑司农以为，兴是托事于物，取譬引类，引发自己的心志。比兴二者同是以物譬喻，但比是显喻，兴是隐喻。《论语》此章只说"诗可以兴。"邢氏以为兴中含比。刘宝楠正义以为孔注"连类"意中兼有赋比。诗就是以真情感人，不但比兴如此，赋亦如此。

　　"可以观。"观，观察，观看。这里指提高人的观察能力。《诗经》的内容丰富，题材多样，历史上的政治得失、现实生活的状况，乃至各国各地的风俗民情、自然风物等在诗中都有反映。读诗可以丰富知识，从而相应地提高观察能力。郑康成注："观风俗之盛衰。"诗是表达心志的文词，配合乐谱唱出来的就是音乐，如吴公子季札在鲁国观乐，而知列国的治乱兴衰。学诗可以观察社会风俗的盛衰，即可了解政治得失，可以从速改善。

　　"可以群。"群，使合群。诗离不开写人，多读诗就可以更深切地了解人，懂得如何与人相处相交，培养锻炼人的合群的本领。孔安国注："群居相切磋。"人类从家庭到社会都必须合群，焦循《论语补疏》说："诗之教温柔敦厚，学之则轻薄嫉忌之习消，故可群居相切磋。"

"可以怨。"怨，怨恨。《诗经》中有不少怨刺诗，表达对现实的愤懑，抒发人们心中的不平，讽刺不合理的社会现象。读了以后，可以学会用讽刺的方法，用正当的宣泄来表达心中怨恨不平的感情。

孔安国注："怨、刺上政。"邢昺疏："诗有君政不善则风刺之，言之者无罪，闻之者足以戒，故可以怨刺上政。"孔颖达《毛诗正义》说，王道始衰，政教初失，而有变风变雅之作。孔氏又引季札见歌小雅时说，那是周王之德已衰，但尚有先王的遗民，尚能知礼，以礼救世，作此变诗。怨即指此变诗而言，虽怨而不违礼，故可以怨。

"迩之事父，远之事君"，懂得事父事君的道理和方法。无论孝父忠君，都须谏止其过。谏过必须懂得谏过的道理，始有效果，例如闵子骞谏父，请勿逐出他的后母，便说："母在一子寒，母去三子单。"终能感动其父打消原意，又能感动后母，待他如待亲生之子。学诗，可以兴观群怨，便懂得事父事君之道。所以皇疏引江熙说："言事父事君以有其道也。"

"多识于鸟兽草木之名。"识，读志，记忆之义。邢昺疏："诗人多记鸟兽草木之名，以为比兴，则因又多识于鸟兽草木之名也。"三百篇中含有动物学、植物学等，学诗不但有以上种种益处，还可以增广动植物的知识（以上参考李炳南居士（雪庐老人）《论语讲要》一书的讲解）。

诗教，后世也指通过古典诗词进行思想品德教育。历史上绝大多数名人都是通过学习诗歌接受启蒙教育的。诗词不仅有利于开发儿童的智力，同时对孩子的思想品德的形成与发展也有重要意义。

陆游的诗是少年东海的挚爱。其人豪风侠骨丹心赤胆，其诗慷慨悲壮充满家国天下的情怀。陆游就自小受到父亲陆宰的诗教，其本人更是强爷胜祖，亲自为子女创作"教育诗"，对子女进行教育。在陆游留下的九千多首诗中，有一百多首都是写给子女的。

"酒烈诗豪压万夫"的陆游，其诗词就是开展诗教的最佳教材。刘梦芙《陆放翁逝世八百周年，四川崇州市举办文化节纪念，与会后感赋四律》，家国之悲兴亡之感喷薄欲出。仿佛重读陆游，气壮血热继之以悲，为陆游为中华。

六、儒家教育的方法

儒师不仅要诲人不倦，还要善于诲人，注意方式方法，为师以智，知人善教，教亦多术。儒家教学方法可谓丰富多彩。《学记》指出：

大学之法：禁于未发之谓豫；当其可之谓时；不陵节而施之谓孙；相观而善之谓摩。此四者，教之所由兴也。发然后禁，则扞格而不胜；时过然后学，则勤苦而难成；杂施而不孙，则坏乱而不修；独学而无友，则孤陋而寡闻；燕朋逆其师，燕辟废其学。此六者，教之所由废也。

君子既知教之所由兴，又知教之所由废，然后可以为人师也。故君子之教，喻也。道而弗牵，强而弗抑，开而弗达。道而弗牵则和，强而弗抑则易，开而弗达则思。和易以思，可谓善喻矣。

大意是，大学施教的方法，在学生错误还没发生时就加以防止叫作预防，在适当的时机进行教育叫作及时，不超越受教育者的才能和年龄特征而进行教育叫作合乎顺序，互相取长补短叫作相互研讨。这四点是教学成功的经验。

错误出现了再去禁止就会产生抗拒而难以克服；放过了学习时机而事后补救，即使勤苦努力也不易成功；不按一定顺序传授知识，打乱了条理，就不可收拾；自己一个人冥思苦想，不与友人讨论，就会学识浅薄而见闻不广；结交不正派的朋友就会违逆老师；从事不正经的交谈就会荒废学习。这六点，是教学失败的原因。

君子既懂得教育成功的经验，又懂得教育失败的原因，就可以当好教师了。所以教师对人施教，就是启发诱导，（对学生）诱导而不牵拉，劝勉而不压制，指导门径而不包办。诱导而不牵拉则师生和睦，劝勉而不强制，学生学习就容易；启发而不包办，学生就会积极思考。师生和睦，学生感到学习容易，并能独立思考，可以说善于启发诱导了。

《学记》总结了先秦以来的教育经验，除了"豫时孙摩"这四个教育准则，还提出了其他教育教学进程中必须遵照的准则和应该采取的办法，如教学相长、长善救失、主次相辅、善喻善导等。

教学相长。《学记》深入揭示了教与学之间的辩证关系："虽有嘉肴，弗食不知其旨也；虽有至道，弗学不知其善也。是故，学而后知不足，教而后知困。知不足，而后能自反也；知困，而后能自强也。故曰：教学相长也。"

长善救失。《学记》指出："学者有四失，教者必知之。人之学也，或失则多，或失则寡，或失则易，或失则止。此四者，心之莫同也。知其心，而后能救其失也。"学生最容易犯四种过失：或贪多务得，或知识狭窄，或避重就轻，或浅尝辄止。这四种缺点是学习时不同的心理状态所造成的，做老师的一定要掌握学生的不同心理，有针对性地纠正他们的过失，扬长避短。

主次相辅。老师在教学进程中要解决好正课与业余喜好之间的关系，使正课学习有主攻方向，专业喜好宽泛多样。《学记》说："大学之教也，时教必有正业，退息必有居学。不学操缦，不能安弦；不学博依，不能安诗；不学杂服，不能安礼。不兴其艺，不能乐学。故君子之于学也，藏焉修焉，息焉游焉。"

大意是：大学的教育活动，按时令进行，各有正式课业；课余及休假的时候，也有课外研究。（学习要有方法），如果不从"操""缦"

这些小曲调学起，指法不纯熟，琴、瑟就弹不好；不从通晓鸟兽草木、天时人事学会譬喻，诗就作不好；不学会洒扫应对，礼节就行不恰当。对于六艺等技艺没有兴致，就不能激发学习的兴趣。所以君子在学习方面，要藏之于心，表现在外，不论休息或游乐的时候，都念念不忘。循序渐进，让学生把学习当作生活方式，"藏焉修焉，息焉游焉"，堪称是一种难得的境界。

善喻善导。《学记》中说"君子之教，喻也。""道而弗牵，强而弗抑，开而弗达。道而弗牵则和，强而弗抑则易，开而弗达则思。和易以思，可谓善喻矣。"意思是说，君子教育学生，善于引导而不强迫，严格要求而不压制，善于启发而不灌输。引导而不强迫，师生关系就融洽；严格而不压制，学生学习起来就轻松容易；启发而不灌输，学生就会勤于思考。做到这三点，就可以说是善于引导教育学生了。

《学记》不仅阐明了"教学相长""主次相辅""长善救失""启发诱导""豫时孙摩"等著名教学原则，并论述了"讲解""问答""练习""类比"等教学方法，且应知道为师的基本条件。"君子既知教之所由兴，又知教之所由废，然后可以为师也"，强调教师必须掌握教育成败的规律，这是为师的基本条件。

具体内容包括：第一，"记问之学，不足以为人师"。靠死记硬背获取的零星知识，不能执教。第二，"能博喻，然后能为师"。博喻，即广泛地启发诱导。第三，避免教学中的弊端。教学中的弊端有"呻其占毕，多其讯言，及其数进而不顾其安。使人不由其诚，教人不尽其材"。

"开而弗达"是要求教师给学生留有思考的余地，也就是《孟子·尽心下》所谓："君子引而不发，跃如也。"可以说是一种古典的启发式教学法。

孔子特别重视启发和感悟学生，力求使他们做到举一反三，闻一知十。"子谓子贡曰，'汝与回也孰愈？'对曰：'赐也何敢望回。回也闻一而知十，赐也闻一以知二。'子曰：'弗如也，吾与汝弗如也。'"（《论语·公冶长》）

孔子对学生十分善于启发诱导，"夫子循循然善诱人"，"不愤不启，不悱不发。举一隅不以三隅反，则不复也"（《论语·述而》），谈的是教育的方法和火候。孔子采取的是启发式和诱导式的教育。朱子曰："愤者，心求通而未得之意"，有其辞也；又曰："悱者，口欲言而未能之貌"，见其色也。故程子曰："愤悱，诚意之见于色辞者也"，可与朱子之言相发明。

关于教学方法，《论语》中有大量论述。例如，"学而不思则罔，思而不学则殆"（《论语·为政》）强调学习与思考的结合；"多闻，择其善者而从之"（《论语·述而》）强调要博闻强记，并且知行统一，要将具有真理性的知识付之于实践；"学而时习之，不亦说乎"（《论语·学而》）强调了复习实践的重要性。

孔子还强调因材施教，针对不同类型的学生，采取不同的教育方法。孔子的弟子分为四科。《论语·先进》说："德行：颜渊、闵子骞、冉伯牛、仲弓；言语：宰我、子贡；政事：冉有、季路；文学：子游、子夏。"

"三人行必有我师焉，择其善者而从之，其不善者而改之。"（《论语·述而》）

凡有一定特长的人，都值得学习，就是坏人，也可以作为反面教员。"知之为知之，不知为不知，是知也。"（《论语·为政》）做学问，就要有实事求是的态度，知道就说知道，不知道就说不知道。

孔子说："可与言而不与之言，失人；不可与言而与之言，失言。知者不失人，亦不失言。"一般人自尊过度，容易失人，热心过度，又容易失言。只有大智慧者，才能做到既不失人又不失言。《易经·蒙卦》卦辞说："初噬告，再三渎，渎则不告。"不告，即不与之言。

孟子主张"君子引而不发，跃如也；中道而立，能者从之"，孟子提倡"深造自得""盈科而进""专心致志"，强调"教亦多术"。他说："君子之所以教者五，有如时雨化之者，有成德者，有达财者，有答问者，有私淑艾者。"孟子实际运用的教学方法还不限于这五种，"教亦多术"，一切因人而异。"予不屑之教诲也者，是亦教诲之而已矣。"拒绝教诲，让其反思，也是一种教育的方法。

孟子对教师语言也提出了要求："言近而指远者，善言也；守约而施博者，善道也。君子之言也，不下带而道存焉。"孟子不仅要求教师语言寓意深长、言简意赅，而且要形象地运用语言进行思想品德教育。在《离娄》中，孟子提出"言无实不详"，指教师语言要有内容，不空洞，否则就不是"善言"。

儒家教育特别重视榜样的力量。孔子说："见贤思齐焉。"（《论语·里仁》）又说："君子之德风，小人之德草。草上之风，必偃。"（《论语·颜渊》）为政为师，道理和要求相通。荀子说："故学者以圣王为师。"（《荀子·解蔽》）圣王行为与精神，是学习的重要内容。

《易经·蒙卦·初六》爻辞："发蒙，利用刑人，用脱桎梏，以往吝。象曰：利用刑人，以正法也。"利用刑人，意谓利用模范人物来为童蒙作学习榜样。刑字通型，典范、模范义。《诗经》说："刑于寡妻，至于兄弟，以御于家邦。"《尚书·尧典》："女于时，观厥刑于二女。"刑字都通型。

孟子说："一乡之善士，斯友一乡之善士。一国之善士，斯友一国之善士。天下之善士，斯友天下之善士。以友天下之善士为未足，又尚论古之人。"（《孟子·万章下》）不同的层次有不同的榜样，乡有乡的榜样，国有国的榜样，天下有天下的榜样；有现实中的榜样，历史上的榜样。榜样的道德越是完美，道德感染力越大。

教育的主体是老师，老师是最重要的榜样。荀子说："学莫便乎近其人，学之径莫速乎好其人。"（《荀子·劝学》）所以，儒家对老师各方面的要求比较高。孔子说："温故而知新，可以为师矣。"（《论语·为政》）温故是温习经典，了解传统，知新是具有现代性，能够与时俱进。

曾子曰：君子攻其恶，求其过，疆其所不能；去私欲，从事于义；可谓学矣。日旦就业，夕而自省思以殁其身，亦可谓守业矣。君子既学之，患其不博也；既博之，患其不习也；既习之，患其无知也；既知之，患其不行也；既能行之，贵其能让也。君子之学，致此五者而已矣。

曾子认为一位称职的教师必须具备五方面的条件，即博学、勤习、求知、践行和谦让。五方面的要求环环相扣，逐一累进，最后达到"能让"。

《荀子·致士》说："师术有四，而博习不与焉。尊严而惮，可以为师；耆艾而信①，可以为师；诵说而陵不犯，可以为师；知微而论，可以为师。故师术有四，而博习不与焉。"

意思是说：老师应具备四个基本条件，不包括渊博的学识在内。哪四个基本条件呢？一要有尊严、有威严；二要阅历丰富并值得信任；三要有讲授经典的能力，循序渐进，不凌不乱，有条有理；四要善于阐发微言大义。

七、儒家教育的实践性

儒家教育与单纯的知识技能教育不同，是知识教育、文化教育

---

① 耆，年老，六十岁以上的人；艾，五十岁，泛指老年。

和道德教育的综合，堪称中华特色的教育。重视实践是其主要特色之一。

儒家最忌道德空谈。大到政治、广到社会、小到家庭、近到个体一切言谈举止，都可以纳入道德实践的范畴。《诗》《书《礼》《乐》《易》《春秋》六经，囊括人生、社会、道德、政治、制度、教育等领域，无不重视实践。

《论语》开篇"学而时习之，不亦说乎"，就隆重地点明了这一点。习，本意为鸟反复飞，这里是实习、实践之意。学而时习之，即理论与实践相结合。学是为了明义理，习就是王阳明说的"从事上磨炼"。

《尚书·说命中》中说"知之非艰，行之惟艰"。古代知行观，自春秋至唐，均以《左传》所倡"知易行难"为主。程朱倡知先行后说，认为知行有先后轻重之分别，但两者不可分割、不可偏废。先知并非达到"知至才去力行"，而是主张在具体实践中"知行互发"，其实属于知行统一观。

不论认为知和行何者在逻辑上处于更优先的地位，行——实践、践履都是最终目的。朱子说："义理不明，践履如何？"强调义理的重要，正是为了更好地践履。"论先后，当以致知为先。论轻重，当以力行为重"（《朱子语类·学三》），后来王阳明在知行统一的基础上进一步开出了"知行合一"说。

子曰："弟子入则孝，出则弟（悌），谨而信，泛爱众，而亲仁，行有余力，则以学文。"（《论语·学而》）

《学而》这一章揭示了德与文的关系。一、先立德后学文，文章有德行为基础，才不会流于口头禅，才能产生持久的影响力。二、有了道德还要有文章，只有多闻博识，才能心胸开广、眼界宽阔、志趣高远。

曾有网友问，良知大法有没有什么修炼秘诀？我说，四书五经每一章都是修炼秘诀。如这句话："弟子入则孝，出则弟，谨而信，泛爱众，而亲仁，行有余力，则以学文。"如有人做到了，做好了，做圆满了，他就成德成圣成为良知佛了。

德须见之于行，须贯彻到日常生活和实践活动中去，最忌有言无行口头禅。所以孔子一再强调，要"敏于事而慎于言"，要"讷于言而敏于行"，要"听其言而观其行"。《论语》中还有许多同义的句子，如"慎言其余则寡悔"（《为政》）、"古者言之不出，耻躬之不逮也"（《里仁》）、"君子耻其言而过其行"（《宪问》）等。

就像武术典籍，如果光读不练，纵然倒背如流，只是舞书家而成不了武术家。故儒家最重实践工夫。

博学之，审问之，慎思之明辨之，笃行之。有弗学，学之弗能，弗措也。有弗问，问之弗知，弗措也。有弗思，思之弗得，弗措也。有弗辨，辨之弗明，弗措也。有弗行，行之弗笃，弗措也。人一能之，己百之。人十能之，己千之。果能此道矣，虽愚必明，虽柔必强。（《中庸》）

博学审问慎思明辨笃行，说的是为学的方法，也是治学的态度，最后归结于实践、践履。博学是广泛猎取，培养充沛的好奇心。博还意味着博大宽容，兼容并包；审问是对所学加以怀疑，追问到底；问过以后再仔细考察分析，是为慎思。明辨为第四阶段，具有"择法之眼"，能够明辨真伪良莠是非善恶。笃行是为学最后阶段，所学真理付诸实践，知行合一。

儒家特别强调践履。在宋儒眼里，提出道统说、主张文以载道、一生以继承孔孟为职志的唐代大儒韩愈，仍然是欠缺践履工夫的，张耒论韩愈"以为文人则有余，以为知道则不足"（《韩愈论》），朱熹指责他"裂道与文以为两物"（《读唐志》），尽管韩愈《原道》《原性》及"有辟佛老之功"受到朱子称赞。

韩愈人品确有瑕疵,与其文品颇不一致,与其一代文宗和宗儒的伟大颇不相配。例如,韩愈向大奸佞贪官京兆尹(相当于北京市长)李实上书求助时吹捧过度肉麻无比。经查,韩愈上李实书写于贞元十九年春夏之交,同年秋冬季韩愈由四门博士迁监察御史后立即上疏弹劾李实,后来在《顺宗实录》中又予以痛斥。忽捧忽打,态度迥异。上书虽属私函,毕竟捧得过分。

又如,韩愈未第时在京四处上书干谒,给宰相上了三封书,辞卑意切。张子韶斥为"略不知耻",魏了翁嘲笑"韩公每是有求于人,其词辄卑谄不可据";又如在《上郑尚书相公启》中,韩愈吹嘘自己反对阉党,"日与宦者为敌",可是在《送汴州监军俱文珍》文中,却又肉麻地吹捧恶迹累累的大宦官俱文珍。

韩愈喜"谀墓"。清初顾炎武在书信中便批评他:

韩文公文起八代之衰,若但作《原道》《原毁》《争臣论》《平淮西碑》《张中丞传后序》诸篇,而一切铭状概为谢绝,则诚近代之泰山北斗矣;今犹未敢许也。

这些都是韩愈言行不一致的表现,可见一丝不苟的道德践履之难。

汉初政治论
——准儒家时代

一

汉初强调休养生息，朝廷盛行黄老之学，颇有道家之范，后世学者便称之为道家政治，以为是以道家立国了。殊不知汉初儒学也颇为盛行，虽未明确意识形态主位，然在朝廷、官场和民间的影响，与黄老之学相比，俨然并驾齐驱，甚至有过之无不及。

皇帝祭孔自刘邦始。《史记》记载：

高皇帝过鲁，以太牢祠焉。诸侯卿相至，常先谒然后从政。(《孔子世家》)

《汉书》也说："汉十二年十一月，刘邦行自淮南还。过鲁，以太牢祠孔子。"

太牢是最高规格的祭礼。刘邦经过鲁地，用牛羊猪三牲俱全的太牢大礼祭祀孔子，不仅意味着刘邦对儒学的肯定，而且标志着官方对儒学地位的最高认同。从此，祭孔大典成为国之大典，与祭天、祭黄并为三大国祭。陈普在《咏史上·汉高帝八首》诗中写道："莫把溺冠轻议论，要观过鲁太牢心。"刘邦太牢祭孔之后，各诸侯、卿大夫、宰相到任，一般都要先拜谒孔子墓，然后才就职处理政务。

刘邦对孔子和儒家的态度也有一个循序渐进的过程。最早是轻蔑无礼，骂骂咧咧，尿撒儒冠。但兵临陈留时受到郦生教训，态度有所改观。郦生跟随刘邦，屡建功勋，为刘邦统一天下做出了卓越贡献。

叔孙通儒服而见，也曾被当时还是汉王的刘邦厌恶。叔孙通于是改为短衣楚制，才让刘邦高兴。叔孙通降汉时，跟随的儒生弟子百余人，也都得不到重用，叔孙通也不推荐。刘邦称帝后，叔孙通建议："夫儒者难以进取，可与守成。臣愿征鲁诸生，与臣养子共起朝仪。"

刘邦采纳了叔孙通建议和他所制定的朝仪，"乃拜叔孙通为太常，赐金五百斤"。叔孙通的诸多弟子"悉以为郎"。后来刘邦又"徙叔孙通为太子太傅"，以儒学培养继承人。孝惠即位后，叔孙通进一步制定了宗庙和其他各种仪法。

建国之初，陆贾常常在刘邦面前称赞儒经，刘邦笑骂："乃公居马上而得之，安事诗书！"陆贾说："居马上得之，宁可以马上治之乎？且汤武道取而以顺守之，文武并用，长久之术也。昔者吴王夫差智伯，极武而亡，秦任刑法不变，卒灭赵氏。[①]向使秦已并天下，行仁义，法先圣，陛下安得而有之？"

于是，刘邦让陆贾总结历史经验，以充足的事实说明"秦所以失天下，吾所以得之"的原因。陆贾作书十二篇献上，每上一篇，高祖都称赞不已，号其书为《新语》。陆贾在《新语》中举出尧舜之治、周公之政等历史经验，说明一切先圣明王都是以仁义治天下取得赫赫政绩，又举出吴王夫差、智伯、秦代依靠暴力必然导致灭亡的历史教训。他说：

---

① 赵氏指秦王朝。秦始皇祖先的一支造父曾被封在赵城，因此姓赵。卒灭赵氏，意谓秦朝自灭。

秦非不欲治也，然失之者，乃举措太众、刑罚太极故也。

秦以刑罚为巢，故有覆巢破卵之患；以赵高李斯为权，故有倾仆跌伤之祸。

秦始皇帝设为车裂之诛以敛奸邪，筑长城于戎境以备胡越，征大吞小威震天下，将帅横行以服外国。蒙恬讨乱于外，李斯治法于内。事愈烦天下愈乱，法愈滋而奸愈炽，兵马益设而敌人愈多。秦非不欲为治，然失之者，乃举措暴众而用刑太极故也。

要社会稳定，政权稳固，只有行仁义，法先圣，实行仁政王道："尧以仁义为巢……故高而益安，动而益固。"因而他们"德配天地，光被四表，功垂于无穷"（《新语·辅政》），"有父子之亲，君臣之义，夫妇之道，长幼之序"（《新语·道基》）。

协助刘邦制定礼仪和官制的叔孙通、奉刘邦命作《新语》的陆贾都是当时大儒，意味着刘邦的治国主导思想和朝廷礼仪制度都姓儒，即制度架构和思想底色是儒家的；惠文二帝实行"孝治"，更在行政实践和意识强化上奠定了基础。文帝立《孝经》博士，在位期间"专务以德化民，是以海内殷富，兴于礼义"（《史记》）。

张苍，先后担任过汉朝代相、赵相等官职，后又迁升为计相、主计，"领主郡国上计者"（《汉书·张苍列传》）。汉文帝时灌婴去世后接任丞相一职，汉文帝后元元年因政见不同自动引退。张苍曾校正《九章算术》，制定历法，主张废除肉刑。值得一提的是，张苍曾跟随荀子学儒，与李斯韩非是同门，而贾谊是他的门生。

刘邦在汉十一年二月下求贤诏：

盖闻王者莫高于周文，伯者莫高于齐桓，皆待贤人而成名。今天下贤者智能岂特古之人乎？患在人主不交故也，士奚由进？今吾以天之灵，贤士大夫定有天下，以为一家，欲其长久世世奉宗庙亡绝也。贤人以与我共平之矣，而不与吾共安利之，可乎？贤士大夫有肯从我游者，吾能尊显之。布告天下，使明知朕意，御史大夫昌下相国，相国酂侯下诸侯王，御史中执法下郡守，其有意称明德者，必身劝为之驾，遣诣相国府，署行义年。有而弗言，觉，免。年老癃病勿遣。（《汉书·高纪》）

可见刘邦推崇王霸事业，以周文王为最高政治典范，齐桓公晋文公次之。其选贤标准无疑以儒家为最高，其心目中的"贤士大夫"，首先是儒家道德君子，其次是尊崇仁义的管晏派法家人才。

刘邦临终前"手敕太子书"，从中可见其态度转变的轨迹和对儒家的高度推崇。他说：

吾遭乱世，当秦禁学，自喜，谓读书无益。洎践祚以来，时方省书，乃使人知作者之意，追思昔所行，多不是。尧舜不以天子与子而与他人，此非为不惜天下，但子不中立耳。人有好牛马尚惜，况天下耶？吾以尔是元子，早有立意。群臣咸称汝友四皓，吾所不能致，而为汝来，为可任大事也。今定汝为嗣。吾生不学书，但读书问字而遂知耳，以此故不大工，然亦足自辞解。今视汝书，犹不如吾。汝可勤学习，每上疏宜自书，勿使人也。

刘邦集团高干中儒学名家辈出，如郦生、陆贾、随何、叔孙通、娄敬、张苍等，陈平、张良、萧何等虽非儒家，也有一定的儒学修养。后来好儒的高官大臣就更多了，"婴蚡俱好儒术，推毂赵绾为御史大夫"（《汉书·田蚡传》），兹不详论。

另外，汉初宗室和他们的亲信也有不少儒士。《汉书》记载：

楚元王交，字游，高祖同父少弟也。好书，多材艺。少时，尝与鲁穆生、白生、申公，俱受《诗》于浮丘伯。伯者，孙卿门人也。

元王既至楚，以穆生、白生、申公为中大夫。高后时，浮丘伯在长安，元王遣子郢客与申公俱卒业。文帝时，闻申公为诗最精，以为博士。元王好诗，诸子皆读诗。申公始为诗传，号鲁诗。元王亦次之诗传，号曰元王诗。（《汉书·楚元王传》）

梁怀王揖，文帝少子也，好诗书。（《汉书·文三王传》）

河间献王德，以孝景帝前二年，用皇子为河间王，好儒学，被服造次必于儒者。山东诸儒多从之游。（《史记·五宗世家》）

梁孝王令与诸生同舍，相如得与诸生游士居数岁。（《史记·司马相如列传》）

另外，汉初儒学的民间势力和影响也很大。《汉书》记载："参尽召长老诸先生，问所以安集百姓，而齐故诸儒以百数，言人人殊。参未知所定。"（《曹参传》）曹参相齐国时，诸儒百数言治，可见当时儒生之众多，仅齐国就可以召集上百人。《史记》记载：

叔孙通使征鲁诸生三十余人。鲁有两生不肯行。曰：公所事者且十主，皆面谀以得亲贵。今天下初定，死者未葬，伤者未起，又欲起礼乐。礼乐所由起，积德百年而后可兴也。吾不忍为公所为。公所为不合古，吾不行。公往矣，无污我！叔孙通笑曰：若真鄙儒也，不知时变。（《史记·刘敬叔孙通列传》）

叔孙通征鲁诸生三十余人，这些人必是鲁国儒生中著名而为叔孙通所知者，可见当时名家之多。

二

继陆贾之后的大儒是贾谊。"贾生以为汉兴，至孝文二十余年，天下和洽，而固当改正朔，易服色，法制度，定官名，兴礼乐。乃悉草具其事仪法，色尚黄，数用五，为官名悉更秦之法。孝文帝初即位，谦让未遑也。诸律令所更定，及列侯悉就国，其说皆自贾生发之。"（《史记·屈贾列传》）

贾谊在《过秦论》中进一步总结了秦亡的教训，并且在《新书·数宁》中对黄老政治提出了尖锐的批评。当时，"汉兴七十余年之间，国家无事，非遇水旱之灾，民则人给家足，都鄙廪庾皆满，而府库余货财。京师之钱累巨万，贯朽而不可校，太仓之粟陈陈如因，充溢露积于外，至腐败不可食。"（《史记·平准书》）各种政治社会矛盾开始暴露出来并且越来越严重。贾谊指出三个重大的问题："匈奴强，侵边，天下初定，制度疏阔，诸侯僭拟，地过古制。"

秦朝违仁背义造成的风俗败坏、宗法失序、法度松弛的问题，在黄老无为思想的影响下，愈演愈烈，社会矛盾大量产生和尖锐化，贾谊认为正是黄老无为思想造成天下这种局面，他说：

夫无为而可以振天下之败也，何等也？曰：为大治，可也；若为大乱，岂若其小，悲夫！俗至不敬也，至无等也，至冒齐上也，进计者犹曰"无为"，可为长大息者此也。

儒道两家的冲突随之进一步深化。汉景帝时发生在黄生和辕固生之间的一场唇枪舌剑颇具典型意义。《史记》记载：

清河王太傅辕固生者，齐人也。以治诗，孝景时为博士。与黄生争论景帝前。黄生曰："汤武非受命，乃弑也。"辕固生曰："不然。夫桀纣虐乱，天下之心皆归汤武，汤武与天下之心而诛桀纣，桀纣之民不为之使而归汤武，汤武不得已而立，非受命为何？"黄生曰："冠虽敝，必加于首；履虽新，必关于足。何者，上下之分也。今桀纣虽失道，然君上也；汤武虽圣，臣下也。夫主有失行，臣下不能正言匡过以尊天子，反因过而诛之，代立践南面，非弑而何也？"辕固生曰："必若所云，是高帝代秦即天子之位，非邪？"于是景帝曰："食肉不食马肝，不为不知味；言学者无言汤武受命，不为愚。"遂罢。是后学者莫敢明受命放杀者。（《史记·儒林列传》）

有必要强调一下争论双方的文化立场。辕固生是齐国治《诗经》的大儒，黄生则是黄老学者，他认为上下有别，汤武革命，以臣诛君，大逆不道。辕固生的反驳极为有力：照你所说，高祖诛暴秦建汉朝即天子位，岂不成乱臣贼子了吗？

这场发生在儒道两家之间的争论，很显然是辕固生赢了。但是，这个问题太敏感了。景帝支持哪一方都不行，只好利用皇帝权威急忙阻断。于此可见景帝的道德水平。如果是儒家圣王贤君，毫无疑问会支持辕固生，明确承认汤武革命的正义性。

辕固生为治《诗》的大专家，当时与伏生、胡毋生、董仲舒等大儒齐名。司马迁在《史记》中说："言《诗》，于鲁则申培公，于齐则辕固生，于燕则韩太傅；言《尚书》自济南伏生；言《礼》自鲁高堂生；言《易》自菑川田生；言《春秋》，于齐鲁自胡毋生，于赵自董仲舒。"辕固生师徒繁衍，"诸齐以《诗》显贵，皆固之弟子也"。

窦太后崇尚黄老，好读《老子》，招问辕固生，辕固生直言不讳地说："此家人言耳。"家人，指平民。颜师古："家人，犹言庶人也。"

窦太后听后大怒，命辕固生与野猪搏斗。幸亏汉景帝暗中给了辕固生一把利剑，辕固生才杀死野猪保全性命。窦太后也只好作罢。后来，辕固生离京为清河太傅，不久辞职归乡，在家授学。

汉武帝即位后，向全国各地征召贤良。90多岁高龄的辕固生以贤良身份到了都城长安，他告诫公孙弘（后官至丞相）说："公孙子，务正学以言，无曲学以阿世。"

三

汉武帝之前，汉朝儒化程度不高，但并没有脱离儒家文化和制度的整体框架；黄老之学虽然受到特别重视，但并未成为意识形态主角。所以，所谓汉初为黄老政治，是道家自我脸上贴金和浮浅学者以讹传讹。汉初实为儒道并重，而且道家之经、老庄之学的"政治地位"并未高于儒家。汉初政治应该定位为准儒家政治。

经过西汉前期七十多年的休养生息和经济建设，国家的经济实力得到恢复。政治上，在平定了吴楚七国的动乱后，诸侯王的力量进一步削弱，国家政权得以巩固。然而在指导思想上却众口异声，"师异道，人异论，百家殊方，指意不同"（《汉书·董仲舒传》）。在这样的背景下，汉武帝独尊儒术，将政治指导思想明确地定为儒家。《汉书·武帝纪》说：

汉承百王之弊，高祖拨乱反正，文、景务在养民，至于稽古礼文之事，犹多阙焉。孝武初立，卓然罢黜百家，表章六经。遂畴咨海内，举其俊茂，与之立功。兴太学，修郊祀，改正朔，定历数，协音律，作诗乐，建封禅，礼百神，绍周后，号令文章，焕焉可述。后嗣得遵洪业，而有三代之风。如武帝之雄材大略，不改文景之恭俭以济斯民，虽《诗》《书》所称，何有加焉！

孝武就是汉武帝。汉朝包括东汉，除汉高帝和汉光武帝外，所有皇帝谥号前都有一个孝字。

另复须知，道家相当于儒家的支流。道家所宗《易经》本为儒家六经之一，且为经中之王。只是道家作为支流过于偏远了，偏离源头和主流太远了。

孔子编书断自尧始。儒文化是自尧以来中华文明的主要缔造者，是几乎所有王朝的政治指导思想和制度建设者。法家将郡县制扩于全国，然法家作为指导思想唯秦一朝。周汉礼制建设最为辉煌，影响及于今。诸子百家无论影响多大，从无取代儒家主统地位者。

道儒道两家有异有同有交集。在社会政治领域，黄老之学主张"是非有分，以法断之，虚静谨听，以法为符"。"省苛事，薄赋敛，毋夺民时""无为而治"等，其实这些主张并没有脱出儒家的框架。重农抑商、轻徭薄赋、除秦苛法、约法省刑、与民休息等措施，本来就是儒家德治的特征。

有必要说明一下，所谓黄老政治，也是拉郎配。老子罕谈政治，不关心制度，颇有无政府主义倾向；黄帝则"修德振兵，治五气，艺五种，抚万民，度四方"（《史记·五帝本纪》），与道家原则格格不入，完全属于儒家道统系列。只不过黄帝事迹传说居多，比较渺茫。儒家严谨，不像道家胆子那么大，论道统一般从尧舜起，不及黄帝。

无为之治更是儒家政治题中应有之义，舜当政的时候，一切沿袭尧制，以德化民，被称为"无为而治"。不过，这是儒家制度法律框架之下的"无为"，与道家"效法自然""使民众无知无欲"的无为本质不同。

杂论荟萃篇

权力的本质

东海曰：无善无恶权之体，去恶为善权之用。

一

将权力谴责为恶的观点，西方自政治思想发端以来一直存在，西哲对权力之恶有大量论述。例如：

欧塔涅斯（Otanes）说："即使是最优秀的人士如果达到了拥有'可不负责任的权力'这样一种地位，也注定会变成最恶的人。"

康德："拥有权力，必定会贬损理性的自由判断。"

Jakob Burckhardt："权力本身就是一种恶。"

阿克顿勋爵："权力导致腐败，绝对的权力导致绝对的腐败。"

上述说法广泛流行，其实并不正确，因为疏忽了道德的力量。"拥有可不负责任的权力"就会变成"最恶的人"，那只说明这个人不是"最优秀的人士"；拥有权力就"必定会贬损理性的自由判断"，说明这个人的理性还没有上升为德性；权力导致腐败，说明拥有权力者人格不够健全。

这些论断用于小人非常准确，用于君子就会失效，用在中国历代圣贤大儒身上，用在"贫贱不能移，富贵不能淫，威武不能屈"

的大丈夫身上，就难以成立了。历代儒家王朝，不被权力腐蚀的清官良吏无数无量，明君贤王也层出不穷，甚至出现过尧、舜、禹、汤、文、武、周公等德性圆满的圣王。

君主时代，君主权力缺乏刚性制约，可以说拥有"可不负责任的权力"和"绝对的权力"，如荀子所说："兼制人，人莫得而制之。"（《荀子·王霸》）能够控制所有的人，没有人能够控制他。但是，几千年下来，完全为所欲为如桀纣嬴政隋炀帝者，毕竟不多。

关此，不懂中华文化的西方人恐怕很难理解和相信。庄子说得好："井蛙不可以语于海者，拘于虚也；夏虫不可以语于冰者，笃于时也；曲士不可以语于道者，束于教也。"（《庄子·秋水》）

二

以权力为"必要的恶"这种观点，非正见也。必要的事物，只能说善的，或者中性，非善非恶。任何恶的东西，皆非人类所必要，都应该是人类努力排斥、批判和消除的对象。

权力本身是中性的，可以为善，可以为恶，就像欲望本身没有善恶之分，发而中节为善、发而不中则非善一样。孟子说："士之仕也，犹农夫之耕也。"士大夫出仕就像农民耕田，权位自是必要的工具，当然没有善恶之分。

权力之善恶，决定于当权者及其背后的制度和文化。就当权者而言，德位相称，权力为善；位高德薄或有位无德，权力就会恶化；就制度而言，在良制良法中运用，权力为善；在恶制恶法中运作，权力就会恶化。

《尚书·咸有一德》是伊尹留给太甲的临别赠言。伊尹把太甲从桐宫迎接回来重主朝政后，拟告老还乡。临别之际，担心太甲德性不纯，又对他谆谆告诫讲了一番道理。因讲话中有"咸有一德"之语，经文编辑者就把此篇命名为"咸有一德"。伊尹说：

呜呼！天难谌，命靡常。常厥德，保厥位。厥德匪常，九有以亡。夏王弗克庸德，慢神虐民。皇天弗保，监于万方，启迪有命，眷求一德，俾作神主。惟尹躬暨汤，咸有一德，克享天心，受天明命，以有九有之师，爰革夏正。非天私我有商，惟天佑于一德；非商求于下民，惟民归于一德。德惟一，动罔不吉；德二三，动罔不凶。惟吉凶不僭，在人；惟天降灾祥，在德。

伊尹讲话围绕"一德"这个主题展开，大意是说，天命无常，只有保持道德之常，才可保住大位，否则就会失位。夏桀不修德，上天就重新寻找纯德之人以为百姓之主。当时只有自己和商汤具备纯一之德，因此接受天命，率领九州民众，革了夏桀暴政的命。商朝取代夏桀，不是因为上天偏爱我们，而是上天要保佑一德之人；也不是我们乞求民众支持，而是民众始终会归向一德之人。一德则无往不胜，不然则危机四伏。

这段话就是君权可善可恶的最好说明。君权在夏桀之手就会恶化，动罔不凶，最后被皇天剥夺，这是德位背离的结果；君权在商汤之手又得到伊尹辅助，就是大善，动罔不吉，这是德位相称的效果。

"咸有一德"，是伊尹称商汤和他都有一德。一德，指纯一之德、精纯之德性。得乎道之谓德。最高的道德是"得乎道"，道即"一"。尧舜禹所传的"惟精惟一，允执厥中"的中道，《易经》的乾元、《礼经》的太一，《论语》中子贡说的"性与天道"，孔子"一以贯之"的一，《大学》的明德和至善，《中庸》的天命和诚，程朱的天理，王阳明的良知，指的都是"这个"。在这段临别赠言中，伊尹强调了"一德"的原则性和重要性。

荀子说："国者，天下之制利用也；人主者，天下之利势也。得道以持之，则大安也，大荣也，积美之源也。"（《荀子·王霸》）意谓国家是天下最为有用的工具（制字显然是衍文），君位是天下最为有利的地位。权力入小人之手，确实会变成作恶的工具，但是，它也是君子行道不可或缺的工具。只要道统高于政统，道德统率政治，权力就是光荣的，就是积累美好的源泉。

对于权力的本质，哈耶克的认识远高于西方其他政治学家。哈耶克认为，仅从恶的一面讨论权力会产生误导。他指出：

所恶者恰恰不是权力本身——即实现一个人愿望的能力，真正的恶者只是强制的权力，亦即一个人通过施加损害的威胁而迫使其他人去实现其意志的权力。某个领导者为了实现某项伟大的事业所运用的权力，并无恶可言，因为在这项伟大的事业中，人们将出于他们自己的意志和为了他们自身的目的而自愿联合起来。人们正是通过这种自愿联合于某种统一领导下的方式，才得以极大地增强了他们所在集体的力量，当然，这也是文明社会的部分力量之所在。（哈耶克《自由秩序原理》）

哈耶克认为，权力本身不是恶，用之不当、用来损人利己，权力才会恶化，即"一个人通过施加损害的威胁而迫使其他人去实现其意志的权力"才是恶；"为了实现某项伟大的事业所运用的权力"则不是恶的。遗憾哈耶克没有进一步肯定，提升人类福祉、促进社会文明的权力是善的。

三

权力对于人类社会是必要的，而且必须是善的，而对于儒家来说也必然是善的。《易经》说"圣人之大宝曰位"，权位对于圣人就是"大宝"，尽善尽美。

《尚书·尧典》开头说："曰若稽古帝尧，曰放勋。钦明文思安安，允恭克让，光被四表，格于上下。克明俊德，以亲九族。九族既睦，平章百姓。百姓昭明，协和万邦。黎民于变时雍。"

　　大意是说，考查古代历史，帝尧名叫放勋。他治理天下严谨节用，谋虑通达，文雅温和，诚信尽职，推贤礼让，光辉普照四方，达于天上地下。他能够明明德，使族人亲密团结；族人亲密和睦后，明辨百官的优劣；百官德行提升、各尽其责后，协调各国的关系。民众也随着友善和睦起来了。

　　看，权力在帝尧手中成了多么伟大的工具，可以建设社会的和谐和政治的美好，可以齐家治国平天下。

　　儒家理想之美、权力之善、手段之正义并重。荀子在《王霸》一文中介绍王道政治的特征，其中之一是"行一不义、杀一无罪而得天下，仁者不为也"。可见儒家在权力运用方面何等慎重和文明。孟子也说过："杀一无辜而得天下不为也。"

　　各种抗暴卫道救灾抢险的正事善举，都有可能连累乃至牺牲无辜，汤武革命吊民伐罪，或亦难免误伤，那是一种无奈，不是主观故意。为"得天下"或"谋全局谋万世"而有意牺牲无辜，明知无辜还要加害，那就不允许，那是大罪恶。

　　或问：为了救天下能不能杀无辜呢？答：不论什么伟大的理由、崇高的目的都不能杀无辜，这是政治底线也是人道底线，这个底线若破了，"天下"和"无辜"都悲剧。其实天下不可能靠杀无辜而得救，邪恶手段达不成目的的善良和理想的美好。救无辜才能救天下，杀无辜适足以害天下。

　　荀子接着说："然扶持心国，且若是其固也。之所与为之者之人，则举义士也；之所以为布陈于国家刑法者，则举义法也；主之所极然帅群臣而首乡之者，则举义志也。"（《荀子·王霸》）

　　大意是说，虽然"行一不义、杀一无罪而得天下，仁者不为也"，但是，仁者会很坚定地维护道德理想和国家利益，就像石头那样坚固。提拔重用的人都是正义之士，国家颁布的法律都是良好的法度（合乎礼义的法律），率领文武百官追求的都是仁义的志向。可见，儒家的君权之善，必须与义士、义法、义志配合，要落实于官员群体、法律制度、政治方向的正义。

四

"君权天授"，岂有不善哉。

《孟子·万章上》就尧舜禹禅让一事进行了讨论，提出了君权谁授的问题。孟子的学生万章认为，君权君授，即下一代君权是由上一代天子授与。孟子反对，认为君权天授。

"天视自我民视，天听自我民听"，在政治上，民意为天意的第一代表，故"君权天授"落实到政治上，就是君权民授。舜之所以最终"践天子位"，就是因为"天下诸侯朝觐者，不之尧之子而之舜；讼狱者，不之尧之子而之舜；讴歌者，不讴歌尧之子而讴歌舜"，意味着其天子的权力来自民意。

可以说，儒家的权位和政治、制度、法律都是必要的善，是治恶习恶行的必需。同时，儒家认为，对于反道德、反文明、亡天下的恶权力，人人得而批判之、反抗之、驱除之、消灭之。孟子诛一夫，汤武大革命，针对的是暴君，也就是恶化、恶性的权力。吊民伐罪、应天顺人的革命权力，当然是正义的、大善的。

借用王阳明的话说：无善无恶权之体，为善去恶权之用。意谓权力的本质非善非恶，超越善恶，但权力的作用在于为善去恶，包括对治恶习，惩罚恶行，革除恶制，驱除恶政，亲民治国，富之教之，为民立极。尽管都主张对权力进行有效制约，但由于对权力本质认知的不同，儒家和自由主义所采取的方式也有所不同。如果说自由主义的说法和做法是"用法治把权力关进笼子"，儒家则是：用礼制把权力尊上礼台，促进文明。对权力，以法制约之，以礼提升之，以道统庄严之。

只有体现相当的人格高贵和道德尊严者，才有资格登上礼台；登上礼台者，必须自觉地"正其衣冠，尊其瞻视""博学于文，约之以礼"，别说非法，非礼都不行，都丢脸，都会被礼制轰下台。

两种成功

有两种成功：一种是正常的成功，另一种是"中国特色"的成功。

正常的成功，是真善美的，无论立德立功立言，都是自立立人的，同时是自利利人的——至少利己不损人。即使利益性成功，也不违反道德原则。因此，每个人的成功，多多少少有助于人类的文明度、和谐度、幸福度的提升。这种成功，多多益善。

有些"成功"则相反，反常道、反正道、反正义、反文明，假恶丑伪劣，损人利己，充满破坏性和危害性，会对他人、社会和国家产生大大小小的危害。大多数政治人文化人的成功都是以摧残良知为代价的。成功的人多了，人性越来越邪恶，政治越来越黑暗，社会越来越溃败，祸及自然生态，祸及子孙后代。这是丧心病狂、祸国殃民和断子绝孙式的成功。

当然，归根结底，损人终究是不利己的。通过坑蒙拐骗、欺诈暴力等各种恶行获得的利益，脆而不坚，坚而不久，悖入悖出，并将付出各种代价，轻则身败名裂，重则家破人亡。这种成功，与其说是成功，不如说是人生的惨败。

世事有常有变，有常态有非常态，在非常态社会，罪恶之人或有可能逃脱法律惩罚。但是，那并不意味着恶无恶报，无忧无虑。惩罪罚恶的方式非常之多，人祸天灾防不胜防，内在的惩罚更是防不胜防。比如，深植于潜意识的罪恶感、恐惧感也会经常性地冒出来，让主人翁忧郁不堪、生不如死。

是人都希望成功，但中国特色的成功却是正人君子所不屑的。孔子说："天下有道则现，无道则隐"；"邦无道则隐"。孟子说："穷则独善其身。"在无道的国度，独善其身就是一大成功。

独善其身就是保全性命。性命者，良知仁性也，天性之命和天命之性也，孟子说尽心知性知天，孔子说"不虞天性，不迪率典"（《尚书·西伯戡黎》）。《中庸》说"天命之谓性"，孔明名言"苟全性命于乱世，不求闻达于诸侯"的性命，指的就是这个东西。

孟子三乐之一是，仰不愧于天，俯不愧于地，这就是得性命之全的表现。性命残缺，轻则其德有缺其心有亏，重则铸成大错犯下大罪，或者丧心病狂行尸走肉。这是人生最大的悲剧，是任何外物外力无法解决的，是权位荣耀和物质享受无法弥补的。对于儒者来说，性命最重要，即使乱世也要努力保全，哪怕为此丢了肉身。

全性命的底线是无恶无罪问心无愧，这是必须做到的。在性命得全的基础上，有条件则立功，无机会则立言。若能闻达，那是为人生锦上添花，为性命增添光辉，可以更好地立德立功。否则从吾所好，乐天知命。

我站在这里，对现实对政治社会，不会有一点迎合；我站在这里，任凭天下滔滔，不会有丝毫动摇。举世誉之而不加劝，举世非之而不加沮，一切言行听从良知的命令。

知我者众则儒尊，你若有请我便教，自当诲人不倦；知我者希则我贵，你既无心我便休，岂敢好为人师？鲜花美酒也好，烈日骄阳也罢，东海恒常如此，既不会泛滥也不会枯竭。我相信，正人君子会为我骄傲，真正的中国人会为我骄傲，我的子孙后代会为我骄傲。

此生曾经"多变"，开始颇为道家，后来颇为佛家，再后来颇为自由主义，期间还曾经信尼采康德们。值得自豪的是，无论趋向那一家，都是为了给自己找家给社会寻路，思想之自由和精神之独立始终没有变。最后归本于儒，就是因为深深地认识到，儒家是生命最好的家，社会最好的路。

归本于儒，大本确立，乾坤定矣，仁宅义路，无入而不自得，于个人而言，这是最大的幸福，也是最大的成功。我还要追求更大的成功，那就是成德成圣。我没有政治野心，但有文化道德"野心"，我希望自己不要辜负了我，不要辜负生命的珍贵和良知的高贵。

民本、民主和民粹

主权和治权、民本和民粹是两回事。主权在民不等于治权在民，以民为本不等于以民为主，更不等于以民为师和"人民当家做主"。

主权在民是强调政权的民意合法性，视民众支持为权力的第一来源，但是，政府及政治家获得民意的认可之后，就要承担起政治责任，致力于制礼作乐的制度建设、传道授业的文化教育、以身作则的道德教化等工作。某小说中男性主人公对他所爱的女子说："你不同意，我不勉强。你若同意与我结婚，就要夫唱妇随。"儒家对民众的态度可作如是观。

礼制，礼乐刑政具备，刑就是法律。"不教而诛谓之虐"，并非不诛。该诛就诛，儒家法律也相当严峻，与法家的严刑峻法不同在于法律品质。《尚书·康诰》的"义刑义杀"，《吕刑》的"祥刑"，就是指法律的公平公正高品质。

与法家政治最大的不同是，儒家强调师道尊严，特别重视文化启蒙和道德教育。《礼记·经解》将教化视为礼的功能："故礼之教化也微，其止邪也于未形，使人日徙善远罪而不自知也，是以先王隆之也。"

《孝经》："先王见教之可以化民也，是故先之以博爱，而民莫遗其亲，陈之于德义，而民兴行。先之以敬让，而民不争；导之以礼乐，而民和睦；示之以好恶，而民知禁。"《大学》三纲领：明明德、新民和止于至善。朱熹解"亲"为"新"。"新民"是说明明德之后，当推己及人，使民众去其旧污，做一个新民。这是民本政治的重要责任。

民本与民主异中有同。民本是以民为本，以民为贵，将民众排在政治序列之首，在社稷（国家）和君主（领导人）之前，将"庶之，富之，教之"视为主要政治责任。民本与民主都主张主权在民，强调民意合法性，这是同，所以儒家局部认同民主。但民意合法性之上还有道统的指导性，这是西式民主所不了解也不关心的。

民本与民粹天地悬殊。民主主义，不要自由，只要民主，本非良性；民粹是民主主义的进一步恶化，除了权力来源，将各种政治问题付诸民意表决，交给民众决定。

民本重民意，民粹唯民意，真理进一步就是谬误。主张民本而反对民粹，是儒家共识。这一思想特征在王夫之身上表现得特别鲜明。

王夫之说："君以民为基"（《周易外传》）；"一姓之兴亡，私也，而生民之生死，公也"；"严以治吏，宽以养民"；"藏富于民"（《读通鉴论》）；又说："功于天下，利于民物，亦仁者之所有事。"要"尽君道，以为民父母。"（《读四书大全》）这是正宗民本思想。

同时，王夫之对民性的局限和民众的恶习又有深刻地认识，对"王仙芝黄巢之辈，横行千里，如入无人之境"的造反队伍深恶痛绝，指出"庶民之祸烈于小人"。他称述孟子所说的"人之所以异于禽兽者几希，庶民去之，君子存之"：

人之所以异于禽兽者，君子存之，则小人去之矣，不言小人而言庶民，害不在小人而在庶民也。小人之为禽兽，人得而诛之。庶民之为禽兽，不但不可胜诛，且无能知其为恶者，不但不知其为恶，且乐得而称之，相与崇尚而不敢逾越。（《俟解》）

这不是歧视，而是对人性、民性的洞察。

道德也是说出来的

或说，道德不是说出来的。此言没错，君子必须言行一致，知行合一，道德必须付诸实践，不能空谈，不能口头禅。就这个意义上说，这句话成立。

但这句话并不全面。道德不能空谈,但不排斥言说。古人"三立"之中，德功言并列，可见立言的重要价值和意义。道德具有知识性，道德知识有赖于言说，传道授业解惑，传播道德真理，以及在没有言论自由的国度说真话，本身就是一种德行。只要"修辞立其诚"，立言就是立德。在这个意义上，道德也是说出来的。

不知而言，是妄言；知而不言，知真理而不宣传，知正义而不弘扬，知谬论而不批判，则是自私，是对文化社会责任的放弃。圣贤不妄言也不自私。有德者必有言，必有真言、善言、美言。

知道就要传道，立言就是立德。佛祖不能不说法，他一生滔滔至死方休；儒家将言论与行为并视为"君子之枢机"(《易经·系辞上》)，故圣贤大儒不能不诲人不倦或述作不休，即使主张"知者不言、言者不知"的老子，也不能不留下五千言。

吕坤说:"终日不歇口,无一句可议之言,高于缄默者百倍矣。""无一句可议之言"只有圣贤做得到，但是，说政治真话，揭社会真相，论古今真理,求生命真谛,杜绝假恶丑言,却是文化人应该努力做到的。

道德是理论和实践的统一，可行也可言，可教可学可以言传，可以启蒙教育。如道德的奥义和真相是什么，有哪些规范和标准，有哪些修养方式和法门，次第如何，道德与政治的关系怎样，诸如此类问题都是德育题中应有之义。

或有"道德绝不是作为学问存在的""有伦理学家，没有道德家。道德多言即空"云，这否定了道德的知识性和德教的可行性，也否定了古今中外各派大师大德。信解行证，解为其一，理解和解说都很重要。孔子学不厌诲不倦，孟子好辩，所诲所辩都是正知正见，即正确的道德知识。

孟子距杨墨，放淫辞，辟邪说，韩愈称赞他"功不在禹下"，功德像治水大禹一样大。后人视韩愈于儒学也有大禹治水之功，说他"道济天下之溺""障百川于东之，回狂澜于既倒"，所以又用他称赞孟子的话来称赞他。

《中庸》说："博学之，审问之，慎思之，明辨之，笃行之。有弗学，学之弗能，弗措也。有弗问，问之弗知，弗措也。有弗思，思之弗得，弗措也。有弗辨，辨之弗明，弗措也。有弗行，行之弗笃，弗措也。"博学审问慎思明辨的内容，就是道德知识。正知正见确定不疑，然后才付诸实践。

为了维护仁道、阐明正理和抵御邪说，荀子提出"君子必辩"说，将论辩提高到探讨真理和捍卫真理的高度。

凡人莫不好言其所善，而君子为甚焉。是以小人辩言险而君子辩言仁也。言而非仁之中也，则其言不若其默也，其辩不若其呐也；言而仁之中也，则好言者上矣，不好言者下也。故仁言大矣。(《荀子·非相》)

大意是，君子一定能言善辩。大凡人没有不喜欢谈论他喜欢的东西，君子尤其如此。小人谈论险恶而君子宣扬仁义。言论不符合仁义之道，那么他开口还不如沉默，他善言还不如笨拙；言论如果符合仁义之道，那么善于言论者为上等，而不善于言论者为下等。所以合乎仁义的言论是伟大的。

荀子又说："口能言之，身能行之，国宝也；口不能言，身能行之，国器也；口能言之，身不能行，国用也；口言善，身行恶，国妖也。"（《荀子·大略》）能言能行最好，既能踏实践履又能教导他人，不能行而能言，说得对，亦有一定的作用，可见言说的重要性。

口言恶而身行善、理论错误而实践正确的情况则是没有的。要是是非非、善善恶恶、贤贤贱不肖，首先要分得清是非善恶贤不肖；要做一个坚持正道、维护正义的正人君子，为重建中华贡献力量，首先要正确辨别义利、正邪、君子、小人的不同。

对于道德良知，"仁者见之谓之仁，智者见之谓之智，百姓日用而不知"。日用而不能知就是缺乏学问。不能知必然用得不好，不能言难免行不中正，此所以为百姓也。儒家君子则不同，能行能言，言行一致，行之无偏，言之有理，所以能够自立立人，自达达人。

文化人除了勇于践履，还应该善于传道解惑和勇于批判歪理邪说。有德者必有言，就像太阳不能不发光。文化人发言就应该像太阳发光一样发出智光德光，良知之光。这是驱除道德蒙昧、净化世道人心的必需。

罪恶没有赢家

罪恶没有赢家，罪恶必有恶果，这是道德真理。

《易经》说："积善之家必有余庆，积不善之家必有余殃。"又说："善不积不足以成名，恶不积不足以亡身。"小善小恶不断积累起来，就会成为大善大恶而导致质变，积健为雄则成大名，恶贯满盈则亡其身。作恶就像骆驼负重，积恶就是不断增负，最后被一根稻草压垮。

仲尼曰："始作俑者，其无后乎！"；《中庸》说："言悖而出者，亦悖而入；货悖而入者，亦悖而出。"曾子说："人而好善，福虽未至，祸其远矣；人而不好善，祸虽未至，福其远矣。"（《中论》）

《孟子·梁惠王下》载曾子语："戒之戒之！出乎尔者，反乎尔者也。"孟子说："人必自侮，而后人侮之；家必自毁，而后人毁之；国必自伐，而后人伐之。"《荀子》说："凡物有乘而来，乘其出者，是其反者也。"《国语·周语》云："天道赏善而罚淫。"这些儒言都揭示了"罪恶必有恶果"这一道德真理和因果铁律。

罪恶没有赢家，也是历史教训，罪恶的人物和势力，即使得意一时猖獗一时，必要付出惨重代价，个人如此，群体如此，国家也一样。一个国家野蛮化了，野猪太多，甚至野猪当道，就难免受到野蛮对待，被侮被毁被伐甚至被灭。吃人的野猪也会被人或野猪所吃，家灭国亡的时候，野猪群体的下场最为悲惨。

政治无道、社会无序，弱势群体固然是受害者，强势集团同样难得好下场，无数鲜血染成的历史事实为此提供了证明。秦王朝是最为典型，秦始皇一时的极权得志，让所有子孙和嬴氏家族死于非命，一个剩下的都没有。

害人者被害，抢劫者被抢是乱世的常态。乱世是罪恶的渊薮，五代是典型的乱世，赵翼《廿二史札记》中有《五代藩帅劫财之习》《五代幕僚之祸》《五代滥刑》《魏博牙兵凡两次诛戮》《五代诸帝皆无后》等史实记录，无不触目惊心，为"罪恶没有赢家"做了最好的注脚。其中《五代藩帅劫财之习》如下：

五代之乱，朝廷威令不行，藩帅劫财之风，甚于盗贼，强夺枉杀，无复人理。李匡俦为晋军所败，遁沧州，随行辎重妓妾奴仆甚众，沧帅卢彦威杀之于景州，尽取其赀。（《旧五代史·唐书》）

张筠代康怀英为永平节度使，怀英死，筠即掠其家赀。有侯莫陈威者，尝与温韬发唐诸陵，多得珍宝，筠又杀威而取之。筠弟篯守京兆，值魏王继岌灭蜀归，而明宗兵起，篯即断咸阳桥，继岌不得还，自缢死，遂悉取其行橐。先是王衍自蜀入京，庄宗遣宦者向延嗣杀之于途，延嗣尽得衍赀。至是明宗即位，诛宦者，延嗣亡命，篯又尽得其赀。由是筠、篯兄弟皆拥赀巨万。（《筠传》）

马全节败南唐将李承裕，擒以献阙下，承裕曰："吾掠城中，所得百万，将军取之矣。吾见天子，必诉而后就刑。"全节惧，遂杀之。（《全节传》）

高允权为延州令，其妻，刘景岩孙女也，景岩家于延，良田甲第甚富，允权心利之，乃诬景岩反而杀之。（《允权传》）

李金全讨安州，至则乱首王晖已伏诛，金全闻其党武彦和等为乱时劫赀无算，乃又杀而夺之。（《金全传》）

张彦泽降契丹，奉德光命先入京，乃纵军大掠，又缢死桑维翰，悉取其赀。（《彦泽传》）

成德节度使董温其为契丹所虏，其牙将秘琼杀其家而取其赀。琼为齐州防御使，道出于魏，范延光伏兵杀之，以戍卒误杀闻。后延光叛而又降，挈其帑归河阳，杨光远使子承勋推之坠水死，尽取其赀。（《延光传》）杨光远后亦叛而复降，其故吏悉取其宝货名姬善马，献李守贞。（《光远传》）欧《史》谓琼杀温其，取其赀，延光杀琼而取之，延光又以赀为光远所杀，而光远亦不能免也。可见天道报施，虽乱世亦不爽。

且多财为害，乱世尤易召祸。白再荣在镇州，劫夺从契丹之官吏，镇人谓之"白麻答"。及归京师，遇周祖兵入，军士至其家，悉取其财。已而前启曰："我辈尝事公，一旦无礼至此，何面目见公乎。"乃斩之而去。（《再荣传》）则以人事言之，非分取财，更杀身之道也。

藩帅就是藩镇的首脑，各地土皇帝。由于五代政治社会的混乱，他们依仗没有有效制约的权力暴力胡作非为，公开劫财害命，结果自己也常常被劫财被害命。《五代藩帅劫财之习》列举劫掠个案十四例，其中有五例最为惊心动魄：成德节度使董温一家被牙将秘琼所杀，夺其财货；秘琼路过魏地，被范延光所杀而夺其财货；范延光挈其财货归河阳，被杨光远儿子杨承勋推入水中淹死而夺其财货；杨光远后来又被老部下抢掠一空……

"人不能把金钱带进坟墓，金钱善于把人送进坟墓。"这句无名之言，说出了一个真理。古人云："非分取财，杀身之道也。"意谓不义之财容易招灾引祸甚至招来杀身之祸。古今中外无数无量的人被不义之财送进坟墓和地狱。贪痴是人性的黑洞，也是通往宇宙黑洞（地狱）的捷径啊。

杀人手段救人心

——儒家政治特色之一

儒家重不重视法律，能不能够杀人，本不是问题。礼制是礼乐刑政的统一，刑即刑法、法律。德治涵盖法治，仁政不碍征伐，德教不碍刑杀，这是儒家常识。可不少人误会，讲道德就是不讲法律，施仁政就不应该杀戮，一说到严刑重法，就属之于霸道或法家，以致有封疆大吏说出"对恐怖分子不能施仁政"的傻话。

这个误会还相当古老，至少可以追溯到汉宣帝。汉宣帝教训"柔仁好儒"的太子即后来的汉元帝说："汉家自有制度，本以霸王道杂之，奈何纯任德教，用周政乎？"（《汉书·元帝纪》）这段话将德教与刑法割裂开来了，以为周政是纯任德教的。殊不知周政汉政都是儒政礼制，即任德教，也重刑罚，教而不诛谓之虐，教而不改诛之宜。

周政汉政，具体制度法律形式不同，但本质完全一致，都是儒家政治。汉朝自刘邦起就从思想上摒弃了法家，儒道并尊，到武帝完成独尊儒术工作，此后道统政统学统合一，三统皆儒。汉制属于家天下小康式王道，远高于霸道。霸道尊王攘夷，不错，但不能克己复礼建设礼制。宣帝视汉制为"以霸王道杂之"，是自我贬低。后人将霸道等同于商韩法家，遂有阳儒阴法说，更是误解。

汉宣帝是尊儒的好皇帝，但思想理论糊涂。其子汉元帝好儒而"柔仁"，同样糊涂。仁道刚柔相济，岂能唯柔？

儒政礼法并重，德主刑辅，重德慎刑，并非不要或不重视刑法。历代王朝都非常重视法律建设，历代史书中多辟有《刑法志》。《尚书》中的《盘庚》《微子》《金縢》《康诰》，《梓材》《多方》《立政》诸篇都有关于古代刑法的记述，《吕刑》篇专门论述刑法，是我国历史上最早的系统的刑法文献，是周政的重要内容。

周穆王在各地游历之时，见到某些诸侯任意施刑，遂命吕侯以"明德慎罚"为指导原则，"作修刑辟"，对周初刑法改革修正，重新制定了一部法典。因为是吕侯主持修订，故称为《吕刑》。

慎刑慎罚并非一味轻刑轻罚。《吕刑》说"刑罚世轻世重"，意谓刑罚随世轻重，刑罚的轻重要根据当时社会的实际情况而定。《周礼·秋官·大司寇》说："刑新国用轻典，刑乱国用重典，刑平国用中典"，这成了历代儒家王朝的刑罚原则。

郑玄云："新国者，新辟地立君之国。用轻法者，为其民未习于教也。平国，承平守成之国。用中典者，常行之法也。乱国，篡弑叛逆之国。用重典者，以其化恶，伐灭之也。"伐灭就是杀伐和消灭。

乱国人性败坏，如果刑法宽缓，犯罪成本低小，就会导致罪恶行为上升而难以控制的局面。宋李觏说："篡杀叛逆之国，纪纲大坏，风俗大恶，强弱相胜，众寡相暴，从而缓之，则羊狼狼贪，难以制矣。"（《周礼·致太平论·刑禁》）

《吕刑》中周穆王介绍了"上帝"对苗民的严厉惩罚："民兴胥渐，泯泯棻棻，罔中于信，以覆诅盟。虐威庶戮，方告无辜于上，上帝监民，罔有馨香德，刑发闻惟腥。皇帝哀矜庶戮之不辜，报虐以威，遏绝苗民，无世在下。"

大意是说，苗民互相欺诈，纷纷乱乱，没有中正诚信，以致背叛誓约。受了虐刑和被侮辱的人，都向上帝申告无罪，上帝考察苗民，没有芬芳的德政，刑法所发散的只有腥气。颛顼皇帝哀怜众多民众无辜被害，于是报"为虐者"以威，将"苗民"灭绝，灭其人，绝其后，使他们没有后嗣留在世间。

这就是猛药去疴，重典治乱。文中的上帝和皇帝，或说指黄帝，或说指颛顼，或说是帝尧。因接着有"乃命重黎，绝地天通"事，应以颛顼为是，因为绝地天通是颛顼时事。重黎都是颛顼时人名，重主管天神，黎主管臣民。

"宽""仁"二字常常连用。其实政治一味宽松，反而不义，有伤于仁。如赋低税轻法律松弛，就是元政一大弊端。例如，自忽必烈建元至顺帝初年七八十年间，天下死囚审谳已定，却不执行死刑，皆老死于图圄。这么做，宽容有余，但伤害了法律的严肃性，导致民不畏法，不可取也。政治宽纵成了元朝灭亡的原因之一。朱元璋有鉴于此，变宽为严，又过于严苛了。要遵循政治中道，不容易也。

仁政，礼法并重，仁义并重。义是正义、适宜义，义德体现于政治，包括义刑、义杀、义战。义刑即正义合宜的刑法。《康诰》说："用其义刑义杀。"曾运乾说："义，宜也。刑罪相报，谓之义刑义杀。"义刑也就是《吕刑》中说的祥刑。刑罪相报，就是有罪必罚，罚必当罪。

义战，正义之战，包括剿杀内匪和抵抗外敌，包括自上而下的征伐和自下而上的革命，是王道仁政的内容。儒家慎杀，杀一无辜而得天下不为也，但不能不阻止和惩罚罪恶。对罪恶的纵容，无异于对善良的犯罪。便是大赦也须谨慎。有人批评诸葛亮惜赦，诸葛亮回答说："治世以大德不以小惠，故匡衡、吴汉不愿为赦。"

《尚书》中多数篇章都涉及刑法、诛罚、征伐和杀戮，《汤誓》《太誓》《牧誓》《武成》等更是革命的檄文。即使圣王在位，有时候也不得不诉诸武力，尧舜不能不诛四凶，周公不能不平叛和东征，都是为了尽他们敬天保民的责任，都是在其位谋其政的表现。《易经》谦卦五六爻亦讲征伐，谦德有助征伐。

惩恶就是扬善，罚罪就是保民，革命就是顺命，顺天应人，替天行道。到了条件成熟、应该革命的时候，如果不起而革命，就是违天逆命，不负责任，就有罪。《太誓》中周武王说："商罪贯盈，天命诛之；予弗顺天，厥罪惟钧。"意谓商纣的罪恶，像穿物的串子已经穿满了，上天命我讨伐他；我若不顺从上天，我的罪就与商纣相等。

若有菩萨心肠，必有霹雳手段；若是赤子情怀，必须除恶卫道。曾国藩麾下大将彭玉麟有一副名联："烈士肝肠名士胆，杀人手段救人心。"彭玉麟确实是这样的人。他书生从戎，胆气过于宿将，两军对敌勇于杀戮，对贪官恶少也毫不容情，李鸿章的侄子就死在他手里。杀人手段救人心，以杀止杀，以杀人为救人手段，是儒将风范，也是儒政的一大特色。

但彭玉麟坚决反对滥杀无辜，对曾国荃诱杀降兵和屠城暴行很是不齿，数次要求曾国藩大义灭亲。不仅不许滥杀无辜，对罪犯也强调罚当其罪，不许轻罪重判，这是儒家不言而喻的共识，是儒家与法家、仁政与暴政的重大区别。

顺便破除两个相关的误会。第一个误会是：儒生斗不过流氓，儒生要战胜流氓，首先要变成流氓。大谬不然，儒生斗不过流氓，或是因为儒化程度太低，无智无勇，或为特殊现象，非常态也。流氓斗不过儒生才是社会常态和历史常态。儒士从商则为儒商，从戎则为儒将。像彭玉麟那样的儒将，古来俯拾皆是，曾国藩集团中就不少。

儒生从政则为儒官，为君则为明君，仁者无敌。

第二个误会是：打江山要反儒。对于政治势力，"革命就要反儒"这种谬见是致命的。除了洪杨，古来从无公开反儒的人物和势力而能成功"打江山"的，可谓"反儒成功自古无"。

明白了儒家以杀止杀的征伐和革命精神，知道了仁者自可无敌、仁政最善除暴的道理，上述两个误会自然就消除了。

哈耶克初论

作为自由主义的代表人物，哈耶克思想与儒家有不少相通处。

第一，他对内在自由有相当的认识。哈耶克指出：[①]

> 与"自由"原始意义不同的另一种意义，乃是"内在的"自由或"形上的"自由（有时亦称为"主观的"自由）。这种意义上的自由可能与个人自由更为相关，从而亦就更容易与之相混淆。内在自由所指涉的乃是这样一种状态，在这种状态中，一个人的行动，受其自己深思熟虑的意志、受其理性或持恒的信念所导引，而非为一时的冲动或情势所驱使。然而，"内在自由"的反面，并非他人所施之强制，而是即时情绪或道德缺失及知识不足的影响。依据这种内在自由，如果一个人不能成功地按其深思熟虑做他所欲做的事情，如果他在紧要关头丧失意志或力量，从而不能做他仍希望做的事情，那么我们可以说他是"不自由的"，亦即他是"他情绪的奴隶"。

哈耶克认为，不自由有两种状态，一种是外在的，受到强制，即其他人的意志强加；一种是内在的，由于"即时情绪或道德缺失及知识不足的影响"，违背了自己意愿的真实而成为"情绪的奴隶"。

---

① 注：本文哈耶克语多取自其《自由秩序原理》。

两种自由根本不同，然有一定的关联，共同决定着一个人的自由程度。

这种内在自由，即意志自由，相当于儒家道德自由的"初级阶段"。尽管哈耶克不可能证知"从心所欲不逾矩"那种道德自由——内在自由的最高境界，但在西哲中，算是有思想深度的。

第二，哈耶克对道德规范相当重视。

道德规范不具有法律意义上的强制性，是一种传统性、习惯性的软约束。但是，对于社会和文明而言，这种软约束的重要性，却是极为重要的，对此哈耶克有着清醒的认识。他指出：

> 不论我们是否愿意将社会对那些违反伦理规范者所施加的程度较低的压力也称作强制，有一点则是毋庸置疑的，即虽说这些道德规范及惯例的约束力要比法律的约束力小，但是这些规范和惯例实际上却起着极为重要的，甚至是不可或缺的作用，而且在推动和维护社会活动方面，道德规范和惯例很可能与严格的法律规则具有同样的重要作用。众所周知，这些道德规范和惯例将在一般意义上被遵守，而不是说一律要遵守，但是这种知识仍将提供有益的指导，而且还能够减少不确定性。

相比儒家来说，哈耶克对道德的认知当然是肤浅粗糙的，不可能从"天命之性"和天人合一的层面解悟道德的奥秘，不可能知道道德的形而上。但是，他对道德的重要性还是有所认识的，在自由主义学者群中卓然别具一格。

哈耶克还认识到，良好的政治需要一定的道德规则奠基和道德原则的约束。他说：

> 政治行动一如个人行动，也极需要有道德规则的支撑，而且连续性的集体决策的结果以及个人决策的结果，只有在其与那些为人

们共同遵守的诸原则极为符合的时候，才会是有助益的。

当然，哈耶克反对道德强制。他说：

全权性政权的经验表明，"绝不将道德价值的目标与国家的目标等而视之"的原则，具有极为重要的意义。的确，与那些专做恶事的人相比，那些决定使用强制性权力以消除道德罪恶的人，实则导致了更大的损害和灾难。

这种观点与儒家"礼不下庶人"说，有异曲同工之妙。儒家强调德治，但同时又认为，对庶民进行道德强制是不道德的。对于庶民，道德是以身作则的示范与和风细雨的教化，不能诉诸国家机器的强制。

易言之，政府应该教育、培养、引导、鼓励国民做君子，但是，不能硬性规定，每个人必须做君子，不能剥夺庶民反孔反儒的言论自由和"不做君子的自由"——只要不触犯法律不损害他人即可。庶民有权选择"做一个什么样的人"。

当然，这并不意味着不道德的言行可以或应该免受师长的批评监督和舆论谴责的压力。在浓厚的文化氛围和良好的道德环境中，在以德取人、选贤与能的社会，坚持做一个不道德的人，一个小人，其实比做君子更不容易，从功利角度看也是不划算的。

第三，哈耶克对"多数权力"和"无限民主"的警惕与儒家不约而同。

哈耶克认为，民主为受限制的政府的最好形式，但在当今这种被人们普遍接受的民主政制中，存在着根深蒂固的缺陷，主要有四大问题：一、民主机构拥有无限的权力；二、民主政府除了拥有无限的权力以外，还会不正当地行使这种权力；三、如果民主政府不受制于法律，那么它就必定是一个会受制于特殊利益支配的弱政府；四、当代民主政体的政策是由各种少数利益集团支配的，所以它一点都不民主。

哈耶克指出，这并不是民主制度的必然结果，而是那种被人们逐渐与民主制度混为一谈的"无限民主"的后果。首先，无限民主会侵害个人的自由。他说：

> 一个拥有无限权力的议会也只能意味着个人自由的消亡。换言之，一部自由的宪法在这种情形中已经不再意味着个人的自由，而只是一份任凭议会之多数专断暴虐、恣意妄为的许可证。毋庸置疑，自由的议会与自由的个人实是不可兼得的。因此，要保障个人的自由或人身的自由，就必须用公众意见赞同的长期原则来约束一切权力。

其次，无限民主必将摧毁权力分立的理念和实践；最后，无限民主必将使立法机构蜕变为名利的追逐场所。哈耶克说："在这种制度安排中，一个并不只限于制定普遍的正义行为规则的立法机构，肯定会在有组织的利益群体的驱使下使用它的'立法'权力去为特定的私人目的服务。"

哈耶克警告："我们必须抛弃无限民主的幻想，我们没有任何理由期望一个拥有无限权力的民主政府会始终服务于一般性利益而不去为特定的利益服务。"

儒家政治重民意，但反对唯民意，认为民主的制度精华值得汲取，但反对唯民主。哈耶克对民主的肯定和对"无限民主"的批判，可谓先得我心之所同然。

第四，哈耶克对责任的强调与儒家不谋而合。

有必要消除一个误会：一些儒者"严义利之辨"，将西方市场经济制度视为纯粹的利益追求，殊不知，义务、责任、尊重、合作诸精神，

是构成现代市场制度的一个至关重要的道德基础。包括哈耶克在内
的众多思想家康德、韦伯、列维那斯等都对责任问题给予了相当的
关注。哈耶克对自由与责任问题的论述散见其多部著作中，在《自
由秩序原理》一书中专章论述。

哈耶克将责任与自由紧密联系在一起，认为责任产生于自由，
自由是责任的渊源和条件。世间没有无责任的自由，也没有无自由
的责任。他强调：

一个自由的社会很可能会比其他任何形式的社会都更要求做到
下述两点，一是人的行动应当为责任感所引导，而这种责任的范围
应远远大于法律所强设的义务范围；二是一般性舆论应当弘扬责任观
念，当人们被允许按照他们自己视为合适的方式行事时，他们也就
必须被认为对其努力的结果负有责任。

他指出：

在没有自由的情况下，道德评价是毫无意义的。"如果一个成年
人的行动，不论其善恶，乃出于命令的怂恿及强制的压力，那么所
谓美德难道不只是一空名吗？受赞誉者难道不只是在这种怂恿和压
力下的循规蹈矩吗？而所谓严肃认真、公正和节制难道还具有丝毫
意义吗？

然哉然哉，奴隶的"美德"不是美德，被逼出来的"爱心"不
是爱心，因为他们没有别的选择。

哈耶克又说：

一个人能够发现物质资源的较佳用途或他自己的能力的较佳用

途，乃是他在我们当今社会中所能够为他的同胞的幸福做出的最伟大的贡献之一；更有进者，一个自由社会之所以能发展得比其他社会更繁荣，也是因为它为人们能够做出这种贡献提供了最大限度的机会。

儒家认为，只要不损人，利己就是道德的，就是利他。哈耶克这段话为此提供了自由主义的理据。

第五，哈耶克对平等主义的批判深中肯綮。他在《自由秩序原理》第六章开头引用 O. W. 霍尔姆斯的话表示："我一点也不敬重追求平等的热情，在我看来，它似乎只是将忌妒理想化而已。"注意，这里的平等可不是自由主义的平等，不是法律面前的平等，而是指平等主义，即以平等"压倒自由"而作为追求目标。哈耶克强调：

只有法律和行为的一般准则的平等才能导向自由；我们只有在确保这种平等时，才不致伤害自由。自由不仅与任何其他种类的平等毫无关系，而且还必定会在许多方面造成不平等。

他进一步指出：

法律面前的平等和物质利益的平等不仅不同，而且相互冲突；在同一时刻我们只获得其中之一，无法两全其美。法律面前的平等，是自由所需要的，但它会导向物质利益的不平等。我们的论点是：尽管国家因其他原因在某些地方必须使用强制手段，但它必须对所有的人一视同仁，如果以为使人们在境况上更加相同，便有理由使用有差别的强制手段，这在一个自由社会里是无论如何不能被接受的。

敬畏生命与仁爱无疆
——施韦泽其学其人的儒家精神

一

"东方有圣人，西方有圣人，此心同，此理同。"人不分东西，都具有认证真理的智慧。中西文化和哲学到了高处，都可以相通。人心相通，天理良知相通故。施韦泽敬畏生命伦理学，对生命本质和人性本质就有相当认识，颇多真知灼见，颇为接近儒家。

在儒眼里，文明的核心是文化，文化的本质是道德，道德的本源是良知。施韦泽强调伦理为文化的本质，与儒家异曲同工。施韦泽认为，实现知识、能力和人的社会化的一切可能的进步的目的，应该是借此促进精神伦理的发展和个人的内在完善，在敬畏生命中完善生命，这才是文化的根本目的。

"敬畏生命"是施韦泽伦理学的核心和基石，施韦泽认为，人的存在不是孤立的，有赖于其他生命和整个世界的和谐，任何生命都有平等的存在价值。不仅对人类生命，对一切动物的生命都应该保持敬畏的态度。

人类同情和爱的范围的扩大，是道德进步的重要标志。把敬畏生命的伦理范围扩展到一切动物，是施韦泽伦理学的重要特征。他非常自信地说："把爱的原则扩展到动物，这对伦理学是一种革命"，

"一次新的、比我们走出中世纪更加伟大的文艺复兴"：

实际上，伦理与人对所有存在于他的范围之内的生命的行为有关。只有当人认为所有生命，包括人的生命和一切生物的生命都是神圣的时候，他才是伦理的。

……

体验到对一切生命负有无限的责任，只有这种普遍的伦理才有思想根据。有关人对人行为的伦理绝不自满自足，它只是产生于普遍伦理的特殊伦理。

……

我们越是观察自然，我们就越是清楚地意识到，自然中充满了生命……每个生命都是一个秘密，我们与自然中的生命密切相关。人不再能仅仅只为自己活着。我们意识到，任何生命都有价值，我们和它不可分割。出于这种认识，产生了我们与宇宙的亲和关系。

……

由于敬畏生命的伦理学，我们与宇宙建立了一种精神关系。我们由此而体验到的内心生活，给予我们创造一种精神的、伦理的文化的意志和能力，这种文化将使我们以一种比过去更高的方式生存和活动于世。由于敬畏生命的伦理学，我们成了另一种人。

这种理念与儒家仁本思想颇为巧合。儒家认为，人皆可以为尧舜，个个人心有仲尼，即人人皆有良知，人人良知平等，因此每个人都有平等的存在价值。但大而言之，不仅国家，不仅人类，所有生命乃至宇宙万物都是一个休戚与共的命运共同体，此即"天地万物一体同仁"的真义。因此，仁爱无疆，不仅要爱人，亲亲仁民，还要爱物，要有民胞物与、仁及禽兽的情怀。《史记·殷本纪》载：

汤出，见野张网四面，祝曰：自天下四方皆入吾网。汤曰：嘻，尽之矣！乃去其三面，祝曰：欲左，左。欲右，右。不用命，乃入吾网。诸侯闻之，曰：汤德至矣，及禽兽。

这就是成汤网开三面、恩及禽兽的故事。注意，儒家对生命，不讲敬畏只讲尊重。儒家敬天，君子三畏：畏天命，畏大人，畏圣人之言。证悟良知仁性，自然敬天和三畏，自然尊重生命，仁及万物，大爱无疆。

施韦泽说："不开化的人的互助范围是很狭隘的。这种互助局限于他的血缘亲属，即对他来说是一个大家庭的体现的氏族成员"；"但是，当人一开始反思自身以及与他人的关系，他就会意识到，其他人本身就是他的同类和同胞。在一个逐渐发展的过程中，人看到他的责任范围扩大了，直到把他所有与自己有关系的人都包括在内"；"如果人们扩展了与其他人的互助关系，那么可以说，伦理的发展实现了它的最初进步。"

这与孟子的"良知良能"说不谋而合。"人之所不学而能者，其良能也；所不虑而知者，其良知也。孩提之童无不知爱其亲者，及其长也，无不知敬其兄也。亲亲，仁也；敬长，义也；无他，达之天下也。"（《孟子·尽心》）君子贵在推己及人，不断将这种良知良能充实、扩展和推广开去，"老吾老以及人之老，幼吾幼以及人之幼"。

施韦泽说："善是保持生命、促进生命，使可发展的生命实现其最高的价值，恶则是毁灭生命、伤害生命，压制生命的发展。这是必然的、普遍的、绝对的伦理原则。"

以保持生命、促进生命为善，以毁灭生命、压制生命为恶。这种善恶标准和道德法则与儒家"同工"。仁者爱人，自爱爱人，自立立人，自利利人。利人利己为善，害人害己为恶。某种意义上说，五常道、三达德、中庸、诚信诸原则，包括一般情况下明哲保身和特殊情况下杀身成仁舍生取义，都是为了更好地保持和促进人类整体生命的发展。

施韦泽认为，人对其他生命的关怀根本上是对自己的关怀；儒家强调，利他有利己的效果，利己有利他的作用（只要不损人），利己利他一体同仁，都是良知仁性的作用，都有利于人类生命的保持和促进。

施韦泽说："唯一的关键在于，我们努力追求心中的光明。人会感受到他人的这种追求。哪里的人心中有光明，就会从他那里发出光来。"这种"追求心中的光明"的努力，就属于明明德致良知工夫。这种工夫的前提是真知坚信"心中的光明"和"善的本质性"。

敬畏生命伦理的提出，有赖于对人性本质一定程度的把握。施韦泽堪称"西式性善论"者。他说："就像白色光线产生于彩色光线一样，敬畏生命本身也包含着构成伦理的一切：爱、善良、同甘共苦、温和、宽恕的能力等。"

他又说："由于我们不敢如我们的本性一样表现真诚，因此人与人之间存在着许多冷酷的现象。"反过来，只要依照本性去表现真诚，人与人之间许多冷酷的现象就可以逐步消除了。施韦泽所说的本性，或相当于孟子的"良知良能"。

二

难能的是，施韦泽知行合一，坐言起行，怎么说就怎么做，极富道德践履工夫。

1896年他做出一个人生决定："30岁以前献身于传教、学术和音乐活动。然后，如果我在学术和艺术方面实现了预定的目标，就要作为一个人走直接服务的道路。"1904年，施韦泽知道刚果传教站缺少医生的消息，决定到非洲行医。

历经9年的学习准备，他获得了行医证和医学博士学位。1913年，施韦泽退出一系列神职机构和辞去大学教职，在非洲加蓬的兰巴雷内建立了丛林诊所，在此服务了半个多世纪，直到1965年逝世。作为一个医生，他医治了无数的非洲土著，被称为"非洲之子"。徐复观称之为"西方圣人",当之无愧。

可贵的是,出身于牧师家庭、在宗教环境中长大并且身为基督徒的施韦泽,能够突破基督教教义的约束,对于基督教教义,既有继承又有扬弃。有牧师劝他"在信仰面前必须停止一切思考",他说:"我们必须思考。我们必须通过思考理解最崇高的思想。这种确信以欢快的热忱充实着我。"他指出:

我们必须回答的第一个问题是:宗教在我们这一世纪的精神生活中是否还有力量?我以它的名义和我的名义答道:不!

他强调理性精神,"反对至今关于耶稣生平的解释",以科学的方式分析《圣经》,认为耶稣作为一个历史人物并没有超脱当时的思想观念,其独特之处是强调了爱的伦理。不是历史上的耶稣而是耶稣所体现的伦理精神,才能征服世界利益时代。著名神学家巴拉德说:

施韦泽的著作完全否定了基督教正统。他只保留了对其父亲布道的共鸣,即突出宗教的伦理要求。施韦泽难以想象任何有关人格神的观念。

施韦泽敬畏生命的两个基本要素:肯定世界和生命、伦理,肯定世界和生命的本质性真实及伦理的原则性意义,与基督教的神本主义立场也大不同。

三

有必要指出的是,儒家仁学与施韦泽的伦理学虽有相通,仍有高低、精粗、深浅之别。尽管施韦泽对人性和生命本质有一定认识,并不全面圆满,其学远逊于仁学的深刻中正。

例如,施韦泽认为:"敬畏生命的伦理否认高级和低级的、富有价值和缺少价值的生命之间的区分。"任何生命都是神圣的，不应对生命的价值序列有所区分。因此他常常陷入一种两难境遇：为拯救人的生命而牺牲其他生命。

他说："由于受制于神秘的残酷的命运，我们大家都处于这样的境地：为了保持我们自己的生命，必须以牺牲其他生命为代价，即由于伤害、毁灭生命而不断犯下罪过。"

他举例："过去无法治愈的令人痛苦的昏睡病，现在已有了能挽救其患者生命的药品。但是，每当我用显微镜观察昏睡病的病原体时，我始终在想，为了挽救其他生命，我只得消灭这种生命。"

殊不知，仁固无局限，爱却有差等。"天地之性，人为贵"，人应该"把爱的原则扩展到一切动物"，这里的主体应该是人，不能将人与其他动物相提并论，人类和动物的生命价值并不平等，没必要也不可能同等看待。

生命当然都是有价值的，但价值有高低之别，人类高于动物，动物高于植物，故人权高于动物权，对人的爱超过对动植物的爱，都是情理之常。必要时为了人的生存而牺牲动物生命，理所当然，不得不然。施韦泽如果明白这一道理，就没必要为此自责了。

有时候为了人类生命得到更好的防卫、保持和促进，杀戮是必要的，不仅有必要杀戮狂犬蚊子之类恶物，甚至有必要杀人。复父仇，诛一夫，汤武革命，都离不开一定限度的杀戮。威严不碍慈悲，杀戮不碍仁义，此之谓也。在恶习深重恶行不断、豺狼当道暴政猖獗的情况下，不能反对"义刑义杀义战"，否则，仁就有了残缺。仁义二德，相辅相成，仁而不义，实为不仁。

战争有正义和非正义之别。《孟子·梁惠王下》说："《书》曰：汤东面而征，西夷怨；南面而征，北狄怨，曰：奚为后我？民望之若大旱之望云霓也。"《尚书·仲虺之诰》载："乃葛伯仇饷，初征自葛。东征，西夷怨；南征，北狄怨，曰：奚独后予？攸徂之民，室家相庆，曰：徯予后，后来其苏。民之戴商，厥惟旧哉！"

大意是，葛伯把送饭人当仇人，初次征讨就从葛伯开始。大王征讨东方，西夷埋怨；征讨南方，北狄埋怨，都说："怎么把我们放在后面？"所征讨地区的人民，家家欢庆，都说："等待我们的大王，您来了我们就新生了！人民拥戴商王，已经很久了！"

类似情况，古今中外都有。第二次世界大战爆发后，面对德日意法西斯国家的侵略扩张，包括中国在内的受侵国家都深切期盼美国早日参战。但美国开始不愿冒险，实行中立，受到各国强烈指责。

施韦泽十分赞赏老子。老子说过："夫兵者，不祥之器，物或恶之，故有道者不处。"

但老子也不是完全反战的。他接着说："兵者，不祥之器，非君子之器，不得已而用之，恬淡为上，胜而不美……言以丧礼处之。杀人之众，以悲哀莅之，战胜，以丧礼处之。"

正义之战，就是不得已而用兵，打了胜仗，也不要赞美，而要处之以丧礼，以悲哀的心情追悼战争中的死亡者。

施韦泽又举例说：

我在一些土著人的沙滩上捉住了一只幼小的鱼鹰，为了从这些残忍的渔夫手中收下它，我出钱把它买了下来。可是这个时候陷入了困惑，是每天让这只鱼鹰挨饿呢？还是为了使它活下来，每天杀死许多小鱼？

这一困惑更是多余。鱼鹰吃小鱼，小鱼吃虾米，自然秩序的规定，生态链条的必需，无关乎善恶，顺其自然可也。

《哲学三慧》批判

　　方东美先生《哲学三慧》一文，勾勒了希腊、欧洲、中国的智慧轮廓，析研三者的同异，不乏卓见，不够中肯，特异议如下，以商榷于方家，求教于高明。方先生说：

　　中国民族生命之特征可以老（兼指庄，汉以后道家趋入邪道，与老庄关系甚微）、孔（兼指孟荀，汉儒卑卑不足道，宋明学人非纯儒）、墨（简别墨）为代表。老显道之妙用，孔演易之元理，墨申爱之圣情。贯通老墨得中道厥为孔子。道、元、爱三者虽异而不隔。

　　这段话看低孔子而过誉老、荀、墨了。孔子"祖述尧舜，宪章文武"，为六经之总编，集儒家之大成，应为中华文化和"中国民族生命之特征"第一代表，不能置于老子之后。

　　孔子当然得中道，但孔子之中道，体现于六经，是贯通尧舜禹汤文武周公而得，非"贯通老墨"而得也。老子之道、易之元理、爱之圣情当然不隔，但孔老与墨却相隔甚远，孔亦远高于老。老得易经之半，为儒家别子；墨出乎儒而反儒家反常道，为儒家逆子。别子犹可与佛教并列为中华文化两大辅统之一，逆子则自外乎中华精神矣。

　　荀为儒门外道，亦不足以与孟并列。有儒友叙荀子卫道之功，建议从祀孔庙。东海曰：荀子有功也有过，倡礼有功，论性有过；尊孔有功，非孟有过。从祀孔庙，或非所宜。荀子虽通外王之学，缺乏内圣之功，唯知习性易恶，不识本性至善，误导世人非浅，导出韩李法家，遗祸中华甚巨，流弊至今未已。又在《非十二子》中论"子思孟轲之罪"，如此妄言，非儒者所宜发也。

"汉儒卑卑不足道，宋明学人非纯儒"此言对汉宋明儒都有失公道。西汉之儒重外王，重制度建设；东汉之儒重经学，重气节；宋明理学与孔孟之道一脉相承，朱熹集理学之大成，阳明为心学之宗师，何尝非纯儒哉。

方先生说：

前称中国慧体为交响和谐，盖寓言也。实则中国宇宙太和之意境，大方无隅，大公无私，尚同无别，质碍都消，形迹不滞，天地为官，万物成材，至人骋能，一体俱化，巧运不穷，推于天地，通于万物，施于人群，尽属精神之理序，顿显空灵之妙用矣。

这段话所说的"中国宇宙太和之意境"，实即儒家文化精神。太和概念出自《易经·乾卦》说："保合大和，乃利贞。"朱熹本义说："太和，阴阳会合冲和之气也。"就宇宙而言为太和，于人类而言即中和。《中庸》说："喜怒哀乐之未发谓之中，发而皆中节谓之和。"

但其中"尚同无别"说却属于墨子，很不中国。儒家尚同是尚大同。即使大同，也是建立在"和而不同"基础上的。太和意境，太平境界，应是"尚同有别"。

有别无别，一字之别，差之千里。

儒家仁爱无疆而有差等，所谓"仁以合同，礼以别异"，合同就是求同，将共性和共同点和合在一起；别异就是把不同区别开来，这是礼制的作用。《礼记·礼运》说："礼者君之大柄也，所以别嫌明微，傧鬼神，考制度，别仁义。"孙希旦集解："嫌者，事之淆杂，礼以别之，而嫌者辨矣。"

即使到了大同太平世，"人人皆有士君子之行"，人类仍然有同有异，需要求同存异，故缺不了礼，有礼必有别。"尚同无别"非中国精神，与太和意境不兼容。

方先生接着说：

中国历代圣王明君，建国治人，立政教众，必尚中和。自唐尧以降，内之平章百姓，外之协和万邦，皆以允执厥中，保合大和，顺天应人之道本为矩蠖。易所垂诫，诗所歌咏，书所诏诰，礼所敷陈，以及春秋之训示，诸子之阐述，莫不以中和建国者为盛德，其故盖可知矣。

这段话所说的就是儒家文化和政治的特征，所说的易诗书礼春秋都是儒家经典，当然"莫不以中和建国者为盛德"，至于"诸子之阐述"则未必然。比如老子墨子，就不推崇易诗书礼春秋诸经；荀子教出来的韩李法家，更是背道而驰，背"中和建国"之正道而驰。

方先生对古代中华的文明性认识不足，对历代儒家政治和儒家群体评价过低。他说：

中国古代为贵族封建社会，民族智慧寄托于六艺，然六艺皆帝王经世之道，其要用只在出治佐治，独为士大夫阶级所专有，庶民不得与焉。坐是之故，学术寄于官府，文化托于少数。

又说：

哲学智慧之启迪，本属天才分内事。但在中国古代，贵族藏守学术，秦汉以后，博士垄断学术，是以多数民族天才或因失学而昏盲，或因趋利而灭智，不能专心致志，寻求真理，即有杰特学人，倾心真理，又多怩于惯例，姝姝媛媛，抱持师说，谬袭经生习法，饲钉琐屑，不图依据逻辑原理建立精审方法。

"哲学智慧之启迪，本属天才分内事。"当然难以普及大众，非不愿也，固不能也。如此，"学术寄于官府，文化托于少数"就是正常现象。"贵族藏守学术"，是为学术负责；"博士垄断学术"，并非恶意垄断，都是文化责任使然。"庶民不得与"，是学识智慧问题，并非剥夺了庶民文化教育的权利，隔绝了庶民政治上升的渠道。

自尧舜至明清，历代儒家群体中，正人君子无数，圣贤大儒辈出，作为民族天才、杰特学人和中国哲学家，他们绝不像方先生所说的那样不堪。

方先生说：

中国哲学家之思想向来寄于艺术想象，托于道德修养，只图引归身心，自家受用，时或不免趋于艺术诞妄之说，囿于伦理锢蔽之习，晦昧隐曲，偏私随之。

作为中国哲学家的正宗，儒家的表现恰恰相反。大学八条目将格致诚正修齐治平打成一片，最富有道德精神、政治精神和科学精神，要求自立立人，自达达人。方先生的这番描述，只适合用在一些非儒家的隐士和艺术家身上。

方先生说"民族智慧寄托于六艺"（六艺即六经，是儒家经典），而不说寄托于诸子百家，可见方先生并非不明白中华民族智慧的核心所在，却又将老子放在孔子之前，将老墨与孔子并列为民族智慧的代表，岂非自相矛盾？

儒眼看《世说》

——兼评刘强《世说新语——有竹居新评》

前　言

刘强兄浸淫《世说新语》十余载，自称有《世说》癖，欲建立"世说学"。今读其《世说新语——有竹居新评》一书，不少评点灵心独运，推陈出新，颇为独到，可以说代表了该书评点研究的最高水平，得到了骆玉明、唐翼明、鲍鹏山诸位学者名家的肯定和赞许。

然而，儒眼相看，优点固然很多，问题亦复不少，主要有二：首先，就整体而言，对魏晋玄学、魏晋名士和清谈抬举过度；其次，对一些名士的具体言论和行为褒贬失当，主要是褒扬过度。两个问题可以用两个字来概括：过誉。

这是个"历史性"的问题，存在于《世说新语》历代评点研究者笔下，更存在于《世说新语》本身，还存在于魏晋名士群体之间——由于标准和眼光出了问题，他们相互间往往褒贬和吹捧过度。下面分别剖析之。

一、清谈误国

魏晋清谈始于魏齐王曹芳正始年间，由何晏、王弼创始，其后阮籍嵇康主张"越名教任自然""非汤武而薄周孔"（《与山巨源绝交书》），嵇康并"以六经为芜秽，以仁义为臭腐"（《难自然好学论》）。其后郭象《庄子注》一出，玄学大畅，"儒墨之迹见鄙，道家之言遂盛焉"（《晋书·郭象传》）。记述自汉末到刘宋时名士贵族的遗闻逸事和玄言清谈的《世说新语》，被鲁迅称为名士教科书。鲁迅说：

这种清谈本从汉之清议而来。汉末政治黑暗，一般名士议论政事，其初在社会上很有势力，后来遭执政者之嫉视，渐渐被害，如孔融、祢衡等都被曹操设法害死，所以到了晋代的名士，就不敢再议论政事，而一变为专谈玄理；清议而不谈政事，这就成了所谓清谈了。但这种清谈的名士，当时在社会上仍旧很有势力，若不能玄谈的，好似不够名士的资格；而《世说》这部书，差不多就可看作一部名士的教科书。

说清谈从清议而来，纯属无稽之谈。清议的道德根源是儒学，清谈的文化基础是玄学，以老庄为宗。《世说·文学》记载：

阮宣子有令闻。太尉王夷甫见而问曰："老庄与圣教同异？"对曰："将无同？"太尉善其言，辟之为掾。世谓"三语掾"。卫玠嘲之曰："一言可辟，何假于三！"宣子曰："苟是天下人望，亦可无言而辟，复何假于一！"遂相与为友。

老庄与圣教之别，即道学与儒学之别。两者有同有异，大同大异。两家都强调道德，但对道德的认知大不同。"将无同"之说，含含混混，全不着调，却受到王夷甫高度称赞，可见阮宣子和王夷甫的糊涂。魏晋名士认理不明、悟道不透，于此可见。刘强评曰：

阮修实是王衍肚中蛔虫，将无同三字，正解开王衍辈心中之千千结矣！有此理论根据，则尽可遗落世事而虚谈废务，端居庙堂而祖述虚无，致使王纲解钮，五胡乱华，神州倾覆，万里丘墟，在所不惜也。清谈误国之说，推本溯源，实在此三字！然究其实，清谈未必定误国，误国者无他，在以王衍辈治国也。故近人章太炎云：五朝所以不竞，由任世贵，又以言貌举人，不在玄学。

前半甚是，后半有误。王衍辈误国，就是清谈误国、玄学误国和老庄误国。

王衍字夷甫，出生于魏晋名门琅琊王氏，从兄王戎为竹林七贤之一，王衍亦以谈老庄为事。他妙善玄言，又居高位，历任中领军、中书令、尚书令，位至三公，后进仿效，成为当时清谈玄学的代表人物，誉满天下，还常常自比子贡。《晋书·乐广传》："广与王衍俱宅心事外，名重于时。故天下言风流者，谓王、乐为称首焉。"

其实这个王衍，风流谈不上，下流免不了。他被石勒俘虏后，推脱西晋灭亡与自己无关，石勒怒道："君名盖四海，身居重任，少壮登朝，至于白首，何得言不豫世事邪！破坏天下，正是君罪。"

王衍又劝石勒建国称帝，但还是被石勒活埋了，临死叹息："呜呼！吾曹虽不如古人，向若不祖尚浮虚，戮力以匡天下，犹可不至今日。"后来桓温北伐，眺望中原慨叹："神州陆沉，百年丘墟，王夷甫诸人不得不任其责。"

一味祖尚浮虚，不肯戮力以匡天下，正是清谈派的问题所在。清谈派者，苟安派也。清谈派诸名士，初到江南，曾作新亭对泣的可怜状，但形势稍定，就丧失了恢复之志，唯图苟且偷安和门第尊荣。正如钱穆所说："当时诸族拥戴晋室，正如曹操迎汉献帝，挟天子以令诸侯，把南方的财富，来支撑北方的门第。"（《国史大纲》）

关于名士，王恭有一句名言："名士不必须奇才，但使常得无事，痛饮酒，熟读《离骚》，便可称名士。"（《任诞》）其实，真正熟读《离骚》，就不可能无所事事、玩世不恭。像众多魏晋名士那样，或轻薄，或浅薄，或刻薄，对世事民疾漠不关心，却"身为物质权位所役，飞来飞去宰相家"，或为相为将，与《离骚》精神格格不入矣。

晋室东迁，衣冠南渡，南渡人物本有文化缺陷，历久弥彰，每况愈下。而北方诸胡，反而越来越汉化儒化，颇能尊孔尊儒。此消彼长，北方文化、政治、社会各方面渐渐胜于南方，最后超越和统一南方。《北史·儒林传序》曰："南人约简，得其英华；北学深芜，穷其枝叶。"此说不当。北学粗糙，固未穷其枝叶；南人虚浮，何尝得其英华。

褚季野语孙安国云："北人学问，渊综广博。"孙答曰："南人学问，清通简要。"支道林闻之，曰："圣贤故所忘言。自中人以还，北人看书，如显处视月；南人学问，如牖中窥日。"（《世说·文学》）

褚季野和支道林对南人学问都过誉了。南学立足于老庄，清而不通，简而不要，不是牖中窥日，而是坐井观天。

魏晋清谈和南人学问，孔融祢衡有以启之。钱穆指出：

路粹奏孔融与白衣祢衡跌荡放言，云："父之于子，当有何亲？论其本意，实为情欲发耳。子之于母，亦复奚为？譬如寄物瓶中，出则离矣。"此等狂论，皆下开魏晋风气。惟孔融尚未正式弃孔孟归庄老，正式主张庄老者，为王弼、何晏。然何晏尚务实干，以庄老为玄虚者，乃阮籍、嵇康。然阮、嵇皆别具苦心。此下则又自玄虚转成放诞矣。（《国史大纲》）

"父之于子，当有何亲？论其本意，实为情欲发耳。子之于母，亦复奚为？譬如寄物缶中，出则离矣。"这段极端非礼背义话，出自路粹的告状书。《后汉书·孔融传》："曹操既积嫌忌，而郗虑复构成其罪，遂令丞相军谋祭酒路粹枉状奏融。"枉状，诬告也。孔融到底是否说过这种话，未能确定。

按其为人似不会这么说。《孔融传》："年十三丧父，哀悴过毁，扶而后起，州里归其孝"；《三国志》："郡人甄子然孝行知名，早卒，融恨不及之，乃令配食县社。"让梨，与兄争入狱，都说明他很重视孝悌，能付诸实践。但他又是狂士，好酒放浪，言行疏狂，"理不胜词，以至乎杂以嘲戏"，酒后狂言戏语亦非不可能。

这类观点下开魏晋风气，流弊无穷，而清谈派又每况愈下，放诞狂浪，蔑弃礼法，排斥六经，名望越高，影响越坏，对政治和社会的误导越严重。

刘强认为，魏晋之际"儒学渐趋式微，老庄乘势抬头，又加佛教东渐，道教兴起，诸种思潮交互影响，磨合激荡，遂形成中华文明史上一十分特殊而别具光彩之玄学时代"。东海看去，黑暗有余而光彩不足，根源就在于老庄玄学和魏晋风度。

所谓的魏晋风度，才情有余而性情不足，花叶有余而根蒂不足，外观有余而内存不足。《品藻》记载蔡叔子云："韩康伯虽无骨干，然亦肤立。"余嘉锡云："此言其虽无骨干，而其见于外者亦足自立也。"清谈派上流，亦仅能"肤立"而已，其中下流人物，则肤立亦不能够，烂肉一堆耳。魏晋风流，不乏清风更有歪风，也有上流更多下流。

魏晋清谈始于正始年间，有"正始之音"之称，受到刘强和《世说》爱好者的高度称赞，殊不知"正始之音"一开始就大不正。顾炎武一针见血地指出：

魏明帝殂，少帝即位，改元正始，凡九年。其十年，则太傅司马懿杀大将军曹爽，而魏之大权移矣。三国鼎立，至此垂三十年，一时名士风流，盛于洛下。乃其弃经典而尚老庄，蔑礼法而崇放达，视其主之颠危若路人然，即此诸贤为之倡也。自此以后，竞相祖述。如《晋书》言王敦见卫玠，谓长史谢鲲曰："不意永嘉之末，复闻正始之音。"
沙门支遁以清谈著名于时，莫不崇敬，以为"造微之功，足参诸正始。"
《宋书》言羊玄保二子，太祖赐名曰咸、曰粲，谓玄保曰："欲令卿二
子有林下正始余风。"王微《与何偃书》曰："卿少陶玄风，淹雅修畅，
自是正始中人。"《南齐书》言袁粲言于帝曰："臣观张绪有正始遗风。"
《南史》言何尚之谓王球"正始之风尚在"。其为后人企美如此。

然而《晋书·儒林传序》云："摒阙里之典经，习正始之余论，
指礼法为流俗，目纵诞以清高。"此则虚名虽被于时流，笃论未忘乎
学者。是以讲明六艺，郑王为集汉之终；演说老庄，王何为开晋之始。
以至国亡于上，教沦于下，羌胡互僭，君臣屡易，非林下诸贤之咎
而谁咎哉！（《日知录·卷十三·正始》）

顾炎武又说："刘石乱华，本于清谈之流祸，人人知之。"（《与
友人论学书》）其然，岂其然乎？大量《世说》的爱好者评点者，欣
赏有加、赞美有加呢。

魏晋清谈的文化根基是道家学说。道家若作为辅统，自有裨益，
若凌驾于儒家之上成为主体文化和主导思想，则其蔽不可胜言。换
言之，道家可以锦上添花，为正人君子和文明世界增加文化芬芳，
但不能雪中送炭，不能为缺德的人物和世道提供必要的道德营养。

荀子说"庄子蔽于天而不知人"，东海说，老子蔽于静而不知动，
老庄都一样蔽于体而不知用，蔽于道而不知器，蔽于德而不知政，
其学说有严重的纰漏，不能对政治、社会和家庭生活做出正确的指导。
儒家如主食，道家如药。药再好也不能当饭吃。魏晋各种政治社会
问题的根源，就是把主食当成了药，又把药当成了主食。

《易·系》说："唯深也，故能通天下之志；唯几也，故能成天下
之务。"不能"通天下之志"，何以"成天下之务"？魏晋国运愈趋愈
下，东晋不能恢复中原，文化问题是最根本的问题。从汉末到魏晋，

主导性文化从儒家转而为法家，又转而为道家，世道人心也随之越来越坏，直到南朝，终于不可收拾，终于被北方所"收拾"。

二、祸世败家

作为魏晋风度的重要理念和特出表现，"非汤武而薄周孔，越名教而任自然"的宣言，大错特错，误人非浅。汤武周孔，中道仁本，一脉相承。非汤武就是反中道，薄周礼就是薄仁义。汤武不可非也，周孔不可薄也。除了方外人士，名教不可越也；未抵圣人境界，自然不可任也。

"任自然"的结果就是"善人少，恶人多"。对此《世说》中殷浩不小心说破了。

殷中军问："自然无心于禀受，何以正善人少，恶人多？"诸人莫有言者。刘尹答曰："譬如泄水著地，正自纵横流漫，略无正方圆者。"一时绝叹，以为名通。（《世说·文学》）

这则清谈谈论的是人性。克己复礼为仁，中正方圆的正人君子和圣贤，需要持之以久地学养培育，才能水到渠成。"任其自然"的结果，就像泼水于地，纵横流漫，难得出现"正方圆者"。这正是道家和庄子的弊端。儒家强调尽心、克己、尽己，庄子则一味强调忘己和自然。马一浮曾经指出："庄子实有执性废修之弊。"（《复性书院讲录》）刘强评点说：

真长此语，看似睿智玄妙，实亦老庄唾余，不足为训。于此可知，晋人昧于老庄玄理，而于儒学形上之道甚为隔膜。《中庸》所谓天命之谓性，率性之谓道，修道之谓教，孟子所谓尽心、知性、知天，以及存心、养性、事天之论，皆被道家自然一词所取代，故天命流行、天道下贯人道之理，遂成认知盲区。

这段评点甚是。但刘强在书中《有竹居新评》中一而再、再而三地肯定赞赏"越名教而任自然"观点，未免自相矛盾。

司马氏试图通过"名教"收拾人心，然而司马氏的政权是篡窃而来的，名不正言不顺，只能提出一个"孝"字而不得不舍弃"忠"字，其所谓的名教显得特别虚伪。"越"司马氏的"名教"，可以理解，但不能泛泛地说"越名教"，就像反对伪道德但不能反对道德本身一样。

所谓名教，就是礼制、礼法，是政治秩序和道德精神的制度保障，一经制定，在一定时间段内就有其严肃性，不可轻易违反和逾越。国而无礼，不成其为国；家而无礼，不成其为家；人而无礼，不成其为人。

礼制崩坏了应恢复之，虚伪了应真诚之，出偏了落后了应纠正更新之。孔子恢复周礼的努力，康有为变法维新的选择，最为正确，而清谈派的做法无异于火上浇油。竹林七贤，贤在不合作，"不肖"在弃经典而蔑礼法。

温公喜慢语，卞令礼法自居。至庾公许，大相剖击，温发口鄙秽，庾公徐曰：太真终日无鄙言。(《任诞》)

刘强评点卞令说："礼法之士诚可畏，不是真儒家。"又说："礼法人，亦套中人。"反对礼法，贬低卞壶，皆出言不谨。温太真二次救晋室于危乱，在江州任上"甚有惠政，甄异行能"，确实值得称赞，但不能因此贬斥尚书令卞壶。

卞壶是东晋初优秀之士。他字望之，元帝时任从事中郎，明帝时迁东中郎长史，为人俭素廉洁，以礼法自居，不畏强权，不肯苟同时好，意图纠正当世。成帝即位，与庾亮共参机要。王导因疾不朝，壶斥责之。咸和元年六月，又上奏王导无大臣之节，亏法纵私，朝野惊惮。当时贵族子弟仿慕王澄、谢鲲等放达无束，卞壶厉色于朝曰："悖礼伤教，罪莫大焉；中朝倾覆，实由于此。"(邓粲《晋纪》) 苏峻作乱，卞壶后率兵抵抗，最终战死，谥曰忠贞。

这样的人物，在当时最是难得，却不受尊重，每为诸名士所贬。

礼法这个套，轻易解不得。无礼无法，必然导致政治无道，社会无序，让各种恶习得到大解放。如《汰侈》十二则所载争豪斗富、人乳喂猪、斩美劝酒之类，疯狂、变态、邪恶、丑陋无限。

石崇每要客燕集，常令美人行酒；客饮酒不尽者，使黄门交斩美人。王丞相与大将军尝共诣崇。丞相素不能饮，辄自勉强，至于沉醉。每至大将军，固不饮以观其变，已斩三人，颜色如故，尚不肯饮。丞相让之，大将军曰："自杀伊家人，何预卿事！"

这个石崇是个官匪合一的贼头。王隐《晋书》记载："石崇为荆州刺史，劫夺杀人，以致巨富。"石崇作为地方首长抢劫杀人，甚至当着王导的面杀人，王导身为丞相，不能出一言规正之、约束之，清高如此，近乎冷酷，令人寒心。与王大将军相比，五十步笑百步而已。刘强说"丞相到底仁厚"，我说是刘强过于仁厚。

宋武帝即位告天策："晋自东迁，四维不振，宰辅凭依，为日已久。"对东晋四维不振的状况，王导这个领袖群伦的宰辅和文化领袖，理所当然负有重大责任。

刘强说："《汰侈》十二则，大抵皆无道无义之事，读之可厌。西晋亡国，实骄奢淫逸之罪，不关清谈。"

殊不知"西晋一朝，上自皇帝，下至名臣，无不骄奢好货"，和他们的骄奢淫逸，正是清谈派非汤武、薄周孔、反礼法、任自然的结果。魏晋之间，清谈和恶浊之间有着内在的因果。

王导、温峤俱见明帝，帝问温前世所以得天下之由。温未答。顷，王曰："温峤年少未谙，臣为陛下陈之。"王乃具叙宣王创业之始，

诛夷名族，宠树同己。及文王之末，高贵乡公事。明帝闻之，覆面著床曰："若如公言，祚安得长！"（《尤悔》）

刘强评王导"有智有勇"，又说："王导善导，明帝能明。"非也。明帝固然能明，王导却不善导，明帝不失为可辅之君，王导却不是合格之相，他缺乏高远的政治抱负和道德理想。

晋篡于魏，取之无道，但是，前人虽然逆取，今人何妨顺守？晋明帝通过王导之口了解本朝不光明的历史后，覆面著床，自感羞耻，可谓知耻。如果宰辅能够善加诱导，让他知耻后勇，君臣发愤图强，弃旧图新，完全可以在敬天保民、民重君轻思想的指引下，返本开新，开创出一个光明的政治局面来。

王导不此之图，一味放任，一味苟安，一味在各种人物和势力之间和稀泥，到了晚年，更是昏聩和怠于政事。

丞相末年，略不复省事，正封篆，诺之。自叹曰：人言我愦愦，后人当思此愦愦。（《政事》）

对王导这句自我解嘲之语，刘强说："聪明容易糊涂难。此大有宁武子愚不可及、郑板桥难得糊涂之妙也。清谈政治家常读老庄玄理，故能不粘滞于一事一物。"这样的赞美，王导和清谈家们当不起。而寄望这些家伙救民水火和恢复中原，更是望虫成龙，不可能也。

国已不国，家亦不家。清谈派大多门风不良，乾纲不振，不能齐家。

王夷甫妇，郭泰宁女，才拙而性刚，聚敛无厌，干预人事。夷甫患之而不能禁。时其乡人幽州刺史李阳，京都大侠，犹汉之楼护，郭氏惮之。夷甫骤谏之，乃曰："非但我言卿不可，李阳亦谓卿不可。"郭氏小为之损。（《世说·规箴》）

太太贪婪无度，聚敛无厌，王衍"患之而不能禁"，只好搬来京都大侠的话做救兵，才使太太"小为之损"，稍微收敛，可见效果有限。王衍作为当时的名门望族、朝廷高官和清谈派领袖，既不能治国又不能齐家，王戎王敦也都一样。这也是清谈派共通之疾。

王太太是郭豫郭泰宁之女，郭豫仕至相国参军，也是当时知名人士。养不教父之过，有这样的女儿，可见郭家家教同样不行。

非礼非法必然导致非人化；政治上国不国，文化人家不家，社会就难免人不人鬼不鬼。当时居然有以子杀母者。《晋书·阮籍传》记载：

有司言有子杀母者，籍曰："嘻！杀父乃可，至杀母乎！"坐者怪其失言。帝曰："杀父，天下之极恶，而以为可乎？"籍曰："禽兽知母而不知父，杀父，禽兽之类也。杀母，禽兽之不若。"众乃悦服。

阮籍有所不知，社会丛林化，民众禽兽化甚至变得禽兽不如，正是反礼法思想的逻辑必然。阮籍有句名言说"礼岂为我辈设"，殊不知，礼不能不为政治设，法不能不为民众设。若要政治文明、社会和谐和道德正常，这是不可或缺的两条底线。

三、"竹林七贤"

《世说新语》共三卷三十六门，上卷四门为德行、言语、政事、文学；中卷九门为方正、雅量、识鉴、赏誉、品藻、规箴、捷悟、夙慧、豪爽，都是正面的褒扬。下卷二十三门，有贬斥，仍以褒扬为主。总之，三十六门都褒扬了很多不值得、不应该褒扬的东西，甚至错认庸俗为脱俗，错认下流为风流。下面举例说明之。

古今艳称的竹林七贤，就有些名不副实。

《晋书·嵇康传》："嵇康居山阳，所与神交者惟陈留阮籍、河内山涛，豫其流者河内向秀、沛国刘伶、籍兄子咸、琅邪王戎，遂为竹林之游，世所谓竹林七贤也。"《世说·任诞》说他们"七人常集于竹林之下，肆意酣畅，故世谓竹林七贤"。

当时清谈派共同议论"竹林七贤"的优劣，谢玄说"先辈初不臧贬七贤"。刘强赞美说："谢公此语用心良苦，盖七贤未尝无优劣，然竹林之精神实乃浑一整体，有沛然莫之能御者在焉，割裂观之，必伤其真髓，损其元气，所谓只见树木不见森林矣。"

竹林精神，植根于老庄，归本于虚静，有一定的清高超脱，却谈不上什么"有沛然莫之能御者在焉"，而七人优劣不同也是很明显的。按照儒家标准衡量，劣者龌龊小人而已，优者的境界也很有限，没有一流人士，只是一般人士，优缺点并存，勉强可称为准君子。

他们堪称进退失据：进不像官员，退不像隐士；皆不能济世，或不能保身，如"竹林七贤"之首嵇康，可谓活着徒有虚名，死不足以成仁。嵇康字叔夜，官曹魏中散大夫，世称嵇中散。《德行》："王戎云：与嵇康居二十年，未尝见其喜愠之色。"够谨慎的了，可惜还是得罪钟会，为其构陷而被司马昭处死，年仅40岁。

刘强说："嵇康之死，惊天地泣鬼神，堪与苏格拉底之死相媲美，实人类史上最壮美之死亡矣！"太过誉了。嵇康之死，死得无谓之至，值得同情，不值得敬佩。明哲既不足以保身，杀身亦不足以成仁,哀哉。

嵇康被诛后，山公举康子绍为秘书丞。公曰："为君思之久矣。天地四时，犹有消息，而况人乎？"尽管山涛嵇绍是正面人物，但山涛举荐嵇绍，陷嵇绍于不义；而嵇绍居然靦颜事仇，置父仇于不顾。儒眼看去，都有道德问题。

刘书所引顾炎武和余嘉锡的批评，中肯在理。顾炎武说：

昔者嵇绍之父康被杀于晋文王，至武帝革命之时，而山涛荐之入仕。绍时屏居私门，欲辞不就。涛谓之曰：为君思之久矣！天地四时，犹有消息，而况于人乎？一时传诵以为名言，而不知其败义伤教，至于率天下而无父也。夫绍之于晋，非其君也。忘其父而事其非君，当其未死，三十余年之间，为无父之人，亦已久矣。而荡阴之死，何足以赎其罪乎？且其入仕之初，岂知必有乘舆败绩之事，而可树其忠名，以盖于晚也。(《日知录》十三)

余嘉锡说：

绍自为山涛所荐，后遂死于荡阴之难。夫食焉不避其难。既食其禄，自不得临难苟免。绍之死无可议，其失在不当出仕耳。……劝之出者岂非陷人于不义乎！所谓天地四时，犹有消息，尤辩而无理。大抵清谈诸人，多不明出处之义。

王夫之的批判最为严厉：

嵇绍可以仕晋乎？曰：不可。仕晋而可为之死乎？曰：仕而恶可弗死也！仕则必死之，故必不可仕也。父受诛，子仇焉，非法也；父不受诛，子不仇焉，非心也。此犹为一王之下，君臣分定，天子制法，有司奉行，而有受诛不受诛者言也。嵇康之在魏，与司马昭俱比肩而事主，康非昭之所得杀而杀之，亦平人之相贼杀而已。且康之死也，以非汤、武而见惮于昭，是晋之终篡，康且遗恨于泉下，而绍戴之以为君，然则昭其汤、武而康其飞廉、恶来矣乎！绍于是不孝之罪通于天矣。

沈充以逆伏诛，而子劲为晋效死。蔡仲之命曰："尔尚盖前人之愆。"一沈劲克当之矣。绍盖前人之美，而以父母之身，糜烂而殉怨不共天之乱贼，愚哉其不仁也！汤阴之血，河不洒于魏社为屋之日，何不洒于叔夜赴市之琴，而洒于司马氏之衣也？(《读通鉴论》)

朱熹否定嵇绍仕晋之举，但肯定嵇绍死难是忠君，明儒程潜也说，晋惠帝时朝政昏暗、士风颓败，"独嵇绍一死，遗芳万古，凛乎其可敬也"。但王夫之对嵇绍荡阴之死也采取完全否定的态度，认为绍仕不当仕之朝，为有父仇的昏君死难，是不仁且愚昧之举，无忠义可言。而是"逆先人之志节，以殉仇贼之子孙"的不仁不智行为，是"妄人之妄，自毙而已矣"。

山涛与嵇康、阮籍友善。《晋阳秋》曰："涛雅量恢达，度量弘远，心存事外而与时俯仰。尝与阮籍、嵇康诸人著忘言之契。至于群子，屯塞于世，涛独保浩然之度。"世人都以嵇康、阮籍为高，东海相反，认为山涛的品德优于嵇康阮籍。虽然他"心存事外而与时俯仰"，随波逐流，算不得什么大德。

阮籍字嗣宗，《魏氏春秋》称他"宏达不羁，不拘礼俗。兖州刺史王昶请与相见，终日不得与言。昶愧叹之，自以不能测也。口不论事，自然高迈"。与人相见又让人"终日不得与言"，太做作矫情了，不如不见为高。

晋文王称阮嗣宗至慎，每与之言，言皆玄远，未尝臧否人物。(《德行》)

晋文王功德盛大，坐席严敬，拟于王者。唯阮籍在坐，箕踞啸歌，酣放自若。(《简傲》)

晋文王就是司马昭，曹魏权臣和西晋的奠基者，虽然厉害，并非正人。被这样的人物赞叹，有什么可光荣的。真正的高士，根本不会入其坐，也必自有保身之道，用不着到司马昭面前去装疯佯狂。

阮籍本质不坏，但言行不正，带坏了一批人。王隐《晋书》记载：

魏末阮籍，嗜酒荒放，露头散发，裸袒箕踞。其后贵游子弟阮瞻、王澄、谢鲲、胡毋辅之之徒，皆祖述于籍，谓得大道之本。故去巾帻，脱衣服，露丑恶，同禽兽。甚者名之为通，次者名之为达也。

干宝《晋纪》记载："何曾尝谓阮籍曰：卿恣情任性，败俗之人也。今忠贤执政，综核名实，若卿之徒，何可长也！"魏晋之际，政治无道，篡乱频仍，"忠贤执政综核名实"是远远谈不上，说阮籍为恣情任性的败俗之人，则是实话实说。

这个何曾历仕魏晋，并为晋重臣，日食万钱犹云无下箸处，一味豪奢而无补大局，却有一定眼光。

初，曾侍武帝宴，退而告遵等曰：国家应天受禅，创业垂统。吾每宴见，未尝闻经国远图，惟说平生常事，非贻厥孙谋之兆也。及身而已，后嗣其殆乎！此子孙之忧也，汝等犹可获没。指诸孙曰：此等必遇乱亡也。（《晋书·卷三十三》）

后来的历史果然被何曾不幸言中：晋武帝坐享太平，晋惠帝是个草包，侥幸苟活，但八王之乱随之上演，晋国再无宁日，第三代开始天翻地覆。

比起山涛嵇康阮籍，向秀阮咸刘伶又等而下之了。"七贤"中王戎最不贤，鄙俗小人而已。晋书谓王戎"性好利"，多置园田水碓，聚敛无已，富甲京城。此人早年在荆州刺史任上曾因私派部下修建园宅而被免官，后来出钱赎回官位，晚年经常与夫人手执象牙筹计算财产，日夜不辍，真可谓身为物役，守财成奴。

《世说·俭啬》共九条，即有四条记王戎事，其中一条特别令人厌恶："王戎有好李，常卖之，恐人得其种，恒钻其核。"鄙吝至此，匪夷所思，无论以古今中外哪家哪派的标准衡量，皆非贤者。

戴逵评："王戎晦默于危乱之际，获免忧祸，既明且哲，于是在矣。"认为这是王戎避祸于乱世的"自晦"之举，余嘉锡认为，王戎天性鄙吝，戴逵所言乃是出于"名士相为护惜"，"阿私所好，非公论也"。余嘉锡所言是。

作为魏晋风度的代表人物，"竹林七贤"尚且如此，何况其他。

四、贼头祖逖

历来最为褒扬过度的人物是祖逖。这个与闻鸡起舞、中流击楫两个成语联系在一起、非常正面励志的人物，其实与石崇一样是个官匪合一的贼头。

祖逖祖上世代担任二千石的高官，父亲祖武曾任上谷太守，是北方一个大族。西晋灭亡后，祖逖也渡江南下，被晋元帝司马睿用为徐州刺史，寻征军谘祭酒，居丹徒之京口，经常在晋元帝辖区内进行武装抢劫。

祖车骑过江时，公私俭薄，无好服玩。王庾诸公共就祖，忽见裘袍重叠，珍饰盈列。诸公怪问之，祖曰："昨夜复南塘一出。"祖于时恒自使健儿鼓行劫钞，在事之人，亦容而不问。(《豪爽》)

《晋书》和《晋阳秋》亦有类似记载：

逖以社稷倾覆，常怀振复之志。宾客义徒皆暴杰勇士，逖遇之如子弟。时扬土大饥，此辈多为盗窃，攻剽富室，逖抚慰问之曰：比复南塘一出不？或为吏所绳，逖辄拥护救解之。谈者以此少逖，然自若也。(《晋书·卷六十二》)

逖性通济，不拘小节。又宾从多是桀黠勇士，逖待之皆如子弟。永嘉中，流民以万数，扬土大饥，宾客攻剽，逖辄拥护全卫，谈者以此少之，故久不得调。(《晋阳秋》)

所谓健儿、宾客、义徒、勇士，无非一些流氓盗贼亡命徒而已。当时扬州闹灾荒，这些人便常常劫掠富户和商旅。南塘是当时富户集中的地方，"昨夜复南塘一出"，意谓昨夜又出去抢劫了一回。兄弟们有人若被官府捕获，祖逖便去解救。人们为此非议他，但祖逖若无其事，我行我素。他还常主动问兄弟们："比复南塘一出不？"意谓要不要再去干一家伙？当然，祖逖的抢劫有补充军用的目的，可这成其为理由吗？

作为地方长官，居然明目张胆地鼓励、支持和率领部属宾客抢劫，这不是什么"通脱"和"不拘小节"，而是无法无天的大恶大罪。此而可为，何事不可为？此而可恕，何事不可恕？这种恶人又谈得上什么家国责任感？到哪里都是祸害。

祖逖率其部曲百余家渡江的时候，曾经击楫而誓："祖逖不能清中原而复济者，有如大江。"此人一去不返，倒是江南百姓的福气。如果略存羞耻之心，想必他也不好意思重回江南了。凭这种凶恶下流的人物要恢复中原，那是难如登天。

吴勉学云："可知东晋尚能用人，今必不容矣。"李贽云："击楫渡江，誓清中原，使石勒畏避者，此盗也，俗儒岂知！"这些评点象话么？如此恶行，有愧石勒多矣。从民本和民众角度论，宁选石勒，不要祖逖。

君不见，石勒特别重视儒学教育。史载"勒增置宣文、宣教、崇儒、崇训十余小学于襄国四门，简将佐豪右子弟百余人以教之"。石勒称王第六年，亲到襄国的大、小学，考试诸生的经义，对成绩最优者赏帛有差。八年，用牙门将王波为记室参军，典定九流，始立秀才、孝廉试经之制。石勒崇拜刘邦，敬重刘秀，轻蔑曹操和司马懿，说：

朕若逢高皇，当北面而事之，与韩彭竞鞭而争先耳。脱遇光武，当并驱于中原，未知鹿死谁手。大丈夫行事当礌礌落落，如日月皎然，终能如曹孟德、司马仲达父子，欺他孤儿寡妇，狐媚以取天下也。

这才是真英雄大丈夫之言。石勒是夷狄渐近于华，祖逖是汉人沦落为夷。卿本佳人，奈何做贼？佳人做贼，不如放下屠刀的盗贼。南方文化和政治渐渐逊色于北方，于祖逖和石勒这两个重要人物身上可见一斑。后来南方为北方所吞并，于此已肇其端。

世人都知道闻鸡起舞的故事，不知后面祖逖与刘琨还有一段话。

逖与司空刘琨俱以雄豪著名。年二十四，与琨同辟司州主簿，情好绸缪，共被而寝。中夜闻鸡鸣，俱起曰：此非恶声也。每语世事，或中宵起坐，相谓曰：若四海鼎沸，豪杰共起，吾与足下相避中原耳！（《晋阳秋》）

两人相约，如果国家动乱，豪杰争霸，我们逐鹿中原的时候，应该互相避让。这里有自负之意，更有避免相互为敌，自相残杀之意，暴露了这两个家伙动机不纯。如果真是为了恢复中原，重建中华，就应该团结互助、携手中原才是，何必相避？

祖逖之弟祖约也不是好东西。祖约字士少，东晋平西将军，在兄长祖逖死后任豫州刺史，并接掌其部众，但他在后赵石勒的进攻下丧师失地。327 年与苏峻一起发动叛乱，被东晋勤王军所攻，投奔后赵。石勒十分鄙薄他，久久不愿接见。后来因为与宾客族人"占夺乡里先人田地"（《祖约别传》），让石勒极端厌恶，干脆诛之，并灭其族。

祖约特别惧内，某晚在家小妾处过夜时被人剁了一刀。祖约以为是其婆姨遣人谋杀，为了躲避，上奏元帝要弃职出京。元帝不许，祖约就私自出京，遭到司徒刘隗的弹劾。修身齐家，皆非所能；为政为将，一无可观，确实太不像话了。《世说》中有多则涉及祖约。

祖士少好财，阮遥集好屐，并恒自经营。同是一累，而未判其得失。人有诣祖，见料视财物。客至，屏当未尽，余两小簏，著背后，

倾身障之，意未能平。或有诣阮，见自吹火蜡屐，因叹曰："未知一
生当着几量屐！"神色闲畅。于是胜负始分。(《雅量》)

活脱脱一个恶浊俗物守财奴的形象。当然，阮遥集好屐，同样
是为屐所累，虽然胜于祖士少，有限得很，五十步笑百步而已。
对祖约这个贪财好货的守财奴、反叛投敌的卖国贼和抢夺成性
的抢劫犯，晋人居然赞美有加。王羲之道祖士少"风领毛骨，恐没
世不复见如此人"，意谓祖约风度体貌，不同凡响；王子猷说："世目
士少为朗，我家亦以为傲朗。"

王导王大丞相召祖约夜语，至晓不眠。说："昨与士少语，遂使
人忘疲。"《晋诸公赞》说："祖约少有清称。"真不知道"清"在何处。
想起逐臭嗜痂之典，不由得莞尔。

五、似是而非

孔门四科，德行、言语、政事、文学。《世说》三十六门，也以"孔
门四科"居首，貌似"颇有宗经、征圣之意"(刘强语)，其实《世说》
德行与政事诸标准与孔门大不同，颇多似是而非之处。《德行》是为
世人所艳称的管宁割席绝交的故事：

管宁、华歆共园中锄菜，见地有片金，管挥锄与瓦石不异，华
提而掷去之。又尝同席读书，有乘轩冕过门者，宁读如故，歆废书
出看。宁割席分坐，曰："子非吾友也！"

刘强赞曰："道不同不相为谋也。写得管宁何等风骨！"又赞："管
宁心外无俗物，华歆眼中尚有金。作者未下一句判语，而优劣立见，
高下立判矣。此诚千古绝妙文字！"太过奖了。
管宁貌似清高超脱，其实其表现比华歆更差劲，其绝交之言，

褊狭隘俗，有违友道和恕道。华歆行为纵然不佳，并非恶劣，更未到"道不同"的地步。管宁完全可以提醒和劝告之，而不是以绝交来表现自己清高。山涛荐举嵇康，嵇康与之绝交，犯的也是同样的毛病。

儒家主张以德服人，以德养人，魏晋名士们则喜欢以德凌人，貌似清高，其实低俗，缺乏悲天悯人之心和济世救民之志。

经华歆推举，魏文帝曹丕登极初年曾下诏，将管宁从辽东召还；魏明帝曹睿即位，时任太尉的华歆要让位给管宁。《魏略》记载："宁少恬静，常笑邴原、华子鱼有仕宦意。及歆司徒，上书让宁。宁闻之，笑曰：子鱼本欲作老吏，故荣之耳！"这么说就显得刻薄了。华歆以太尉之位相让，应该是希望管宁有所作为。

鼎鼎大名的王羲之在《世说》中多次出现。

王右军与谢太傅共登冶城，王谓谢曰："夏禹勤王，手足胼胝；文王旰食，日不暇给。今四郊多垒，宜人人自效；而虚谈废务，浮文妨要，恐非当今所宜。"谢答曰："秦任商鞅，二世而亡，岂清言致患邪？"（《世说·言语》）

王右军即王羲之，谢太傅即谢安。刘强评谢安之言说："其言何其速也，其理何其坚也。右军之言极落实，反显不及。"又说："谢公为清谈辩诬，千载之下，犹掷地有声。袁中道云：二公俱有经济，但大小乘耳，谢大王小。良有以也。"

非也非也。谢安之言纯属狡辩，秦二世而亡，是法家致患；晋偏安江南，乱象频仍，则是清言致患。王羲之一针见血，"虚谈废务，浮文妨要"正是当时膏肓之疾。《礼记》说："四郊多垒，此卿大夫之辱也。"而当时的公卿士大夫群体却不以为辱，热衷于浮文虚谈，诗酒风流，以致荒废政事，疏于时务，陈叔宝全无心肝，此之谓也。王夫之说"害莫大于浮浅"，魏晋之混乱黑暗就是最好的证明。

但王羲之也有问题。他是大书法家，但不是大君子，品质和眼光都有限。

王右军与王敬仁、许玄度并善，二人亡后，右军为论议更剋。孔岩戒之曰："明府昔与王、许周旋有情，及逝没之后，无慎终之好，民所不取。"右军甚愧。（《规箴》）

苛评过世的好友，友道有亏，刘强说得好："右军虽骨鲠之人，然恃才傲物，为人难免刻薄寡恩。"好在经孔岩的批评，王羲之知道惭愧，毕竟本质不坏。

《企羡》："王右军得人以《兰亭集序》方《金谷诗序》，又以己敌石崇，甚有欣色。"刘强评曰："右军不以石崇为非类，正是晋人潇洒处。"其实这不是潇洒，而是糊涂和自轻。石崇是官匪合一的贼头，又是奢侈无度、草菅人命的恶棍，即使《金谷诗序》做得好，何足欣羡。

王子猷，本名王徽之，王羲之的第五子。此人在品德、功业、才华各方面都乏善可陈，但特别会装酷。

王子猷作桓车骑骑兵参军。桓问曰："卿何署？"答曰："不知何署，时见牵马来，似是马曹。"桓又问："官有几马？"答曰："不问马，何由知其数？"又问："马比死多少？"答曰："未知生，焉知死？"
……

王子猷作桓车骑参军。桓谓王曰："卿在府久，比当相料理。"初不答，直高视，以手版拄颊云："西山朝来，致有爽气。"（《世说·简傲》）

对于政务时事毫不关心，偏要从政"参军"，政治军事能不一团糟吗？刘强说："桓问之愚，反衬王答之妙。可为王孝伯所言下一转语：名士不必须奇才，但使常得无事，痛饮酒，熟读《论语》，便可称名士。"东海看王子猷罔顾左右之答，丝毫不见其妙，只见其尸位素餐、玩世不恭和毫无责任感。

如此高姿、高致之高士，平时也罢了，战时如此，不仅误事，等于找死。

谢万北征，常以啸咏自高，未尝抚慰众士。谢公甚器爱万，而审其必败，乃俱行，从容谓万曰："汝为元帅，宜数唤诸将宴会，以悦众心。"万从之。因召集诸将，都无所说，直以如意指四坐云："诸君皆是劲卒。"诸将甚愤恨之。谢公欲深著恩信，自队主将帅以下，无不身造，厚相逊谢。及万事败，军中因欲除之。复云："当为隐士。"故幸而得免。(《简傲》)

谢万字万石，谢安之弟。史称他"才气高俊，蚤知名，历吏部郎、西中郎将、豫州刺史、散骑常侍"。此人善于清谈和写文章，曾作《八贤论》，八贤指渔父、屈原、季主、贾谊、楚老、龚胜、孙登、嵇康。其旨以处者为优，出者为劣。

此人肩负北伐大任，却大摆派头，只知清谈啸咏，不知安抚士众。而且其北伐军败得莫名其妙。当时谢万与北中郎将郗昙兵分两路北伐前燕。郗昙因病而退屯彭城，谢万却以为对方是因前燕兵强而退，仓促退兵，导致士众溃败，谢万狼狈逃还。如此北伐，真成儿戏；如此将军，其败也宜。谢万兵败后，其部下曾打算趁机杀了他，只因其兄谢安的缘故，才幸免一死。呜呼！

谢中郎在寿春败，临奔走，犹求玉帖镫。太傅在军，前后初无损益之言。尔日犹云："当今岂须烦此！"(《规箴》)

谢中郎即谢万，兵败逃亡时还在寻求"玉帖镫"，说好听点，像个小顽童，说难听点，简直是头蠢猪。

太傅即谢安。谢万北征时，谢安未出仕，随军同行，但沉默是金，"前后初无损益之言"，似乎胜败都无所谓。刘强评曰："谢公处时顺变，心无挂碍，方显风流本色。"非也。这不是风流本色，而是莫名其妙。既然不在乎战事，那又何必随军？难道就为了在逃命时提醒弟弟一句"当今岂须烦此"？但看《简傲》，谢安在军中还是对谢万提过建议、有过损益之言的。

赵母嫁女，女临去，敕之曰："慎勿为好！"女曰："不为好，可为恶邪？"母曰："好尚不可为，其况恶乎！"（《贤媛》）

刘强评说："答固险怪，然终得正理。"又说"赵母无好无恶，便是庄子无是无非之旨，已有晋人意趣"，其实赵母之言，非正理也。这种"晋人意趣"，颇有乡愿色彩，不可为训。恶固不可为，善则不可不为。还是刘备说得好：勿以恶小而为之，勿以善小而不为。

《淮南子》里有一个类似故事："人有嫁其女而教之者，曰：尔为善，善人疾之。对曰：然则当为不善乎？曰：善尚不可为，而况不善乎？"此言非理。善人岂会疾人为善？疾人为善者，焉能称为善人？这类观点，似是而非，最易误导。

参考文献

[1][清]程树德.论语集释[M].北京:中华书局,1990.

[2][清]陈立.白虎通疏证[M].北京:中华书局,1994.

[3]王梦鸥.礼记今注今译[M].北京:新世纪出版社,2011.

[4]杨天宇.周礼译注[M].上海:上海古籍出版社,2004.

[5]李民,王健.尚书译注[M].上海:上海古籍出版社,2004.

[6]钱穆.论语新解[M].北京:九州出版社,2011.

[7]杨伯峻.孟子译注[M].北京:中华书局,2005.

[8]程树德.论语集释[M].北京:中华书局,1990.

[9]刘梦溪.中国现代学术经典·钱宾四卷(上)[M].石家庄:河北教育出版社,1999:598.

[10]陈奇猷.吕氏春秋校释[M].上海:学林出版社,1995.

[11]李民,王健.尚书译注[M].上海:上海古籍出版社,2004.

[12]陈戍国.礼记校注[M].长沙:岳麓书社,2004.

[13][清]王珍聘.大戴礼记解诂[M].北京:中华书局,1983.

[14]韩婴.韩诗外传集释[M].北京:中华书局,1980.

[15]苏舆.春秋繁露义证[M].北京:中华书局,1992.

[16]陈戍国.礼记校注[M].长沙:岳麓书社,2004.

[17]杨天宇.周礼译注[M].上海:上海古籍出版社,2004.

[18]陈奇猷.吕氏春秋校释[M].上海:学林出版社,1984.

[19] 陈泽环. 阿尔伯特·施韦泽的哲学和伦理思想研究 [M]. 上海：上海人民出版社，2013.

[20] 刘强. 世说新语——有竹居新评 [M]. 长沙：岳麓书社，2013.

[21] 钱穆. 国史大纲 [M]. 北京：商务印书馆，1996.

后　记

　　自 2006 年提出仁本主义（又称良知主义）概念并开始阐说，至今十二年了。十二年来，论道论理、论政论事、论经论史，广论古今中外宇宙人生，都可以一以贯之地归结于仁本主义，或者说，都是在仁本主义的导向之下。

　　仁本主义是道德学和政治学，是最富有科学性的生命信仰；可以为个体提供安身立命的仁宅，可以为社会建设长治久安的义路。只有回归仁宅，才可以获得"从心所欲不逾矩"的内在自由；只有通过义路，才有望实现"人人皆有士君子之行"的大同王道。

　　仁本主义思想体系包括儒家世界观、生命观、人性观、价值观和方法论，是各种理念观点的集群。很多思想有原始性，在儒门中是共识，如性善论、经权论、体用论、知行论、爱有差等论、邪不胜正论等。也有些观点，虽有经典依据，但也颇具东海特色。例如，仁义普适论、文化决定论、良知平等论、中道标准论（中道是检验真理的最高标准）、仁尺论（仁是人和万物的尺度）、人格主义论（内圣学是最好的人格主义哲学）、儒学造命论、一主三辅论（以儒家为主统，以佛教道家和自由主义为辅统）、偏统论、历史螺旋论，等等。

　　本书选取了天人感应论、吉人天相论、命运共同体论、仁者无敌论、爱民主义论、儒家与自由主义关系论、性善论、仁寿论、师道论诸篇以飨读者，并简单介绍了仁本主义的古代实践。

良知和良制，内圣和外王，本质和现象，形上和形下，统归于仁。仁就是中华信仰，天地君亲师信仰，归根结底就是仁信仰。就理论而言，仁本主义已经圆满，今后的写作，或在此基础上进一步义理细化，或依据仁本观点方法应对问题和解释世界。

其实儒学即仁学，本来就是圆满的，本来就是传统文明的指导思想，东海只是立足当代、针对现实而予以与时偕宜和因地制宜的阐发而已。以仁为本，纵贯古今，横贯中西，在坚持儒家立场的基础上融摄佛道和西学，就是东海学术的最大特色。在仁本主义立场上深入阐说儒家形而上学，则是本书第二个特点。

树立中道信仰，重建中华文明，内致良知，外求良制，这应该成为每一个有志之士努力的方向。因此，自以为本书的推出颇有现实意义，如能推动东方文化复兴运动广泛深入地开展，则余愿足矣。

感谢任重兄对本书的推荐，感谢知识产权出版社的受领，感谢米湾兄的惠序，以其对儒家世界观和人性论的坚定信仰和透彻解悟，为本书增光。与米湾相逢北京时赠以一联曰：驱饥肯乞米三斗，解渴欣逢水一湾。仁人志士同心同德，同引儒家源头活水，以解苍生精神之渴，正其时也。

余东海于南宁

2017-12-11